ALEXANDER HORN
MIT JOACHIM KÄPPNER

DIE LOGIK DER TAT

Erkenntnisse eines Profilers

Besuchen Sie uns im Internet:
www.droemer.de

FSC
www.fsc.org
MIX
Papier aus ver-
antwortungsvollen
Quellen
FSC® C083411

Copyright © 2014 bei Droemer Verlag.
Ein Unternehmen der Droemerschen Verlagsanstalt
Th. Knaur Nachf. GmbH & Co. KG, München.
Alle Rechte vorbehalten. Das Werk darf – auch teilweise –
nur mit Genehmigung des Verlags wiedergegeben werden.
Umschlaggestaltung: ZERO Werbeagentur, München
Umschlagabbildung: © Christian Kaufmann
Satz: Adobe InDesign im Verlag
Druck und Bindung: CPI books GmbH, Leck
Printed in Germany
ISBN 978-3-426-27626-6

5 4 3 2 1

INHALTSVERZEICHNIS

chens • Warum musste Vanessa sterben? • Der Mann ohne Gefühle: Überfall im Wald • Jäger und Gejagte: Fallkonstellationen • Tatort Gewerbegebiet: der reisende Vergewaltiger • Machtgefühle: Serienmörder

VORWORT

W enn es nach den Medien geht, bin ich ein Monsterjäger. Oder wenigstens ein Profiler. Zumindest sind das die klassischen Begriffe, die mir begegnen, wenn ich Auskunft über meinen Beruf geben soll. Oft werde ich gefragt, warum Serienmörder so genial sind, in welche Abgründe ich jeden Tag blicke und wie ich das bloß ertrage. Dies ist nur eine kleine Aufzählung der Vorurteile und Klischees, die mit meinem Beruf verbunden sind. Oft stammen diese Vorstellungen aus Krimis und Fernsehthrillern, also aus der fiktionalen Welt, oder aus Büchern von ehemaligen Profilern des amerikanischen Federal Bureau of Investigation (FBI).

Tatsächlich bin ich Polizeilicher Fallanalytiker, ein Berater von Sonderkommissionen der Polizei. Ich unterstütze die ermittelnden Kollegen meistens in Fällen von Sexualmord, Serienmord oder Serienvergewaltigung. In meinem Team rekonstruieren wir die Tatabläufe dieser Fälle, bewerten das Verhalten des Täters und erstellen manchmal ein Täterprofil. Davon will ich in diesem Buch berichten. Ich möchte darüber aufklären, was die Fallanalyse tatsächlich leisten kann und wo ihre Grenzen liegen. Von den Schwierigkeiten, denen die Leiter von Sonderkommissionen bei ihrer anspruchsvollen Tätigkeit begegnen und welche Probleme sich in komplexen Handlungssituationen immer wieder einstellen. Auch möchte ich einen Einblick in die häufig so mit Vorurteilen besetzte Welt der Täter werfen und zeigen, dass manchmal das so oft mystifizierte Böse auch sehr banal, wenn auch nicht weniger grausam sein kann. Nachdem die Frage nach dem Umgang mit der Belastung immer wieder gestellt wird, versuche ich auch hier einen Einblick in unsere Bewältigungsstrategien zu geben.

Dieses Buch soll also nicht vor allem von mir handeln, sondern von meinem Beruf – von den vielen Dingen, die mich immer noch und immer wieder daran faszinieren. Es begeistert mich die Herausforderung, komplexe Probleme wie ein ungelöstes Verbrechen zu analysieren und an dessen Lösung mitzuwirken. Dabei haben meine Kollegen und ich viel gelernt: Wie der Mensch sich in Extremsituationen verhält und warum er die einen Entscheidungen trifft und nicht die anderen; was das über ihn verrät; auf welches Wissen wir tatsächlich vertrauen können.

Das Interessanteste dabei sind jene Fälle, bei denen erst große Hindernisse zu überwinden sind, bevor sie sich klären lassen. Oftmals im Leben errichten wir, ohne es zu merken, diese Hindernisse selbst. Manche Fehler sind offenbar so tief in uns oder in von uns selbst geschaffenen Systemen verankert, dass sie sich regelmäßig wiederholen – vor allem dann, wenn der Stress, und damit auch die Anfälligkeit für Irrtümer, besonders groß ist. Das ist bei der Polizei nicht anders als sonst im Leben auch; es kann allerdings gravierende Folgen haben, etwa wenn Ermittlungen in die falsche Richtungen gehen und ein Mörder nicht gefasst wird.

Ich habe lange mit mir gerungen, ob ich dieses Buch tatsächlich schreiben soll. Nach der Anfrage des Verlags war meine instinktive Reaktion Ablehnung. Es gibt schon genügend Bücher von Profilern und über sie. Höflicherweise nahm ich 2012 dennoch die Einladung des Droemer Verlags zu einem unverbindlichen Gespräch an. Um es mir einfach zu machen, schrieb ich als Vorbereitung des Treffens eine Liste der Aspekte auf, die meiner Meinung nach in einem Buch über Fallanalyse beleuchtet werden sollten. Ich war mir völlig sicher, dass dies nicht den Vorstellungen des Verlags entsprechen würde, da es andere Seiten waren als jene, die bisher in den typischen Profiler-Büchern zu finden waren. Ich wollte ein Buch schreiben, bei dem die Erklärung der Fallanalyse im Vordergrund steht, und keine bloße Schilderung herausragender Fälle. Zu meiner völligen Überraschung verlief dieses Treffen ganz anders. Sehr schnell hatten wir eine gemeinsame Gesprächsbasis, und die Ideen, die ich skizziert hatte, schienen sich mit den Vorstellungen des Verlags zu decken.

Dennoch sollte es noch über ein Jahr dauern, bis ich mich entschloss, dieses Buch wirklich zu schreiben. Ich hatte Sorge. Sorge, dass es nicht gut werden würde; Sorge, dass ich zu wenig zu sagen hätte; Sorge, wie meine Kollegen in der Ermittlung darauf reagieren würden. Viele hatten ja schon lange erwartet, dass ich endlich auch »mein« Buch schreiben würde. Würden mir die Kollegen anschließend anders begegnen? Beladen mit solchen Befürchtungen führte ich, ganz der ausgebildete Analytiker, eine Reihe von Gesprächen mit Menschen, deren Meinung mir besonders wichtig ist. Ich wollte mich von meinen Sorgen lösen und die Entscheidung auf eine objektive Basis stellen. Ich erhob die Einschätzung von Menschen mit unterschiedlichen Wissens- und Erfahrungshintergründen und wurde von allen Seiten bestärkt, meine Erfahrungen der letzten eineinhalb Dekaden niederzulegen.

Ganz besonders beeindruckt hat mich der Satz eines Freundes. Er sagte mir, dass »man ein Buch schreiben muss, um eine Sache tatsächlich zu durchdringen«. Und er behielt recht. Ich war überrascht, wie schnell ich diese Gedanken präsent hatte.

Jahrelang waren es nur lockere Ideen, und nun wurden sie endlich geordnet, reflektiert und gewannen so an Schärfe und Präzision. Manche Aspekte meiner Arbeit wurden mir erst jetzt in ihrer ganzen Bedeutung bewusst. Diese Klarheit der Dinge hätte sich nicht eingestellt, wäre ich nicht verpflichtet gewesen, sie zu erklären und niederzuschreiben. Ich habe beim Schreiben sehr viel gelernt, über mich und die Dinge, mit denen ich mich beschäftige.

Manche Fälle, die ich hier schildere, sind wenig oder gar nicht bekannt. Andere hingegen, zum Beispiel die Suche nach einem sadistischen Sexualmörder in der Nähe von München, nach dem sogenannten Maskenmann in Norddeutschland oder nach den Mördern von neun ausländischen Geschäftsleuten (den Opfern der NSU-Terroristen), haben die Öffentlichkeit so in Bann gehalten, dass in Medien und Büchern bereits ausführlich darüber berichtet wurde. Meine Dienststelle, die OFA Bayern, hat in diesen und einigen anderen großen Fällen die Ermittler beraten. Der Sexualmörder als Phänomen wird auch beschrieben im Buch meines BKA-Kollegen Harald Dern über *Profile sexueller Gewalttäter,* die Fallanalyse bei den NSU-Morden in *Die Zelle* von Christian Fuchs und John Goetz und in *Profiler* meines Koautoren Joachim Käppner von der *Süddeutschen Zeitung.* Letzterer hat sich auch mit dem Maskenmann befasst, wie das auch mehrfach *Spiegel TV* getan hat oder Nadja Malak in dem Buch *Auf freiem Fuß,* das 2007 erschien, als einige der Taten noch ungeklärt waren. Alle diese Autoren haben neben vielen anderen Ermittlern auch die OFA Bayern befragt.

Mir geht es nicht darum, all die Details oder Kontroversen noch einmal zu referieren. Ich will die Taten aus unserer Warte schildern, als Herausforderungen für uns Fallanalytiker und unsere Methodik, als Fälle, in denen wir an unsere Grenzen gingen und bisweilen auch an Grenzen stießen.[1]

Dieses Buch soll keinen Endpunkt darstellen. Vielmehr soll es eine Zwischenbilanz sein. Seit 17 Jahren berate ich die Leiter von Sonderkommissionen der Polizei und Staatsanwälte bei ihren Ermittlungen. Bei diesen Beratungen habe ich gelernt, welche Schwierigkeiten komplexe Situationen denjenigen bereiten, die zumeist unter Druck gefordert sind, die richtige Entscheidung zu treffen. Meine Aufgabe ist es, sie dabei zu unterstützen.

Dieses Buch wäre ohne mein Team der Operativen Fallanalyse (OFA) Bayern beim Polizeipräsidium München niemals möglich gewesen. Die erfolgreich verlaufenden Beratungen sind immer eine Teamleistung, nie die eines Einzelnen. Meinen Dank und meine Wertschätzung möchte ich auch den vielen Ermittlern und Leitern von Sonderkommissionen aussprechen, die ich begleitet habe. Die Ermittlung des Täters ist deren Verdienst, wir beraten sie bei dieser schwierigen Aufgabe. Nicht mehr, aber auch nicht weniger.

1 DIE AUFGABE DES BERATERS

WAS WIR TUN: UNTERSTÜTZUNG UNTER STRESS

Galway, Irland: Der Fußweg entlang der Bahngleise ist bei Nacht ein unheimlicher Ort. Die Straßenlaternen werfen nur ein schummriges Licht; links sind die Schienen, rechts verläuft ein kleines Mäuerchen, dahinter ist ein Dickicht, das steil nach unten abfällt. Wer bei Dunkelheit hier entlanggeht, kann kaum erkennen, was sich dort verbirgt. Irgendwo hier muss der Mann gewartet haben, der Manuela R. an einem Sonntag nachts missbraucht und ermordet hat.

Jetzt, einige Tage später, ist es hell. Mein Kollege Klaus Wiest und ich gehen mit Derek und Neil, unseren irischen Kollegen, den Weg entlang. The Line heißt er schlicht; über viele Kilometer verläuft er längs der Bahnlinie und wird als Abkürzung zwischen dem Zentrum von Galway und dem Stadtteil Renmote genutzt. Nicht wenige Nachtschwärmer nutzen ihn am Wochenende, um nach der Disco oder dem Treffen im Pub schneller heimzukommen. Es gibt Eltern, die ihre Kinder davor warnen: Gelegentlich hat es hier Raubüberfälle gegeben. Auf diesem Weg ist Manuela, eine 17-jährige Austauschschülerin aus der Schweiz, in jener Nacht gegangen, allein. Am Dienstag fanden Spaziergänger ihre entstellte Leiche unten in den Büschen jenseits der Mauer.

Die hiesige Polizei, die Garda, hat uns um Unterstützung gebeten. So wie in Galway im Jahr 2007 sehen die Situationen aus, in denen wir ins Spiel kommen: die OFA Bayern, das Kommissariat für Operative Fallanalyse, das ich seit 17 Jahren leite.

Auf dem langen Wegstück, weit weg von allen Häusern, fällt uns eine Stelle auf, ein Trampelpfad nur, der von unten steil heraufführt zur Line. Das Gestrüpp ist sonst zu dicht, um sich darin zu bewegen. Hier also könnte der Täter dem Opfer aufgelauert haben.

Nun gibt es zwei Möglichkeiten. Er hat sich den Abend über in der Hoffnung auf ein Opfer an der Stelle versteckt, wo der Pfad auf den Fußweg trifft. Für wahrscheinlicher halten wir es, dass der Täter Manuela am Rande der City gesehen hat, als sie gerade zu Fuß in die Line abbog. Er wusste, dass sie den Weg allein langgehen würde. Wenn er sich auskannte, ist er ihr unterhalb der Böschung auf dem unbefestigten Parallelweg gefolgt, auf dem tagsüber oft Hundebesitzer mit ihren Tieren unterwegs sind, und von dort den Trampelpfad zur Line hinaufgestiegen. Oben konnte er ihr, falls er schnell genug war, den Weg abschneiden.

Wir gehen davon aus, dass der Unbekannte genau dies getan, sein Opfer dann überwältigt und hinunter in die Finsternis der Büsche und des Gestrüpps gezerrt hat. Es ist sehr unwahrscheinlich, dass nachts hier jemand entlanggeht, und von oben, vom Fußweg, sieht man nichts in der Dunkelheit. Das spricht sehr dafür, dass der Mord nicht an der Line selbst geschah. Dort hätten ja vielleicht noch Radfahrer oder Kneipengänger auf dem Nachhauseweg vorbeikommen können. Sollte unsere Hypothese zutreffen, dann haben wir für Derek und Neil eine überraschende Neuigkeit. Viele in Galway sind der festen Ansicht: Ein Mensch, der so eine brutale Tat begeht, kann eigentlich nicht aus unserer Mitte stammen, nicht aus unserer kleinen, friedlichen Stadt. Aber genau das nehmen wir jetzt an: Dieser Mörder war nicht der große Fremde. Er lebt wahrscheinlich hier in Galway.

Es gibt im Leben Situationen, in denen man eine schwere Entscheidung treffen muss. Je größer deren Tragweite ist, desto schwerer fällt sie. Eine Sonderkommission der Kriminalpolizei wie jene in Galway kann schnell an den Punkt geraten, wo es ihr nicht anders geht: Sie muss sich entscheiden, für oder gegen eine Ermittlungsrichtung, für oder gegen eine Theorie. Sie kann ihre Kräfte natürlich auch aufteilen, aber das hat seine Grenzen. Selbst wenn der Soko viel Personal zur Verfügung steht, kann sie nicht in alle Richtungen gleichzeitig mit voller Kraft ermitteln. Sie muss Prioritäten setzen, sich entscheiden. So wie unsere irischen Kollegen in Galway: Sollen sie den Sexualmörder in ihrer Stadt suchen? Oder gehen sie davon aus, dass er ein reisender Täter war? Beides sind sehr aufwendige, aber auch sehr unterschiedliche Ermittlungen.

Wir werden gerufen von Menschen in Ausnahmesituationen, von Kollegen, die vor solch schwierigen Entscheidungen stehen. Mein Beruf als Polizeilicher Fallanalytiker ist es, sie als Berater zu unterstützen. In der Regel sind es Leiter von Sonderkommissionen der Kriminalpolizei. Sie tragen die Verantwortung für die Ermittlung von Sexualmorden, Serienvergewaltigungen oder auch Serienmorden, haben zu entscheiden, auf was und auf wen sich ihre Leute konzentrieren sollen – und auf was oder wen nicht.

Wir bieten ihnen kriminalistisches Hintergrundwissen, vergleichen ihren Fall mit einem der vielen ähnlichen Verbrechen, die wir bearbeitet haben, oder erstellen eine Fallanalyse und ein Täterprofil. In den Medien ist mein Beruf als »Profiler« bekannt. Dieser Begriff greift aber zu kurz, deshalb hören wir ihn eigentlich nicht so gern. Er stammt aus den USA und beschreibt einen Kriminalbeamten, der das Profil eines unbekannten Verbrechers entwirft. Auch wir erstellen solche Profile und beschreiben darin die Persönlichkeit eines Täters – schätzen unter anderem sein Alter, seine Lebensumstände und seine kriminelle Erfahrung ein. Tatsächlich aber geht die Arbeit eines Fallanalytikers weit darüber hinaus. Unser Job ist es vor allem, ein »vertieftes Fallverständnis« bei den eigentlichen Ermittlern herzustellen, wie wir es nennen. Wir wollen ihnen also helfen, noch besser zu begreifen, was eigentlich am Tatort geschehen ist und was das Verhalten des Täters über diesen verrät.

Eine Sonderkommission, wie jene von Derek und Neil in Galway, steht meist unter massivem Druck – der Medien, der Vorgesetzten, der Politik. Wir beraten Kollegen, die massiv unter Stress stehen. Die Männer und Frauen der Soko müssen Hunderten von Spuren und Hinweisen nachgehen; Angehörige des Opfers rufen an; Reporter drängeln, und Behördenleiter verlangen Ergebnisse. Sie fragen:»Wieso seid ihr noch nicht weiter?« Dazu kommt die berechtigte Sorge, in all der Hektik vielleicht die eine, entscheidende Spur zu übersehen oder falsch einzuordnen.

Genau das passierte 1977 bei einem der bekanntesten Kriminalfälle der deutschen Geschichte: während der Fahndung nach den Entführern von Hanns Martin Schleyer. Ein aufmerksamer Polizist hatte eine verdächtige Wohnung in Erftstadt-Liblar gemeldet. Doch durch eine Panne wurde der einzig richtig Hinweis nicht in das damals neue, revolutionäre Computersystem PIOS aufgenommen und blieb unbeachtet. Ein fatales Versäumnis: Es war die Wohnung, in der die RAF-Terroristen den Arbeitgeberpräsidenten während der ersten Tage versteckt hielten.

Um es noch mal zu verdeutlichen: Die Aufgabe des Beraters ist es nicht, die Ermittlungen zu übernehmen oder zu leiten. Was uns unterscheidet, ist die Häufigkeit, mit der wir uns mit den einschlägigen Delikten beschäftigen, das Hintergrundwissen, welches in unserer speziellen Ausbildung vermittelt wird, und eine besondere, streng methodische Herangehensweise.

Mit einem Sexualmord werden die meisten Kripobeamten glücklicherweise nur sehr selten konfrontiert. Für uns ist ein solches Verbrechen Alltag: Als Zentralstelle für Fallanalysen und Täterprofile sind wir für solche Fälle in ganz Bayern zuständig.

Wir kommen nur dann, wenn man uns ruft.»Ich fordere die OFA ja nicht jeden Tag an«, hat ein befreundeter Soko-Leiter mir einmal gesagt,»sondern bei Fällen, wie ich sie eben nicht jeden Tag habe.« Das ist treffend bemerkt. Die Anzahl der Anfragen an uns hat sich auf circa dreißig bis fünfzig Fälle jährlich eingependelt, die Hälfte davon betreffen Tötungsdelikte. Dies bedeutet, dass unser Kommissariat innerhalb von nur kurzer Zeit viel Erfahrung sammelt, und das ist vielleicht noch wichtiger als psychologische Kenntnisse in den entsprechenden Deliktsfeldern.

Gerade Sexualverbrechen sind oft viel schwerer zu verstehen, als es den Anschein hat, selbst für erfahrene Kollegen der Mordkommissionen. Das ist vor allem dann so, wenn der Täter sich außergewöhnlich verhalten hat. Ungewöhnliche Spuren am Opfer, eine seltsam drapierte Leiche – das sagt viel aus über den Verbrecher. Ein Berufskrimineller möchte nicht auffallen, ein Drogendealer oder ein Auftragsmörder will Spuren so weit wie irgend möglich vermeiden. Er tut nur, was er tun muss, um sein Ziel zu erreichen. Bei Sexualstraftaten ist dies oft anders; und mit solchen Verbrechen beschäftigen wir uns hauptsächlich.

Beispielsweise wissen wir aus Erfahrung, wie leicht Ermittlungen durch die Fixierung auf besonders grausame Elemente der Tat auf die falsche Spur geraten können. Wir sprechen dann davon, dass ein solcher Aspekt alle anderen »überstrahlt«. Das wird rasch zum Problem, wenn dadurch ein verzerrtes Bild der Tat entsteht und die Polizei sogar in der falschen Richtung sucht. In Wahrheit verbergen ganz andere Verhaltensmuster des Täters den Schlüssel dazu, ihn aufzuspüren.

NO MONSTERS HERE: TOD IN GALWAY

Manuela R. war nur knapp eine Woche vor unserer Ankunft in Irland ermordet worden. Galway ist eine Touristenhochburg und Studentenstadt am Meer, ein hübscher Ort, in dem schwere Gewaltdelikte die Ausnahme sind. Umso größer war der Schock, als Spaziergänger an einem Dienstagmorgen um halb zehn die Leiche der jungen Frau fanden. Sie war auf Sprachferien bei einer irischen Gastfamilie und erst wenige Tage zuvor in Galway angekommen. Sonntagabend hatte sie einen Pub im historischen Zentrum besucht, danach wurde sie nicht mehr gesehen. Wie der Familienvater später vor Gericht aussagte, hatte er die junge Frau noch davor gewarnt, nachts allein den Weg bei den Bahngleisen zu nehmen.

Manuela R. war ganz offensichtlich Opfer eines Sexualmörders geworden. Die Tote war teilweise entkleidet, der Täter hatte ihren Körper mit einem Messer verletzt und ihre Genitalien verstümmelt. Angesichts eines solch verstörenden Verbrechens nannte die irische Presse den Mörder schnell »das Monster« oder den »Galway Ripper«, in Anlehnung an den legendären Serienmörder Jack the Ripper, der Ende des 19. Jahrhunderts in London auf grausame Weise mehrere Frauen erstochen hatte.

Klaus Wiest und ich landeten spätabends auf dem kleinen Flughafen von Galway und wurden von Derek und Neil, den dortigen Ermittlern, empfangen. Schon auf dem Weg zum Hotel erläuterten uns die Kollegen, die beide große Erfahrung mit Tötungsdelikten in ihrem Land hatten, den Stand der Dinge. Wir kannten uns bereits, hatten aber alle nicht damit gerechnet, uns so bald wiederzusehen. Derek und Neil prüften zu diesem Zeitpunkt für die irische Polizei die Einsatzmöglichkeiten des Profiling, sie hatten daher schon die Fallanalyseeinheiten in England und beim FBI besucht. Vor wenigen Monaten waren sie auch bei uns in München gewesen. Und nun hatten wir statt der Theorie einen echten Fall.

Derek und Neil standen unserer Arbeit sehr offen gegenüber, weshalb sie uns auch offiziell um Unterstützung gebeten hatten. Denn ihnen war sofort klar, dass dieser Mord eine eindeutige sexuelle Komponente besaß, die Tat also denjenigen entsprach, die sie bei uns studiert hatten. Nach der Ankunft im Hotel erzählten sie weiter, und wir beneideten sie nicht: In der Bevölkerung herrschte große Verunsicherung, vor allem unter den Studenten; die Ermittler standen unter hohem Druck. Deshalb erwarteten sie von uns keine komplexen Theorien, keine Grundsatzvorträge, sondern schnelle und brauchbare Hinweise für die Suche nach dem Mann, der die Schweizer Schülerin so grausam getötet hatte.

Am nächsten Morgen bezogen wir einen Arbeitsraum im Polizeigebäude, voller Akten, Fotos und Unterlagen. Schon in den ersten Gesprächen mit Derek und Neil wurde uns etwas deutlich: Die Brutalität des Mordes überstrahlte alles andere. Die Vorstellung, die man sich in Galway von jemandem machte, der so etwas Furchtbares getan hatte, überraschte Klaus und mich nicht. Im Gegenteil, sie entsprach genau dem Stereotyp, wie wir es nicht selten vorfinden, wenn wir als Berater gerufen werden: Der Täter, so glauben die Einheimischen, muss ein Fremder sein, einer von weit außerhalb, vermutlich sogar ein Ausländer, denn jemand von hier tut so etwas Furchtbares doch nicht. Dieses Denkmuster wird bei uns Fallanalytikern als das »No Monsters here«-Phänomen bezeichnet.

Psychologisch ist das durchaus verständlich. Selbst manche Polizisten können nur schwer verstehen, dass ein Mann ganz normal wirken und sogar ein fürsorglicher Vater für seine Kinder sein kann, auf der anderen Seite aber extreme Verbrechen begeht. In der Praxis finden wir diese Konstellation jedoch immer wieder. Sie erklärt die Fassungslosigkeit der Nachbarn, wenn ein Kindermörder kein auswärtiger Psychopath ist, dessen Tat wie ein Unwetter über die vertraute Umgebung hereinbricht, sondern der nette Herr X aus dem Reihenhaus drei Straßen weiter. »Das hätten wir dem nie zugetraut«, erzählen Nachbarn und Bekannte später den Reportern.

Vielleicht ist die anfängliche Abwehrhaltung sogar eines der ältesten Denkmuster der Menschheit. Doch die Idee vom Fremden als Ursache des Bösen ist ein klassisches Stereotyp und falsch, jedenfalls sehr häufig. Das Wort Xenophobie bedeutet ja ursprünglich viel mehr als politisch motivierter Hass auf Ausländer, wie wir es heute meist definieren. Es setzt sich zusammen aus den altgriechischen Wörtern für den Fremden und die Furcht. Die Vorstellung ist leichter zu ertragen, dass das Böse von außen hereinbricht. Vielleicht ist es eine Art Schutzmechanismus, dass der Mensch die Abgründe der Seele nicht in jenen sehen möchte, mit denen er täglich zusammenlebt.

Wenn jedoch die Polizei in solchen Kategorien zu denken beginnt, dann hat sie ein Problem: Sehr leicht kann sie in die falsche Richtung ermitteln. Sie macht sich nicht nur ein unzutreffendes Bild von der Person des Täters, sie sucht ihn auch am falschen Ort. Bei der großen Masse der Männer, die schwere sexuelle Gewaltdelikte begehen, handelt es sich nämlich um »regionale Täter«, wie es bei uns heißt, also um solche, die unweit des Opfers oder des Tatorts leben. Es sind also keine unheimlichen Fremden. 2004 haben die Fallanalytiker des BKA in einer aufwendigen Studie unter anderem herausgefunden, dass 62 Prozent der Vergewaltiger und der Sexualmörder »aus dem geographischen Nahraum des Opfers stammten«.[1] Dieser umfasste dabei fünf Kilometer. In diesem Bereich hatten sie einen direkten Bezugspunkt, sei es der eigene Wohnort oder derjenige der Familie oder die Arbeitsstelle. Selbst bei amerikanischen Serienmördern ist das meist nicht anders. Hier zeichnen, auch und gerade in den USA, reißerische »True Crime«-Autoren sehr gern das alte Klischeebild von reisenden Serienmördern, so wie die Bestsellerautorin Ann Rule: »Sie sind immer in Bewegung. Sie können die ganze Nacht lang fahren. Sie suchen immer nach einem Zufallsopfer. Sie sind eine neue Brut von Verbrechern.«

In den 1980er Jahren hatten die FBI-Beamten John Douglas und Robert Ressler, zwei Pioniere des Profiling, erstmals systematisch inhaftierte Sexualmörder interviewt – freilich eine Auswahl der krassesten Fälle. Die Special Agents wollten herausfinden, ob es bestimmte Typen und Kategorien solcher Täter gibt. Doch war die Stichprobe mit 36 Personen viel zu klein, und zufälligerweise waren tatsächlich nicht wenige der Befragten weit durch die USA gereist, aus den verschiedensten Gründen. Manche waren auf der Flucht vor der Polizei, andere wechselten häufig die Jobs. Douglas und Ressler verführte die auffallende Mobilität der Befragten zu dem Irrtum, dass dies typisch für Serienverbrecher sei. Diese bewegten sich sozusagen in der mobilen Gesellschaft der USA wie Raubfische im Wasser. Die Studie ist längst widerlegt: In Wirklichkeit sind selbst in den Vereinigten Staaten immer noch knapp 75 Prozent der Serienmörder regionale Täter und begehen ihre Verbrechen zumindest innerhalb ihres Bundesstaates.[2]

Insofern überraschte uns die Einschätzung in Galway nicht, dass der »Ripper« gerade wegen seiner Grausamkeit gegen ein 17-jähriges Mädchen eigentlich nicht aus der näheren Umgebung stammen könne. Die Folgen einer solchen Festlegung können verheerend sein: Die Sonderkommission verschwendet Zeit, Mittel und Personal, weil sie sich früh auf eine Theorie fixiert. Genau hier beginnt die Aufgabe des Beraters. Es geht darum, den Blick des Ermittlers zu weiten, Denkmuster in Frage zu stellen und Vorurteile abzubauen.

Klaus Wiest und ich wussten nun aus Erfahrung, wie wir helfen konnten. Wir befassten uns nicht in erster Linie mit der Verstümmelung des Opfers, sondern behandelten diesen Fall so wie jeden anderen Sexualmord auch, ließen uns also nicht in den Bann eines seiner schlimmsten Aspekte ziehen. Als Erstes versuchten wir uns ein umfassendes Bild des Tatablaufs zu machen. Wie sich herausstellte, hatte sich Manuela R. in der Nacht spontan entschlossen, jenen Verbindungsweg an der Bahnlinie, der zum Stadtzentrum von Galway führt, entlangzugehen. Der Mörder hatte also nicht wissen können, dass sie zu dieser Zeit dort sein würde. Manuela war aller Wahrscheinlichkeit nach ein zufälliges Opfer, sie befand sich schlichtweg zur falschen Zeit am falschen Ort. Der wiederum eignete sich aus Sicht des Mörders sehr für den Überfall auf eine Frau: einsam, abgelegen, gerade in der Dunkelheit im Dickicht neben dem Weg voller Verstecke und fernab des Überwachungssystems CCTV, dessen Kameras, wie in Großbritannien auch, in manchen größeren irischen Städten omnipräsent sind. Aus diesem Grund gingen wir davon aus, dass es sich um einen lokalen Täter handelte, der sich gut auskannte.

Er hatte außerdem ein feststehendes Messer mitgeführt, was in Irland bereits als Straftat gilt, und dies ließ uns annehmen, dass bereits eine latente Tatbereitschaft vorlag. Die Tatsache, dass er also schon mit solch einem Messer losgezogen war, um bei günstiger Gelegenheit eine Frau zu überfallen, erhöhte neben anderen Elementen der Tat die Wahrscheinlichkeit, dass dies nicht das erste Mal gewesen war. Also nahmen wir an, dass der Unbekannte unter Umständen bereits früher durch Angriffe auf Frauen aufgefallen war – und vermutlich ebenfalls durch ein außergewöhnlich hohes Maß an sexueller Gewalt.

In all den Jahren zuvor hatten wir gelernt, dass ein bestimmter Tätertyp zunächst ausprobiert, wie man sich einem Opfer nähert und es überwältigt. Vor Sexualmorden begehen diese Männer daher nicht selten Vergewaltigungen und andere Überfälle auf Frauen. Neil, Derek und ihre Kollegen sahen daher alle angezeigten Vergewaltigungen in und um Galway durch, insbesondere die der letzten Monate. Und sehr schnell stießen sie auf einen Fall, der unser Interesse auf sich zog.

Nur acht Wochen vor dem Mord an der Line hatte ein Mann spätabends auf einem Fußballfeld eine französische Studentin, die nachts allein auf dem Heimweg war, überfallen. Die 21-Jährige war mit Freunden ausgegangen und hatte mit dem Taxi heimfahren wollen, aber keines gefunden. Daher ging sie zu Fuß, und als sie an einer einsamen Stelle bemerkte, dass ihr ein Mann folgte, war es zu spät. Der Täter handelte auffallend aggressiv und gewalttätig, ja in einer Weise, die wir in Ansätzen als sadistisch einstuften: Er schien es zu genießen, seinem Opfer blutende Verletzungen zuzufügen. Genau diese Art von Delikt passte zu dem gesuchten Mörder.

Nun gab es ein überlebendes Opfer, das ihn beschreiben konnte. Nur wenige Tage später nahm die irische Polizei den Vergewaltiger fest. Es war für Klaus Wiest und mich wenig überraschend, dass der DNA-Abgleich den Mann auch als Mörder der 17-jährigen Manuela enttarnte.

Der Täter war kein Fremder, sondern ein Nachbar. Gerald B., 28 Jahre alt, wohnte nur zwei Straßen von der Gastfamilie Manuelas entfernt. Er wies genau das Durchschnittsalter von Sexualmördern auf. Typisch war auch, dass er mehrfach vorbestraft war wegen sexueller Gewalt, Körperverletzung, Einbruch und mancherlei mehr. Schon als Jugendlicher war er in eine Schlägerei verstrickt gewesen, bei der ein junger Mann starb. Die Französin, die B.s Angriff schwer traumatisiert überlebt hatte, sagte vor Gericht, der Mann habe keinerlei menschliche Regung gezeigt und sie hoffe, »dass er nie mehr freigelassen wird – denn er wird es wieder tun«. Der Richter wiederholte diesen Satz fast wörtlich. 2009 verurteilte der Central Criminal Court B. zu lebenslanger Haft. Das Vorurteil vom auswärtigen Monster hatte sich nicht bestätigt.

2 WAS IST EINE FALLANALYSE?

DEFINITIONEN: PROFILER UND FALLANALYTIKER

Den Mord an Manuela R. haben nicht wir geklärt, und nicht wir waren es, die den Täter fanden und fassten. Dies tat die Polizei in Galway. In den Schlagzeilen, vor allem der Boulevard-Presse, liest sich das häufig anders:»Jetzt übernehmen die Profiler!« Aber die OFA-Einheiten übernehmen keine Fälle. Sie sind, modern gesprochen, Servicedienststellen der Kriminalpolizei, die als Berater die ermittelnden Beamten unterstützen. In Galway hat diese Unterstützung dazu beigetragen, dass die irischen Kollegen den Zusammenhang zwischen der Vergewaltigung und dem Sexualmord herstellten und den Serientäter bald fassten. In diesem Fall und auch sonst sind wir jedoch immer nur Teil des Ermittlungsapparats. Man muss dies betonen, um falschen Vorstellungen vorzubeugen. Die meisten OFA-Kollegen, die ich kenne, sehen sich nicht als»Profiler« und mögen die Mythen nicht, die sich darum ranken.

Die Fallanalyse ist übrigens nur eine der Dienstleistungen, die unsere Abteilung anbietet. Im Mittelpunkt unserer Arbeit steht zumeist der gefährliche Straftäter; häufig handelt es sich dabei um Sexualverbrecher. Die Fallanalyse soll in herausragenden Fällen Sonderkommissionen helfen, Hinweise auf einen noch unbekannten Täter zu finden und in einem nächsten Schritt, den Kreis möglicher Verdächtiger zu verkleinern. Neben der Fallanalyse führen wir für Bayern außerdem die Datenbank ViCLAS, die Sexual- und Tötungsdelikte verknüpfen hilft, arbeiten mit den Einrichtungen des Straf- und Maßregelvollzuges zusammen und betreiben eigene Forschungsprojekte. Eine fünfte Säule unserer Arbeit ist HEADS, die »Haftentlassenen-Auskunftsdatei«, die sich mit jenen Sexualstraftätern befasst, die das Gefängnis wieder verlassen. Von alldem wird noch zu sprechen sein.

Dieses Buch beschäftigt sich in erster Linie mit der Fallanalyse. Der nüchterne Begriff klingt nicht so geheimnisvoll wie »Profiling«, und er soll es auch nicht sein. Eine Fernsehserie mit dem Titel »Operative Fallanalytiker« würde schwerlich Millionen vor den Bildschirm locken. Anders als »Profiling« ist die Fallanalyse genau definiert, und zwar durch die »Qualitätsstandards«, die Fachleute der Kriminalpolizei aus Bund und Ländern 2003 festgelegt haben. Das klingt alles recht technisch, hat aber seinen guten Grund. Die Standards erlauben es, unsere Arbeit anhand von klaren Kriterien zu messen. Sie definieren die Fallanalyse als »ein kriminalistisches Werkzeug«, welches bei herausragenden Fällen »auf der Grundlage von objektiven Daten« das Fallverständnis vertieft, mit dem Ziel, »ermittlungsunterstützende Hinweise zu erarbeiten«.[1]

Polizeiliche Fallanalysen und Täterprofile werden in Deutschland ausschließlich von den hierfür speziell ausgebildeten Beamten der Einheiten für Operative Fallanalyse erstellt. Ein Kollege von mir, der Psychologe Markus Hoga, scherzt manchmal: Wenn er Vorträge an der Uni halten würde, staunten manche Studenten, dass er nicht mit Spiegelsonnenbrille und schwarzem Designeranzug ans Rednerpult trete. Das ist natürlich nur ein Spaß, aber spiegelt schon die oft weit ins Klischeehafte reichenden Vorstellungen über unsere

Arbeit wider. Oft werden wir von Studierenden der Kriminalistik oder Psychologie gefragt:»Wie kann ich Profiler werden?«Ich fürchte, die Antwort ist für die meisten eine Enttäuschung: Indem sie zur Kripo gehen, viel Erfahrung sammeln, ein Auswahlverfahren durchlaufen und eine mehrjährige Ausbildung zum Fallanalytiker auf sich nehmen. Anders geht es nicht oder nur sehr selten. Für frei schaffende Psychologen oder für Bewerber, die sich in den USA auf Privatlehrgängen von früheren Polizeibeamten zum»Profiler«ausbilden lassen, hat die deutsche Kriminalpolizei keine Verwendung.

Bei der Fallanalyse handelt es sich nicht um eine gänzlich neue Erfindung, auch wenn die meisten deutschen OFA-Kommissariate kaum älter als 15 Jahre sind. In Deutschland gab es manche Vorläufer, etwa Ende der 1920er Jahre bei der Suche nach dem Serienmörder Peter Kürten im Rheinland. Während die Zeitungen damals über einen»Vampir«und»irren Blutsäufer«schrieben, trug die Sonderkommission alle Hinweise auf die wahrscheinliche Persönlichkeit des Täters zusammen und informierte Polizeibehörden in ganz Deutschland. In einer Sondernummer des *Deutschen Kriminal-Polizeiblatts* aus dem Jahr 1930 finden sich einige Hypothesen, die schon stark an heutige Täterprofile eines Serienmörders erinnern:

»Es ist möglich, dass der spätere Täter schon früher durch seine Neigung aufgefallen ist, andere Lebewesen grausam zu quälen, (und) daß er sich vielleicht schon auf dem Gebiet des Sittlichkeitsverbrechens betätigt hat. [...] Mit großer Wahrscheinlichkeit kann angenommen werden, daß der Täter in seinem Vorleben mit Behörden einschlägiger Art in Berührung gekommen ist: sei es Gericht oder Polizei – Erziehungsanstalt oder Gefängnis –, Nervenkliniken oder Irrenanstalten.«[2]

Ein solches Profil war damals noch ganz ungewöhnlich, es passte übrigens recht präzise auf Kürten und diente demselben Zweck wie unsere heutigen: den Kreis der möglichen Verdächtigen möglichst weit einzuengen. Die Düsseldorfer Kriminalpolizei wusste also ungefähr, dass sie den Mörder nicht im Kreise unbescholtener Familienväter suchen sollte und auch nicht einen, wie man damals vor allem glaubte, auffälligen »Geisteskranken«, sondern einen Typ Mann mit einschlägiger Vorgeschichte. Kürten wurde bald darauf mit Hilfe einer Zeugin überführt, die einen seiner Angriffe überlebt hatte. 1931 wurde er hingerichtet.

In den USA legte zwischen 1940 und 1956 ein Mann Bomben an öffentlichen Plätzen wie Kinos und Bahnhöfen ab, was ihm den Namen Mad Bomber einbrachte. Mehrere Menschen wurden verletzt. Die Polizei fragte, nachdem sie jahrelang vergeblich ermittelt hatte, den Psychiater Dr. James Brussel um Rat. Er studierte gründlich die Bekennerbriefe, Aufbau und Ablageorte der Sprengsätze und zog daraus Rückschlüsse auf die Motivation und die Persönlichkeit des Unbekannten. Brussels Hypothese zufolge handelte es sich um einen Einzelgänger und Pedanten mit psychopathischen Zügen. Der Mann müsse auch Immigrant sein, weil das Englisch der Briefe hölzern klang. Das Profil wurde veröffentlicht und trug dazu bei, dass der Bombenleger gefasst wurde; er hieß George Metesky und war von persönlichen Rachemotiven geleitet. Bei seiner Festnahme stellte sich heraus, dass Brussels Annahmen überwiegend zutrafen. Der Psychologe unterstützte auch in den 1970er Jahren die Polizei bei der Suche nach dem Boston Strangler, der für 13 Morde an älteren Frauen im Großraum Boston verantwortlich war.

Solche Beratungen der Polizei durch Fachwissenschaftler blieben jedoch Einzelfälle. Nicht selten scheiterten die ersten Versuche, sich dem Täter auf psychologischem Wege zu nähern, schlicht daran, dass die Experten zwar klinisches Fachwissen besaßen, aber sehr wenig von polizeilichen Ermittlungen verstanden. Sie wussten also nicht wirklich, was der Polizei weiterhalf und was nicht.

Ende der 1970er Jahre begann sich eine Systematik für Täterprofile zu entwickeln, und zwar in der *Behavioral Science Unit* des FBI: Die ersten »Profiler« wie die Agenten Teten und Mullany entwickelten Methoden zur Verhaltensbewertung bei ungeklärten Fällen: Was sagte es zum Beispiel über einen Mörder aus, wenn er sein Opfer nachher sorgfältig zudeckte? Oder wenn er es, im Gegenteil, in einer degradierenden Position zurückließ? Ihre Gedanken wurden von den Special Agents John Douglas und Robert Ressler in den 1980er Jahren weitergeführt. Beide sind durch ihre Bücher später sehr berühmt geworden – und noch mehr durch den Umstand, dass sich der Bestsellerautor Thomas Harris für *Das Schweigen der Lämmer* aus dem Fundus ihrer bizarrsten Fälle bedienen durfte. Die Verfilmung von 1991 mit Anthony Hopkins als genialischem Serienmörder Hannibal the cannibal prägt das öffentliche Bild unseres Berufs bis heute, oft zu unserem Leidwesen: Solche Täter sind unserer Erfahrung nach zumeist ein reines Phantasieprodukt. Douglas, Ressler und andere versuchten in einem großangelegten Forschungsvorhaben, dem Criminal Personality Research Project (CPRP), erste Kategorien von Sexualmördern aufzustellen. So unterschieden sie zwischen dem »organisierten« und dem »desorganisierten« Typus, also dem planvoll handelnden und dem eher impulsiven. Später entwickelte das FBI noch eine Typologie von Serienvergewaltigern mit zwei Grundmustern, nämlich dem Täter, dem es um Macht über seine Opfer geht, und jenem, der aus Zorn handelt – etwa um sich an Frauen stellvertretend für die eigene Minderwertigkeit zu »rächen«.

Wir wissen heute, dass die Wirklichkeit vielschichtiger und differenzierter ist, und doch entstand aus diesen noch groben

Rastern die Basis für unsere Tätigkeit als Fallanalytiker. In dem 1988 erschienenen Buch *Sexual Homicide* wurde die Methodik vom FBI erstmals beschrieben, allerdings nicht sonderlich ausführlich. Vieles an den Thesen der Gründerväter des Profiling erscheint uns überholt und fremd, von der Zuspitzung auf die krassesten Fälle bis zum Starkult um die Agenten. So haben die frühen FBI-Profiler die Zahl der Serienmörder um ein Vielfaches überschätzt und damit zum Mythos um solche Verbrechen einiges beigetragen. Doch wenn wir heute zum Beispiel davon ausgehen, dass es vielen Sexualverbrechern nicht in erster Linie um Sexualität geht, sondern um das Ausleben von Macht, Dominanz und Kontrolle, dann hat das FBI hier Grundlagenforschung betrieben. Dies sollte man fairerweise nicht vergessen, wenn man, durchaus zu Recht, die Übertreibungen aus jener Zeit kritisiert.

Auch der englische Psychologe David Canter erkannte den praktischen Nutzen der Täterprofilerstellung. Dem pragmatischen amerikanischen Ansatz fehlte seiner Meinung nach jedoch eine wissenschaftliche Grundlage. 1986 begann Canter an der Universität Liverpool weitreichende Studien zur Persönlichkeit von Tätern und wurde zu einem der gefragtesten Berater von Polizeibehörden. Über die Jahre entstand so eine eigene Schule, die bis heute auf diesem Gebiet rege Forschungstätigkeiten betreibt.[3] Canter war einer der Ersten, die das Stereotyp vom durch die Lande reisenden Serienkiller wissenschaftlich widerlegte: Fast 90 Prozent der Täter stammten seinen Forschungen zufolge aus dem regionalen Umfeld des Opfers. Er verglich »die verräterischen Verhaltensmuster, die darauf hindeuten, welche Art Mensch ein Täter ist«, mit flackernden Schatten an der Wand: »Wenn es gelingt, sie festzuhalten und zu interpretieren, können sie uns zeigen, wohin die Polizei sehen und was für einen Typus von Persönlichkeit sie suchen sollte.«[4]

In den USA wird heutzutage die große Masse der Fallanalysen durch die *Behavioral Analysis Unit* (BAU) des FBI, übersetzt etwa »Einheit zur Analyse von Verhaltensweisen«, erstellt. Manche Bundesstaaten verfügen auch über eigene Profiler. In England gab es jahrelang eine Liste mit akkreditierten Fallanalytikern, was aber dazu führte, dass einige wenige die Masse der Fälle bearbeiteten. Heute kümmert sich eine eigene Dienststelle darum, die hauptamtlichen Behavioral Investigative Advisors der *National Crime Agency* (NCA).

In Deutschland beschäftigte sich das Bundeskriminalamt in den 1990er Jahren als erstes mit der neuen Methodik, die einige Zeit brauchte, ernst genommen zu werden. Das BKA erprobte die Fallanalyse bei Erpressungs- und Entführungsfällen, weil es aus der Terrorismusbekämpfung mit beiden Verbrechensfeldern große Erfahrung besaß. Bei Tötungs- und Sexualdelikten sind meist die Länderpolizeien zuständig. Mitte der 1990er Jahre untersuchte das Dezernat 11 des Polizeipräsidiums München die Serienmorde von Horst David, der später für die Tötung von sieben Frauen zu lebenslanger Haft verurteilt wurde. In diesem Zusammenhang begann sich Dezernatsleiter Udo Nagel für Täterprofile zu interessieren. David hatte seine Morde zwischen 1975 und 1993 begangen, also über einen sehr lange Zeitraum. Der Kripo war es sehr schwergefallen, die Serie überhaupt als solche zu erkennen, da David manche der Tötungsdelikte als häusliche Unfälle inszenierte und diese daher nicht als Mordfälle eingestuft wurden. Einige Taten ließen sich überhaupt erst durch Davids Geständnis der Serie zuordnen. Mit Hilfe des BKA und des österreichischen Innenministeriums initiierte Udo Nagel in München ein Pilotprojekt, an dem auch ich als junger Kriminalbeamter beteiligt war. Im Grunde war dies der Beginn meiner heutigen Arbeit als Fallanalytiker. Denn im Jahr 2000 entstand im

Dezernat 11 das Kommissariat 115, zunächst neun Beamte stark: die OFA Bayern, meine Dienststelle bis heute. Jahre später schrieb Udo Nagel über das Projekt:»Das Jahr 1997 war geprägt von einer alle packenden Aufbruchsstimmung und Begeisterung. Uns war bewusst, dass sich hier ein völlig neuer Ansatz in der kriminalistischen Praxis der deutschen Polizei entwickelte. [...] Die Operative Fallanalyse ist keine neue Wunderwaffe oder gar ein neues Allheilmittel der Kriminalistik. Sie bietet sich jedoch bei sehr komplexen Ermittlungsfällen als zusätzliches Hilfsmittel an.«[5]

In Wien hatte Thomas Müller nach Fortbildungen beim FBI den Kriminalpsychologischen Dienst des österreichischen Innenministeriums aufgebaut und die Polizei bei einigen spektakulären Fällen erfolgreich beraten, etwa bei der Suche nach dem Briefbomber Franz Fuchs, der dann 1997 gefasst wurde. Durch die Fallanalyse hatte sich herausgestellt, dass die Bombenserie, die vier Menschen das Leben kostete und etliche verletzte, keineswegs das Werk einer rechtsradikalen Terrorgruppe war, wie in den Bekennerbriefen behauptet wurde, sondern eines zwanghaften Einzelgängers, nicht unähnlich dem Mad Bomber.

Drei Jahre lang befassten wir uns in München mit der neuen Methodik, deren Möglichkeiten uns mehr und mehr faszinierten. Ich war damals noch ein junger Kriminalbeamter und anders als viele ältere Kollegen überzeugt, hier einen Weg gefunden zu haben, um Tat und Täter besser zu begreifen. Am Ende stand die Gründung einer eigenen Zentralstelle der bayerischen Polizei, der OFA Bayern. Nach und nach führten auch die restlichen Bundesländer OFA-Einheiten ein, und es entstand ein einheitlicher Ausbildungsgang. 2003 entwickelte eine Bund-Länder-Projektgruppe die Qualitätsstandards. Diese waren so wichtig, weil wir aus den Erfahrungen anderer Länder lernen und einen Wildwuchs an Beratern und »Profilern«, deren Qualifikation fragwürdig ist, verhindern wollten. Solche Leute sind gerade in den USA nach spektakulären Verbrechen oft in Fernsehinterviews zu sehen. Im Jahr 2000 etwa suchte ein Großaufgebot der US-Polizei einen Heckenschützen, der in und um Washington, D.C., zehn Menschen mit einem Präzisionsgewehr erschossen und viele weitere schwer verletzt hatte. Die Serie, die offenbar jeden treffen konnte, rief sogleich etliche Personen auf den Plan, die im Fernsehen als Experten auftraten: echte und nicht so echte Psychologen, ehemalige FBI-Agenten und »Profiler«, die eine Eigenausbildung ins Feld führten. Einer nannte dem Unbekannten sogar vor laufenden Kameras seine Telefonnummer, damit dieser Kontakt mit ihm aufnehmen könne. Mehr oder weniger stimmten sie überein, dass der Schütze ein nicht mehr ganz junger, zorniger Weißer von erheblicher Intelligenz sei – das Klischeebild des genialen Psychopathen, der Katz und Maus mit der Polizei spielt. Dazu passte ein geheimnisvoller weißer Van, der mehrfach in der Nähe der Tatorte gesichtet worden sei. Das Klischee schien sich noch zu bestätigen, als der Schütze den Fahndern rätselhafte Botschaften sandte wie »Mr Police, Call me God« (Herr Polizei, nenn mich Gott). In der beliebten TV-Sendung *Larry King* sagte ein Experte namens Jack Levin, der Mörder sei wahrscheinlich ein Mann, der im Leben stehe, verheiratet sei, mit seinen Kindern spiele, sonntags Football anschaue und zumindest eine Teilzeitstelle habe.

Eisig resümiert der US-Kriminologe Robert Keppel in seinem Handbuch über Serienmord-Ermittlungen: »Nichts davon, was im Fernsehen und in der Presse gesagt wurde, entweder von den Medienprofilern selbst oder in offiziell veröffentlichten Täterprofilen, hat gestimmt.«[6]

Als Täter verhaftete die Polizei schließlich den schwarzen Army-Veteranen John Mohammed und seinen erst siebzehnjährigen Zögling Lee Malvo, zwei arbeitslose Streuner, deren

Motiv im Dunkeln blieb. Das Duo hatte in seinem betagten blauen Straßenkreuzer mehrfach Polizeikontrollen passiert, weil die Fahnder ja eigentlich jemand ganz anderen suchten.

Welche Gefahren lauern, wenn externe Berater die Grenzen ihrer Kompetenz überschreiten, haben auch die englischen Kollegen erleben müssen – im Jahr 1992 mit dem Fall Colin Stagg. Damals beriet der aus Funk und Fernsehen bekannte Kriminalpsychologe Paul Britton die Londoner Polizei beim Versuch, den Mann zu finden, der mitten im belebten Park Wimbledon Common die junge Mutter Rachel Nickell mit Dutzenden von Messerstichen ermordet hatte. Neben der Leiche saß der kleine Sohn des Opfers, der vergeblich versuchte, seine Mutter aufzuwecken. Das Verbrechen erschütterte die Öffentlichkeit, war es doch von der Art, wie es jeden treffen könnte, der zur falschen Zeit am falschen Ort ist. Britton, ein Mann von ausgeprägtem Selbstbewusstsein, vertraute auf seine Intuition, und die Mordermittler vertrauten ihm. Als Ergebnis verfolgten sie über Jahre einen völlig unschuldigen Mann, eben Colin Stagg, der das Unglück hatte, als Hauptverdächtiger zu gelten. Erst 2006 bewies ein DNA-Vergleich, dass der Mörder ein anderer war und zwischenzeitlich in die geschlossene Psychiatrie eingewiesen worden war.

»Profiler« dieser Art wollten wir durch die Qualitätsstandards fernhalten, und dies ist uns insgesamt auch gelungen, da in Deutschland Fallanalysen ausschließlich durch speziell ausgebildete OFA-Einheiten erstellt werden. Das »vertiefte Fallverständnis«, das die Standards einfordern, kann sich nur dann einstellen, wenn wir alle einzelnen Aspekte eines Kriminalfalles zu einem Gesamtbild zusammenfügen und zueinander in Beziehung setzen.

Der deutsche Psychologe Dietrich Dörner beleuchtete 1989 in dem Buch *Die Logik des Misslingens* das strategische Denken in komplexen Entscheidungssituationen. Er wies darin auf die Fehler hin, die entstehen können, wenn nicht alle Aspekte eines Geschehens sorgsam beleuchtet werden. Auch forderte er dazu auf, den Einfluss einzelner Veränderungen auf das Gesamtsystem zu beachten. Sehr anschaulich zeigt Dörner beispielsweise, wie die Tschernobyl-Katastrophe 1986 entstand und welche wesentlichen Entscheidungen zuvor falsch gewesen waren: »Eine ungegliederte Anhäufung von Informationen über diese oder jene Merkmale der Situation vermehrt allenfalls noch die Unübersichtlichkeit und ist keine Entscheidungshilfe. Es muss alles irgendwie zusammenpassen; man braucht keinen Informationshaufen, sondern ein ›Bild‹ von der Sache, damit man Wichtiges von Unwichtigem trennen kann und weiß, was zusammengehört und was nicht.« Genau dieses Bild soll, übertragen auf die Kriminalpolizei, durch die Fallanalyse entstehen.

Sie hat dann ihren Zweck erfüllt, wenn es uns gelingt, den Fall nachvollziehbar zu erklären, und unsere Interpretationen sehr klar und logisch sind. Oder, wie es der amerikanische Psychologie David Kahneman in seinem Buch *Schnelles Denken, langsames Denken* auf den Punkt bringt: »Sobald man die zentrale Schlussfolgerung versteht, hat es den Anschein, sie wäre von jeher offensichtlich gewesen.«[7]

EIN VERBRECHEN WIRD SEZIERT

Bei der Fallanalyse handelt es sich also nicht um eine Art schwarze Magie, sondern um ein kriminalistisches Werkzeug. Ihr Kernstück ist die sogenannte Tathergangsanalyse. Darunter versteht man die gedankliche Rekonstruktion des Verbrechens. Wir teilen die Tat in einzelne Sequenzen auf: die Annäherung an das Opfer, den Angriff, die Kontrollgewinnung, die

Phase der sexuellen Handlungen, die Tötung des Opfers sowie das anschließende Verhalten des Täters. Jede dieser Phasen müssen wir präzise rekonstruieren, nur so ist ein Überblick über das Verhalten des Täters möglich.

Wenn es uns nicht gelingt, einen Ablauf der Ereignisse zu erarbeiten, werden wir große Schwierigkeiten haben, den Entscheidungen des Täters zu folgen. Bei Sexualmorden lauten einige der zentralen Fragen: Zu welchem Zeitpunkt begannen die eigentlichen sexuellen Handlungen an dem Opfer? Hat es noch gelebt und wurde erst nachher getötet? Hat der Täter gar die Reaktionen seines Opfers als Stimulans angesehen? Dies geschah bei einem meiner ersten Fälle, auf den ich später noch zurückkommen werde: Ein Mörder mit sadistischen Zügen, Manfred I., überwältigte 1999 in Oberschleißheim bei München eine Radfahrerin, verschleppte sie in seine Wohnung, in der er sie stundenlang missbrauchte. Erst später tötete er sie.

Eine ganz andere Persönlichkeitsstruktur zeigt sich bei Sexualmördern, die nur möglichst schnell über ein handlungsunfähiges »Objekt« verfügen wollen, an dem sie ihre Phantasien ausleben können, und es deshalb zeitnah zum Angriff töten. Bei dieser Tat spielen die Eigenschaften des Opfers wie Typ oder Alter häufig keine Rolle, da der Täter eben nur ein beliebiges Opfer unter Kontrolle bringen möchte. Mit einem solchen Fall hatten wir es 2002 in der Nähe von München zu tun.

Poing war einmal ein kleines Dorf; inzwischen sind immer weitere Neubaugebiete entstanden, wie man sie häufig im Münchner Umland findet. In einem der neuen Häuserkomplexe bewohnte Gudrun W. ein Appartement, sie lebte allein. Im August 2002 öffnete ihr Vater die Wohnungstür, er hatte zuletzt nichts mehr von seiner Tochter gehört und wollte nun nach dem Rechten sehen. Gudrun W. lag tot in der gefüllten Badewanne, ihr Körper wies Stichwunden und Spuren massiver Schläge auf.

Wie die Sonderkommission feststellte, musste der Mörder der 38-Jährigen bereits aufgelauert haben, als sie abends heimkam. Sie öffnete die Terrassentür, um zu lüften, auf diese Weise kam er leicht in die Wohnung, wo er sofort Gudrun W. angriff und sie mit Schlägen und Tritten zu töten versuchte. Sie hatte keine Chance gegen ihn und verlor das Bewusstsein, der Täter erstach sie schließlich und verging sich an der Toten. Mit einer Videokamera filmte er sich dabei selbst. Später legte er die Leiche in die Wanne. So weit konnten wir das Verbrechen rekonstruieren, nur von der Kamera ahnten wir noch nichts. Ein Jahr lang suchten die Ermittler den Unbekannten. Der bis dahin größte Massengentest Bayerns – 1500 Männer, die im Neubaugebiet wohnten oder arbeiteten – brachte keinen Treffer.

Ein Jahr lang blieb im Dunkeln, wer für den Mord verantwortlich war. Dann stieß eine schwangere junge Frau beim Aufräumen zufällig auf ein Videoband. Was sie darauf sah, muss ein Schock gewesen sein: Der Film zeigte ihren Freund Michael F., wie er die Leiche von Gudrun W. schändete. Die entsetzte Frau rief eine Freundin an und später dann auch die Polizei, F. kam umgehend in Untersuchungshaft.

Es stellte sich während der Vernehmungen heraus, dass der geschiedene Vater des Mörders bis zwei Jahre vor der Tat in der Neubausiedlung gewohnt hatte. In dieser Zeit besuchte ihn sein Sohn häufig und übernachtete auch dort. Der 20-Jährige war laut Gericht »eine schwer gestörte Persönlichkeit«, er wurde zu zehn Jahren Jugendhaft verurteilt, nach deren Ablauf sollte er in ein psychiatrisches Krankenhaus eingewiesen werden. So weit kam es nicht. 2013 nahm er sich im Gefängnis das Leben.

Unterschiede in der Annäherung, dem Angriff und der Kontrolle über das Opfer verraten viel über die Persönlichkeit des Mörders. Diese Fragen können mein Team und ich jedoch nur dann verlässlich beantworten, wenn es im Rahmen der Rekonstruktion gelingt, die einzelnen Sequenzen der Tat systematisch herauszuarbeiten. Natürlich rekonstruiert auch eine Sonderkommission bei der Suche nach dem Täter den Ablauf eines Verbrechens. Wir haben aber das Privileg, viele einschlägige Fälle zu kennen und unsere Analyse zwei bis vier Tage lang abgesetzt von der Dynamik innerhalb der Soko erarbeiten zu können. Fallrekonstruktionen erfordern entsprechendes Hintergrundwissen und fundierte Kenntnisse der Kriminalistik.

Dies ist auch der Grund, weshalb in Deutschland, ähnlich wie in den USA oder Kanada, in erster Linie Kriminalbeamte als Fallanalytiker tätig sind. In der öffentlichen Wahrnehmung wird die Tätigkeit des Profilers häufig mit rein psychologischen Aspekten verknüpft. Dazu tragen Serien bei wie *Die Methode Tony Hill,* deren Held Psychologe ist und einer von Serienmördern offenbar außergewöhnlich geplagten Stadt in Nordengland hilft, indem er sich bis an die Grenze zum Wahnsinn in das Hirn der Täter versetzt. Man kann das unterhaltsam finden oder albern. Die Realität der Fallanalyse hat mit derlei Fiktionen nichts zu tun. Es geht nicht darum, »zu denken wie der Täter«, schon aus dem schlichten Grund, weil das gar nicht möglich ist. Es geht darum, zu begreifen, was der Täter denkt und warum er so und nicht anders gehandelt hat.

Die Fallanalyse ist in erster Linie eine Beratungsleistung bei der Ermittlung und Aufklärung schwerwiegender Verbrechen. Daher ist es nur naheliegend, dass die Berater auch speziell ausgebildete und selbst erfahrene Kriminalbeamte sind.

Viele Menschen glauben, dass wir vor allem Täterprofile erstellen. Aber das stimmt so nicht: In vielen Fällen spielt ein solches Profil eine untergeordnete Rolle. Wenn ein Mord offensichtlich persönliche Motive hat, dürfte der Täter im engen sozialen Umfeld des Opfers zu suchen sein. Ein umfangreiches Täterprofil durch die OFA erübrigt sich, da es bereits eine Reihe von logischen Verdächtigen gibt. In solchen Fällen versuchen wir eher, ein vertieftes Fallverständnis zu erzielen.

In anderen Fällen kann das Täterprofil einen echten Mehrwert für die Ermittler darstellen, vor allem dann, wenn sie einen Sexualmord aufzuklären haben, bei dem sich Täter und Opfer nicht kannten. Dann sucht die Kripo buchstäblich nach der Nadel im Heuhaufen. Ein Täterprofil kann dann die wahrscheinlichsten Aussagen zur Persönlichkeit des Unbekannten bieten. Bei diesen Aussagen sind aber nicht, wie oftmals vermutet, die psychologischen Aspekte am hilfreichsten, wie beispielsweise die Frage, ob der Gesuchte unter einer krankhaften Persönlichkeitsstörung leidet oder einfach ein dissozialer Mensch ist. Auch das ist sicher wichtig. Solche Persönlichkeitszüge sind aber nur schwer in Datenbanken zu recherchieren. Vielmehr geht es um wesentliche Aussagen zum Täteralter, seiner geographischen Einordnung und Vortaten, wegen denen er bereits bei der Polizei aktenkundig sein könnte. Bei der Beschreibung der Methodik der Fallanalyse werde ich diese Aspekte noch näher erläutern.

Warum aber ist die Beratung von Sonderkommissionen bei herausragenden Fällen so bedeutsam? Die Aufgabe des Fallanalytikers ist es, dem Soko-Leiter dabei zu helfen, Fehler zu vermeiden. Der objektive Blick des Fallanalytikers von außen hilft dabei, denn, wie Daniel Kahneman betont, man erkennt die Fehler anderer besser als die eigenen.

AUSSAGEN ZUR MENSCHLICHEN SEELE:
FALLANALYSE UND WISSENSCHAFT

Die Tätigkeit der Fallanalytiker ist auch deswegen so interessant, weil sie die Schnittstelle unterschiedlicher Wissenschaften bildet. Zunächst sind dies natürlich Kriminalistik und Kriminologie, jene Felder der Forschung, die der Polizeiarbeit am nächsten stehen, da sie sich mit der Frage der Aufklärung von Verbrechen und dessen Entstehungsformen beschäftigen. Wenn wir aber Delikte wie den Sexualmord in Poing untersuchen, glauben viele Menschen, die Psychologie sei der eigentliche Schlüssel zur Persönlichkeit des Täters und damit zur Aufklärung. Tatsächlich nimmt die Fallanalyse Anleihen bei der Psychologie, also der Lehre vom Verhalten des Menschen. Das ist nur naheliegend, da wir versuchen, das Täterverhalten zu rekonstruieren, zu analysieren und seine Persönlichkeit zu beleuchten. Natürlich spielt dabei die Psychologie eine Rolle, und wir sind entsprechend ausgebildet. Das FBI sprach anfangs sogar vom »Psychological Profiling«. Die Erfahrungen so vieler Jahre haben mich gelehrt, dass sich die psychologischen Aspekte eines Verbrechens bei unseren Fallanalysen häufig wiederholen und daher insgesamt überschaubar sind. In erster Linie geht es dabei um den Täter – um seine Persönlichkeitsentwicklung, Störungen seiner Sexualität oder die Frage nach seiner Impulskontrolle. Bei Zeugen erleben wir sich wiederholende Muster, wie sehr sich Wahrnehmungen verzerren können, obwohl der Betreffende überzeugt ist, es sei so und nicht anders gewesen. Kurz: Die Psychologie ist in der Fallanalyse wichtig, aber wir müssen sie für unsere Arbeit nicht an der Universität studiert haben. Jedoch muss sich auch ein erfahrener Ermittler der drei Jahre dauernden Zusatzausbildung unterziehen, wo er neben praktischen Erfahrungen auch mit anderen Disziplinen, also auch der Psychologie, vertraut gemacht wird. Erst dann kann er richtig beurteilen, was uns das Verhalten eines Mörders am Tatort über dessen Persönlichkeit verraten könnte. Der Psychologe im Team der OFA Bayern musste sich im Gegenzug zunächst die Dynamik und die Abläufe polizeilicher Ermittlungen verinnerlichen. Wenn ein Verbrechen besonders verstörend wirkt, wie beispielsweise der Mord an einem Kind, heißt es oft: Jemand, der so etwas fertigbringt, müsse »gestört« sein, »verrückt« oder »krank«. Doch wir müssen die Begriffe präzise auseinanderhalten. Viele Sexualmörder haben Persönlichkeitsstörungen. Sie sind damit aber nicht im klassischen Sinne psychisch krank und damit schuldunfähig wie etwa jemand, der an einer schweren Schizophrenie leidet, sich von einem harmlosen Nachbarn bedroht fühlt und ihn erschlägt.

Neben der Psychologie spielen daher auch die Erkenntnisse aus der Psychiatrie für die Fallanalytiker eine bedeutsame Rolle. Das Wissen um Voraussetzungen, Verlauf und Erscheinungsformen von bei Sexualmördern häufig zu findenden Persönlichkeitsstörungen, wie zum Beispiel der dissozialen oder narzisstischen Persönlichkeitsstörung, ist zum Verständnis der Taten unabdingbar. Hätten wir dieses Verständnis nicht, könnten wir nur schwerlich ein Täterprofil erstellen.

Aus diesem Grund hat sich die OFA Bayern bereits sehr früh um Kooperationen mit der forensischen Psychiatrie bemüht. Ganz leicht war das nicht. In den Anfangsjahren wurden wir dabei belächelt, da auch seitens der Psychiater nicht unerhebliche Vorurteile vorherrschten. So suchte ich schon früh den Kontakt zu Prof. Dr. Norbert Nedopil, dem damaligen Leiter der Forensisch-Psychiatrischen Abteilung an der Ludwig-Maximilians-Universität in München. Norbert Nedopil ist ohne Zweifel einer der renommiertesten Gerichtsgutachter in Deutschland; er trat beispielsweise in dem Verfahren gegen den Serienmörder Volker E. auf, einen Fernfahrer, der zwischen 2001 und 2006 in verschiedenen Ländern Südeuropas mindestens sieben Prostituierte tötete. Professor Nedopil unterstützte uns auch bei der langen Suche nach dem Maskenmann in Norddeutschland, der mehrere kleine Jungen getötet hatte; wir werden auf diesen Fall noch zurückkommen.

Ich schätze, dass Norbert Nedopil sich anfangs erst an mich gewöhnen musste: Ich war ein junger Kriminalkommissar, der es sich mit einigem Sendungsbewusstsein zur Aufgabe gemacht hatte, ein ganz neues Feld der Kriminalistik zu etablieren. Vor mir saß ein hochangesehener und sehr erfahrener Psychiater, der das Profiling durchaus kritisch sah. Die in erster Linie von FBI-Agenten verfasste Literatur zum Thema hatte ihn nicht überzeugt. Und das kann ich sogar verstehen: Die frühen Bücher der amerikanischen Kollegen gaben nur wenig Einblick in deren tatsächliche Methodik, dafür rühmten sie aber umso mehr die persönliche Leistungen der Autoren selbst und kamen zu fragwürdigen Schlussfolgerungen. So schreibt John Douglas in seinem Buch mit dem bezeichnenden Titel *Jäger in der Finsternis,* für die Mörder, die er gefasst habe, sei die Todesstrafe die beste Lösung:»Kein Hingerichteter hat je wieder einem anderen Menschen das Leben genommen.« Die Agenten der ersten Stunde beschrieben sich auch gern als Künstler:»Ich bin sehr gut darin, was ich tue. Es gibt andere in meinem Beruf, die *behaupten,* Profiler zu sein.« Kein Wunder, dass Norbert Nedopil damit wenig anfangen konnte.[8]

Professor Nedopil sah mich bei diesen ersten Kontakten eher als einen aufstrebenden Beamten an, der seine Karriere vorantreiben wollte und sich hierfür ein passendes Projekt gesucht hatte. Über viele Gespräche hinweg konnte ich ihn jedoch von der Ernsthaftigkeit meiner Bemühungen überzeugen. Ich war sicher, dass die Fallanalyse funktionieren würde.

Am Ende ergab sich dann eine für beide Seiten gewinnbringende Zusammenarbeit, die in jahrelange gemeinsame Projekte mündete.

So arbeitet die OFA inzwischen problemlos mit den Einrichtungen des Straf- und Maßregelvollzugs zusammen. Dort empfand man es zunächst als befremdlich, dass die Fallanalytiker sich in die Domäne der forensischen Psychologie und Psychiatrie wagten. Hierbei wurde häufig übersehen, dass die Ausgangslage und Zielrichtung unserer Bewertungen eine gänzlich andere ist. Wir bewerten das Verhalten eines unbekannten Täters, die Forensik hingegen ist immer am Probanden orientiert, der mit dem Gutachter oder Therapeuten die Tat aufarbeiten soll. Wir haben es daher mit denselben Menschen zu tun, nur zu unterschiedlichen Zeitpunkten und mit unterschiedlichen Zielrichtungen. Über die Jahre hinweg hat sich gezeigt, dass die Fallanalysen auch für die therapeutische Arbeit Bedeutung haben können. Gerade in der Therapie wird großes Augenmerk darauf gelegt, was der Täter zu seinen Verbrechen zu sagen hat. Hier ist es daher von besonderem Interesse, seine Einlassungen den objektiven Spuren an Tatort und Opfer gegenüberzustellen. Sollten sich hierbei Widersprüche ergeben, können diese in der Therapie aufgearbeitet werden. In Einzelfällen gelingt es so, näher zu den eigentlichen Motiven des Täters vorzudringen. Das ist besonders wichtig, wenn es vor einer Haftentlassung um Prognosen geht: Ist der Mann noch gefährlich? Wie groß ist das Risiko eines Rückfalls? Gerade bei diesen Fragen sollten die Gutachter der Analyse der Anlasstat entsprechende Beachtung schenken.

Die OFA betreibt darüber hinaus auch eigene wissenschaftliche Forschungen: Sie wertet die Erkenntnisse aus der Praxis aus und arbeitet hierbei mit Partnern aus den Hochschulen zusammen. So hat die OFA Bayern gemeinsam mit der Universität Regensburg das räumliche Verhalten von Serienvergewaltigern in Bayern untersucht. Gegenstand der Studie waren dreißig Serienvergewaltiger, die keine Vorbeziehung zu ihren Opfern aufwiesen und für insgesamt hundertfünfzig Taten im Freistaat verantwortlich waren. Die Erkenntnisse hieraus, zum Beispiel über die Bewegungsmuster der Täter, bieten für die Ermittler durchaus brauchbare Ansätze. Ein zweites Forschungsvorhaben, das sich derzeit in der Schlussphase befindet, betrifft alle geklärten Tötungsdelikte mit sexueller Komponente in Bayern zwischen 1979 und 2008. Mit Professor Sven Litzcke von der Fachhochschule Hannover haben wir 137 Sexualmorde untersucht: Opfer, Tatverläufe und die Täter selbst.

Ich möchte dies an einem Beispiel erläutern. Wie bereits angedeutet, waren die Stichproben für die ersten Forschungsarbeiten des FBI hoch selektiv und damit sehr einseitig. Es handelte sich überwiegend um sexuell motivierte Serienmörder, im Grunde eine Auslese der schlimmsten Fälle in den USA und nicht um Einzeltäter. Serienmörder treten aber wesentlich seltener auf als andere Mörder und verhalten sich außerdem häufig anders, etwa bei der Beseitigung der Leiche, die sie oft verbergen. Eine Generalisierung auf Sexualverbrecher allgemein ist daher sehr problematisch. Bei den FBI-Interviews kamen Täter zu Wort, die sich äußerst bizarr verhalten hatten. Manche hatten Blut ihrer Opfer getrunken, andere deren Fleisch oder Organe verspeist. In dem Film *Das Schweigen der Lämmer* aus dem Jahr 1991 ist der Einfluss dieser wenige Jahre zuvor erstellten Studie noch stark erkennbar. Der Film hat seinerseits das entsprechende mystisch verzerrte Bild vom Serienmörder in der ganzen Welt verbreitet. Spätere Arbeiten des FBI und unsere eigenen Forschungen kamen jedoch zu einem ganz anderen Ergebnis: Diese extremen Taten sind eine absolute Ausnahme.

Gerade bei ihnen aber stoßen wir auf das Stereotyp, alle Sexualmörder müssten doch »geisteskrank« sein. In unserer Untersuchung kam etwas Bemerkenswertes heraus: Lediglich 20 Prozent der Sexualmörder in Bayern litten wirklich an einer psychischen Erkrankung, die vor Gericht zu einer Einschränkung oder gar der Aufhebung der Schuldfähigkeit führte. Demnach waren also 80 Prozent der Täter voll schuldfähig. Ihnen ist also bewusst, dass es falsch und verboten ist, was sie anderen Menschen antun. Sie entscheiden sich dennoch aus freien Stücken dazu, so und nicht anders zu handeln.

Ein Fall eines wirklich kranken Täters ist mir besonders in Erinnerung geblieben. Der Mann attackierte frühmorgens in einem akut psychotischen Zustand eine junge Frau, die sich gerade auf dem Heimweg befand. Er fühlte sich durch sie bedroht und stach mit dem Messer, welches er zu seinem »Schutz« mitführte, auf sie ein. Dann schnitt er Organe der Leiche heraus und nahm Teile davon vom Tatort mit. Ein solch extremes Verhalten ist selbst bei Tötungsdelikten mit sexueller Komponente nur selten zu finden und kann ein Indiz für eine psychische Erkrankung des Täters sein, beispielsweise eine paranoide Schizophrenie. Genau daran litt der Mann im vorliegenden Fall. Die Polizei nahm ihn relativ schnell fest; das Gericht befand ihn für eingeschränkt schuldfähig, und er wurde in einem Bezirkskrankenhaus untergebracht. Vor einigen Jahren wurde der Mann aus dem Maßregelvollzug entlassen, was in der betreffenden Region für erhebliche Aufregung sorgte. Hierbei sollte man jedoch einen differenzierten Blick auf den Sachverhalt werfen. Prognostisch betrachtet geht von einem Täter mit einer behandelten Psychose ein geringeres Risiko aus als von einem mit einer Persönlichkeitsstörung – solange der Kranke unter Medikation steht. Sollte er diese absetzen, erhöht sich dieses Risiko nach drei Monaten deutlich.

Wichtig ist für den Fallanalytiker auch die Zusammenarbeit mit der Rechtsmedizin. Die Interpretation des Verletzungsbildes einer Tat und der Blutspuren am Tatort sind unabdingbare Voraussetzungen für die Rekonstruktion des Tatgeschehens. Aus diesem Grund besteht auch eine enge Kooperation mit den Instituten für Rechtsmedizin, sie spielt auch bei der Ausbildung zum Fallanalytiker eine bedeutende Rolle.

Was macht nun einen guten Fallanalytiker aus? Als Berater einer Sonderkommission muss er in der Lage sein, Hintergrundwissen aus derart unterschiedlichen Disziplinen für die konkreten Ermittlungen anzuwenden und die Kripo durch neue Hinweise zu unterstützen. Insofern sind die Fallanalytiker tatsächlich eine Art Bindeglied zwischen der Wissenschaft auf der einen und der Polizei auf der anderen Seite.

GLEICHE UNTER GLEICHEN: DAS TEAM DER OFA UND DIE »QUALITÄTSSTANDARDS«

Das Fernsehen liebt das Bild vom einzelgängerischen Kommissar, den der bürokratische Polizeiapparat nervt und der am liebsten eigene Wege geht; höchstens duldet er noch einen Partner, mit dem er seit Jahren zusammenarbeitet. In kaum einer anderen Hinsicht ist meine Arbeit als Kriminalbeamter so weit von der Fiktion entfernt. Tatsächlich sind alle Fälle der OFA Bayern im Team bearbeitet worden. Nicht nur, weil ich das für sinnvoller erachte, sondern weil die Qualitätsstandards die Arbeit in der Gruppe zwingend vorschreiben. Meist umfasst das Team drei bis fünf Beamte. Wir interpretieren dabei Verhalten und Befunde vom Tatort und an der Leiche, um am Ende die wahrscheinlichste Hypothese zum Tatablauf zu erstellen. Das ist der Kern unserer Arbeit: eine Annäherung an die Wirklichkeit. Wir können versuchen, ihr so nah wie möglich zu kommen, aber es bleibt immer eine Annahme. Das Team soll im Idealfall jede denkbare Hypothese benennen und bewerten.

Dabei ist es durchaus von Vorteil, wenn die einzelnen Kollegen einen unterschiedlichen Hintergrund aufweisen. Bei uns in der OFA Bayern finden sich ehemalige Ermittler der Mordkommission und der Sexualdelikte, ehemalige Brandermittler und Spurensicherer und seit 2009 auch ein forensischer Psychologe, Markus Hoga. Er arbeitete zuletzt als Leiter einer Abteilung zur Therapie von Sexualstraftätern in einer bayerischen Justizvollzugsanstalt. Markus Hoga hat sich jahrelang mit der Entwicklung dieser Männer beschäftigt, intensiv mit ihnen in der Therapie gearbeitet und daher einen noch tieferen Einblick in die Motive solcher Männer gewonnen.

Mit der Spursituation am Tatort beschäftigt sich im Regelfall Julius Kaiser, der früher selbst als Spurensicherer in Mordfällen gearbeitet hat. Er wirft natürlich einen besonders gezielten Blick auf die Details. Nicht selten erleben wir, dass er bei der Rekonstruktion des Tathergangs lange gar nichts sagt und nur still für sich noch mal alle Bilder betrachtet, um dann an der passenden Stelle unsere Hypothese in Frage zu stellen oder im besseren Falle zu untermauern.

Gleiches gilt für die ehemaligen Ermittler unter uns, zum Beispiel meinen Stellvertreter Klaus Wiest. Er war, bevor er zur OFA kam, bereits sechs Jahre bei der Mordkommission in München tätig. Klaus Wiest bringt auch in stürmischen Zeiten die notwendige Ruhe mit und lässt die Dinge auf sich zukommen.

Dirk Schinke wiederum kommt vom Bundeskriminalamt. Er ist ein herausragender Analytiker – wenn er beginnt, eine Hypothese hart auf ihre Stichhaltigkeit zu prüfen, sollte man als verantwortlicher Fallanalytiker sehr gut vorbereitet sein.

Hilmar Krüger wiederum war Brandermittler in München, bevor er zu uns wechselte. Es ist daher nicht überraschend, dass er der Hauptansprechpartner für Fallanalysen bei Brandserien ist. Ihn zeichnet eine besondere Liebe zum Detail aus. Sie ist besonders hilfreich, wenn man versucht, im Brandschutt nach Hinweisen zu suchen. Er versteht die Nöte vieler Brandermittler, denen im Gegensatz zu den Tötungsdelikten – wo es oft DNA-Spuren, Fasern und Fingerabdrücke gibt – häufig Sachbeweise fehlen.

Meiner Meinung nach ist es schlicht unmöglich, all diese Kompetenzen in einer einzelnen Person zu konzentrieren. Das Team sorgt aber vor allem für die Vielfalt der Hypothesen und wirkt als Korrektiv bei deren Überprüfung.

Lenkung und Leitung der Sitzungen, die in der Regel mehrere Tage dauern, liegt beim verantwortlichen Fallanalytiker. Er muss unsere Ergebnisse nach außen vertreten – sei es vor der Sonderkommission, vor Gericht oder, wie ich es selbst erlebt habe, im Fall der Taten des NSU vor einem Untersuchungsausschuss des Deutschen Bundestages.

Die Ergebnisse der Fallanalyse sind schriftlich vorzulegen, so verlangen es die Qualitätsstandards. In den Anfängen der Fallanalyse in Deutschland in den späten 1990er Jahren war die Schriftform noch nicht so üblich. Sogenannte Experten berieten Sonderkommissionen auf mündlicher Basis, ohne die Schlussfolgerungen nachvollziehbar schriftlich zu begründen; damit gab es auch keine Möglichkeit einer kritischen Überprüfung.

Zur Schriftform ist zu sagen, dass es möglich sein muss, auch komplexe Sachverhalte in einem überschaubaren Maß darzulegen. Dies ist eine der Lehren, die ich mir beim FBI angeeignet habe. »Keep it short and simple« – fasse dich kurz und klar verständlich, diesem sehr amerikanischen Motto konnte ich durchaus etwas abgewinnen. Wenn es nicht gelingt, einen Sachverhalt auf das Wesentliche zu komprimieren, dann ist es zumeist auch nicht gelungen, ihn tatsächlich zu durchdringen. Die Kunst liegt meines Erachtens in der Reduktion auf das Entscheidende. Das ist bei der Polizei nicht anders als im sonstigen Berufsleben. Wie häufig sitzen sie in endlosen Meetings, in denen es versäumt wird, die wirklich entscheidenden Dinge auf den Punkt zu bringen? Und was kommt bei solchen Meetings am Ende heraus? Meistens zu wenig, manchmal gar nichts.

Nach dem Teamgedanken und der Schriftlichkeit schreiben die Qualitätsstandards etwas Drittes vor: die »Objektivität« der OFA. Es ist als besonderer Luxus anzusehen, dass wir frei vom Druck der alltäglichen Ermittlung Verbrechen in ihrer Gänze durchdringen können. Soko-Leiter haben mir nicht selten gesagt: Für uns ist wichtig, dass ihr einen möglichst objektiven Blick von außen auf die Ermittlungen werft, ohne Rücksicht auf das, was wir bisher getan haben, ohne Konkurrenz oder persönliche Empfindlichkeiten. Suchen sie schon längere Zeit erfolglos nach dem Täter, wächst natürlich die latente Unsicherheit, vielleicht irgendwo doch den einen entscheidenden Hinweis übersehen oder eine wichtige Spur nachrangig behandelt zu haben. Die Diskussion ihrer Ergebnisse mit den Ermittlern wird dabei der entscheidende Moment sein: der Zeitpunkt, an dem *wir* uns kritisch hinterfragen lassen müssen und aufgefordert sind, unsere Rückschlüsse nachvollziehbar zu erläutern. Dies wird vor allem dann interessant, wenn das Fallanalyseergebnis nicht mit der bisherigen Ermittlungsrichtung übereinstimmt.

3 WIE FUNKTIONIERT DIE FALLANALYSE?

TATORT, TÄTER UND OPFER

Die Fallanalyse geht von der Grundannahme aus, dass jeder Mensch täglich zwangsläufig Verhaltensweisen an den Tag legt, die seine Persönlichkeit widerspiegeln. Das trifft in besonderem Maße bei einem Verbrechen zu, und daher kann die Fallanalyse beim Versuch, das Verhalten eines Täters am Tatort zu rekonstruieren und zu interpretieren, besonders aufschlussreiche Rückschlüsse auf Motive und Persönlichkeit ziehen.

Bei einer Tat gibt es drei wesentliche Einflussgrößen: den Täter, das Opfer und die Tatsituation. Beginnen wir mit dem, der das Verbrechen begeht: dem Täter.

Hatte er den Ablauf der Tat bereits im Kopf, bevor er sie beging? Setzte er also nur um, was er sich bereits fest vorgestellt hatte? Hat er eine lang gehegte Absicht verwirklicht? Die Öffentlichkeit glaubt bei Sexualmorden häufig, dass sie von, wie wir sagen, stark strukturiert vorgehenden, also sorgsam planenden Tätern begangen werden. Das ist allerdings nur sehr selten der Fall.

Gewiss ziehen einzelne Angreifer bereits mit der latenten Absicht los, jemanden zu töten, wenn sich die Gelegenheit hierzu bietet. Andere, wie der Täter in Poing, haben bereits feste Bilder im Kopf und einen konkreten Plan. Dennoch sind sie sehr weit vom Mythos des genialischen Verbrechers entfernt. Und tatsächlich ereignet sich ungefähr die Hälfte dieser Fälle aus einem spontanen Entschluss heraus. Ein Szenario, das wir in unserer Forschung über die Sexualmorde in Bayern fanden, sieht so aus: Der Täter ist angetrunken und am späten Abend auf verlassenen Straßen unterwegs. Plötzlich sieht er eine Frau; sie ist allein und auf dem Weg nach Hause. Er handelt spontan, ohne lange nachzudenken, und greift sie an. Durch Schläge oder sonstige Anwendung stumpfer Gewalt versucht er sie zu überwältigen. Doch sein Opfer beginnt zu schreien oder leistet weiter Widerstand. Da würgt er es bis zur Bewusstlosigkeit, damit es den Widerstand aufgibt. Der Täter hält die Frau bereits für tot, doch da zeigt sie eine Schnappatmung oder andere Lebenszeichen. Er gerät in Panik, packt einen Gegenstand, der gerade greifbar ist, zum Beispiel einen Stein, und zertrümmert damit dem Opfer den Schädel.

Wir sind deshalb auch nicht überrascht, dass uns Täter bei Befragungen in Gefängnissen und psychiatrischen Krankenhäusern immer wieder berichten, wie überrascht sie vom Widerstand der Opfer waren und dass sich die Sache gänzlich anders entwickelte, als sie das erwartet hatten, nämlich deutlich gewalttätiger und chaotischer. Eine eskalierte Vergewaltigung hat sich dann zum Sexualmord gesteigert.

Die zweite Einflussgröße ist das Opfer. Hat es sich gewehrt? Und wie sehr? Darauf geben das Verletzungsbild des Opfers und der Tatort Hinweise. Die Interaktion zwischen Opfer und Täter lässt sich in der Regel gut aus diesen Befunden ableiten. Der Faktor Interaktion bewirkt, dass zwei Morde, selbst wenn sie vom selben Täter begangen wurden, gänzlich unterschiedlich aussehen können. Das ist eine der klassischen Erfahrungen unserer Arbeit und vor allem dann wichtig, wenn der Verdacht eines Zusammenhangs besteht, aber die Beweise dafür fehlen. Hier kommt dann die vergleichende Fallanalyse zur Anwendung, auf die ich später noch näher eingehen werde. Die dritte Einflussgröße ist die Tatsituation. Wie kommt es eigentlich zur Tat? Hat der Täter diesen Ort oder diese Zeit ganz bewusst ausgewählt? Gab es bei der Tat Störungen, die einen Einfluss auf den Ablauf hatten? Sollte dies der Fall sein, muss er in kürzester Zeit die Entscheidung treffen, ob er den Angriff abbricht oder trotzdem fortführt. Der Mörder der Schweizer Austauschschülerin in Galway etwa hatte im Vorfeld eine sehr brutale Vergewaltigung einer jungen Frau begangen. Tatort war ein öffentlicher Fußballplatz, es war spät am Abend und dunkel. In dem Moment, als er sein Opfer überwältigte, näherte sich ein Radfahrer. Der Täter reagierte darauf ganz anders, als man erwarten könnte. Er hielt die junge Frau fest und befahl ihr, so zu tun, als sei sie seine Freundin; aus lauter Angst gehorchte sie, und der nichtsahnende Radler fuhr weiter. Dies ist ein sehr ungewöhnliches Verhalten, da die meisten Vergewaltiger in derselben Situation von der Frau abgelassen und die Flucht ergriffen hätten. Dieser Mann jedoch glaubte, er würde trotz der Störung auch weiterhin die Kontrolle über das Opfer behalten, das er anschließend vergewaltigte und massiv verletzte. Der Täter hatte sich vor der Tat vermutlich überlegt, wie er in einer solchen Situation reagieren solle, und verfügte über eine ausgeprägte Stressresistenz.

MODUS OPERANDI UND HANDSCHRIFT

Auch ein Mörder trifft Entscheidungen. Wir Fallanalytiker müssen herausfinden, wie sie gefällt wurden. Eher aus der Situation heraus? Oder haben sie ihren Ursprung in der Persönlichkeit des Täters; verwirklicht er etwas, was er unbedingt umsetzen will? Hierbei unterscheiden wir zwischen Modus Operandi und Personifizierung oder Handschrift. Dies ist weniger theoretisch, als es klingen mag.

Modus Operandi, die Art des Vorgehens, ist jenes Verhalten, das notwendig für die Tatbegehung ist. Ein Einbrecher muss ein Fenster aufhebeln oder ein Türschloss knacken, um ins Haus zu gelangen. Leider verrät das nahezu nichts über seine Persönlichkeit. Unter Personifizierung dagegen verstehen wir ein Verhalten, das für den Erfolg der Straftat eigentlich unnötig ist und darüber hinausgeht. Verwüstet der Einbrecher, wie es gelegentlich vorkommt, Wohnzimmer oder Schlafzimmer, ist das völlig unnötig für den eigentlichen Zweck, Geld und Wertsachen zu stehlen. Im Gegenteil, es kostet ihn Zeit und erhöht die Gefahr, dass er Spuren hinterlässt. Es ist, vom Standpunkt des professionellen Diebes betrachtet, unsinnig und riskant. Nicht aber für diesen Täter: Für ihn ist die Zerstörung des Privatbereichs anderer Menschen ein wesentlicher Bestandteil seiner Tat. Vielleicht ist es für ihn viel wichtiger, ein Gefühl von Macht zu spüren, Angst zu verbreiten oder Hass und Aggressionen auszuleben, als den versteckten Familienschmuck zu finden.

Übertragen wir dieses Bild einmal auf Sexualmorde, so fallen unter die Personifizierung in erster Linie Verhaltensweisen, die der Umsetzung von Phantasien dienen. Ein Täter in München besuchte regelmäßig Prostituierte, um bei ihnen seine sadistischen sexuellen Wunschvorstellungen Wirklichkeit werden zu lassen. Er fesselte die Frauen und verklebte ihnen Mund und Augen. Sie konnten nicht sehen, was er als Nächstes mit ihnen tun würde, und auch nicht protestieren oder um Hilfe rufen. Eine dieser Prostituierten tötete er schließlich, indem er ihr mit einem Rasiermesser die Kehle durchschnitt. Er tat aber noch etwas anderes: Die Frauen mussten eine weiße Bluse anziehen, die der Täter eigens mitgebracht hatte.

Diese Verhaltensweise war nicht notwendig, jedoch in der sexuellen Phantasie des Täters verankert.

In der Anfangsphase der Fallanalyse, gerade beim FBI, galt dieses Konzept der Personifizierung des Täterverhaltens als entscheidend. Pioniere wie John Douglas oder Roy Hazelwood sprachen von der »signature«, der Handschrift des Serienverbrechers: »Er tut etwas, was er nicht hätte tun müssen, um zum Ziel zu kommen.« Douglas schrieb noch 1997: »Die Handschrift [eines Mörders] bleibt immer gleich, während sich die Vorgehensweise ändert. [...] Bei einem Sexualverbrechen hingegen kommt der Analyse der Handschrift besondere Bedeutung zu, weil man so eine Verbindung zwischen verschiedenen Einzeltaten herstellen kann.«[1]

Inzwischen sind wir allerdings, auch durch internationale Forschungsprojekte auf diesem Gebiet, einen erheblichen Schritt weiter. Wir wissen um die große Bedeutung der jeweiligen Situation, in der das Verbrechen geschieht, und die so variieren kann, dass eine sklavische Einteilung in Modus Operandi und Personifizierung unsere Sichtweise zu sehr einschränken würde. Es bestünde darüber hinaus die Gefahr, den Täter und damit unsere Arbeit zu mystifizieren. Denn das ist ja das alte Klischeebild: ein intelligenter Serienkiller, dessen Morde unverkennbar seine Handschrift tragen. Ich habe schon Serienmordfälle analysiert, bei denen ich weit weg davon war, so etwas wie eine »signature« zu erkennen. Die Fälle waren zu unterschiedlich. Der Frauenmörder Manfred I. beispielsweise, von dem noch die Rede sein wird, ertränkte eines seiner Opfer. Er hatte die Frau kurz zuvor zufällig gesehen, überwältigt und vergewaltigt. Jahre später brachte er nach einem sorgfältig vorbereiteten Plan eine andere Frau in seine Gewalt, hielt sie über viele Stunden in seiner Wohnung gefangen, wo er sie brutal misshandelte. Dann brachte er das Opfer in einen Wald und ermordete es. Hier lässt sich keine »Handschrift« des Mörders erkennen, die als verbindendes Glied dienen könnte.

Der Maskenmann, der über viele Jahre in Privathäuser und Heime einstieg, kleine Jungen missbrauchte und einige von ihnen tötete, gehört demgegenüber zu den ganz wenigen Fällen in meiner Karriere, der eine klare »signature« vorweist: Kein anderer Täter in ganz Europa zeigte diese Verhaltensweisen. Auch hier halte ich es mit dem notwendigen Pragmatismus: Ein Verhalten, das irrational erscheint, sollte ich mir genauer betrachten. Es könnte ein Hinweis auf ein tieferes Bedürfnis des Täters sein, nicht mehr und nicht weniger.

Aus dem Täterverhalten lassen sich in der Fallanalyse auch Fähigkeiten und Begrenztheiten ableiten. Wenn wir es richtig zu entschlüsseln verstehen, verrät es viel über ihn: sein Planungsvermögen bei der Auswahl der Opfer oder der Vermeidung verräterischer Spuren zum Beispiel. Ebenso sind häufig Aussagen über das Ausmaß seiner Impulskontrolle möglich: Wie sehr hat er sich in der Gewalt? Spontane Reaktionen sind schwer zu beeinflussen. Wenn ein Vergewaltiger auf Widerstand aufbrausend und besonders brutal reagiert, liegt es nahe, dass er auch sonst in Ausnahmesituationen seine Emotionen schlecht beherrscht, da diese Enthemmtheit ein zentrales Merkmal der Störung der Impulskontrolle ist und sich auch im Alltagsverhalten der Täter findet.

Das Verhalten des Täters zeigt uns auch, wie gut oder schlecht er mit Stress umgehen kann. Deutlich wird das etwa am Umgang mit der Leiche bei einem Mord, den er eigentlich gar nicht geplant hatte. Er muss sich nun, ohne dass er dies vorher bedacht hat, fragen, was er mit ihr anstellt. Die meisten lassen die Leiche einfach liegen und flüchten. Andere versuchen sie zu beseitigen, scheitern jedoch zumeist, zum Beispiel bei dem Versuch, sie zu zerteilen. Und nur wenige sind in der Lage, spontan und unter dem Stress, einen Menschen getötet zu haben, die Leiche so geschickt zu beseitigen, dass sie nicht gefunden wird und somit die Aufklärung deutlich erschwert wird. Zumeist handelt es sich hierbei um Täter, die eine höhere Intelligenz aufweisen.

Es mag etwas lapidar klingen, aber auch Straftäter befolgen gern das Gesetz des geringsten Aufwands, das David Kahneman so beschreibt: »Menschen [wählen] dann, wenn es mehrere Wege gibt, um das gleiche Ziel zu erreichen, schließlich den Weg, der mit dem geringsten Arbeitsaufwand verbunden ist.«[2] Meine Erfahrung mit Mördern und Vergewaltigern über die Jahre hat dies bestätigt.

RECHTSMEDIZIN, OPFER, SPUREN: DIE INFORMATIONSQUELLEN

Für eine Fallanalyse benötigen wir drei wesentliche Informationsquellen: die forensischen Daten der Rechtsmedizin, die Hintergrundinformationen zum Opfer und zum Tatort inklusive der dort zu findenden Spuren. Von der Rechtsmedizin bekommen wir das Protokoll, die Fotos und Videos der Obduktion. Die Fallanalytiker der OFA Bayern versuchen, an den Obduktionen selbst teilzunehmen. Oft ist das möglich, wenn wir bereits zu einem sehr frühen Zeitpunkt angefordert werden. Wir nehmen dann die Verletzungen an der Leiche des Opfers selbst in Augenschein und können noch am Obduktionstisch mit dem Rechtsmediziner über diese und die Todesursache diskutieren.

Natürlich gibt es dabei Fälle, bei denen es nicht leicht ist, einen Freiwilligen zu finden. Bei der Obduktion von Kinderleichen dabei zu sein, fällt mir auch nach so vielen Jahren als Polizist und speziell als Fallanalytiker nach wie vor schwer. Der Besuch in der Rechtsmedizin ist schon beklemmend genug: die unverkennbaren Gerüche, der Anblick dessen, was Menschen anderen Menschen antun können. Wenn aber auf dem kalten, metallenen Tisch ein Kind liegt, mag ich mir sein Leiden in den letzten Momenten seines kurzen Lebens nicht vorstellen. Und natürlich tue ich es doch. Aber wahrscheinlich ist es auch gut so, dass ich diese Obduktionen nicht als Routine betrachten kann.

Die Rechtsmediziner können uns viele Fragen beantworten: Gab es Anzeichen für eine Betäubung des Opfers? Hatte es Alkohol im Blut? Und wenn ja: wie viel? Sind Aussagen zum wahrscheinlichsten Todeszeitpunkt möglich? Auch Stichverletzungen verraten viel darüber, wie kontrolliert oder wahllos, gezielt oder panisch ein Täter sein Messer benutzt hat. In Galway verrieten die Verstümmelungen am Opfer außerdem vieles über die sadistischen Tendenzen des Mörders. All diese Informationen spielen bei der Rekonstruktion des Tathergangs eine große Rolle.

Bei den Opferinformationen betrachten wir Aspekte, die einen Einfluss auf die Tatbegehung haben könnten. So lässt das Gefahrenbewusstsein des Opfers unter Umständen einen Rückschluss auf den Täter zu. Hat er eine Frau überfallen, die nur ausnahmsweise nachts allein unterwegs war? Hat sie Vorsichtsmaßnahmen getroffen? Es ist für den Täter bedeutend schwieriger, sich einer Frau zu nähern, die gefährliche Situationen ganz bewusst meidet und nicht nachts allein durch unbelebte Straßen oder Parks geht. Tut er es dennoch, kann dies eventuell als Anzeichen für eine gezielte Auswahl des Opfers angesehen werden.

Welche Geschichte wäre beispielsweise notwendig, um eine alte Dame spätabends dazu zu bringen, die Wohnungstür zu öffnen? Wie eng müsste der Bezug des Täters zu dieser Person sein? Alte Damen sind meist recht vorsichtig. Ganz anders ist die Sachlage, wenn sich der Täter eine Prostituierte vom Straßenstrich aussucht, die er leicht dazu bewegen kann, in sein Fahrzeug einzusteigen und freiwillig mit ihm an einen abgelegenen Ort zu fahren. Ein anderes Beispiel für wichtige Opferinformationen ist die Frage nach »Routinehandlungen« des Opfers. Also: Wie wahrscheinlich war es, dass es zu dieser Zeit an diesem Ort sein würde?

Eine der Kernfragen der Fallanalyse lautet: Nach welchen Kriterien hat der Täter sein späteres Opfer ausgesucht? In der Vergangenheit hat auch die Polizei dem äußeren Erscheinungsbild des Opfers große Bedeutung beigemessen. Boulevard-Schlagzeilen wie die vom »Blondinenmörder« verbreiten auch in der Öffentlichkeit den Eindruck, dass viele Täter ihre Opfer systematisch nach bestimmten äußerlichen Kriterien aussuchen, von denen sie unwiderstehlich angezogen werden. Dies ist jedoch ein Klischee. Es gibt nur sehr wenige Sexualverbrecher dieser Sorte. Viel häufiger gibt einfach den Ausschlag, dass ein geeignetes Opfer hier und jetzt verfügbar ist; und dann spielen bei einem Vergewaltiger Aussehen oder Alter der Frauen oft keine Rolle mehr.

Gerade die Opferauswahl ist für das Fallverständnis sehr wichtig. Das haben wir bei einer Vergewaltigungsserie im Jahr 2001 erfahren, welche die Öffentlichkeit besonders erschütterte, weil sich unter den Opfern ein kleines Mädchen befand. Ein junger Mann, Sven K., hatte eine 22 Jahre und eine 56 Jahre alte Frau überfallen sowie morgens auf der Schultoilette ein erst sieben Jahre altes Kind. Es war schlichtweg die Anwesenheit der Opfer zu dieser Zeit an diesem Ort, die den Mann handeln ließ.

Der damals 19-jährige Sven K. stammte aus einer zerrütteten Familie und war schon in seiner nordrhein-westfälischen Heimat ins Strichermilieu geraten. Er hielt sich in der Münchner Szene über Wasser, verkaufte sich gegen Geld an Männer und trank exzessiv in den Nachtbars. Für die sexuellen Angriffe nutzte er die Gelegenheiten, wie sie sich ihm boten. In der Frauenklinik missbrauchte er früh am Morgen eine junge Putzhilfe. Zwei Monate später verschaffte er sich im morgendlichen Gedränge einer Münchner Grundschule unbemerkt Einlass ins Gebäude und missbrauchte das Mädchen, das auf die etwas abgelegene Toilette gegangen war. Die ältere Frau war eine Gastwirtin am Starnberger See. K. blieb im Lokal, bis alle anderen Gäste gegangen waren, und griff sie dann an. Aufgrund seiner ausgeprägten Dissozialität vergewaltigte er das kindliche Opfer und verletzte es so schwer, dass es tagelang in Lebensgefahr schwebte.

Dem Gutachter Franz Joseph Freisleder, Ärztlicher Direktor der Münchner Heckscher-Klinik für Kinder- und Jugendpsychiatrie, berichtete K. von seinen sexuellen Gewaltphantasien:»Ich schlafe mit Frauen, auch wenn sie es nicht wollen«, sagte er,»da waren auch Mädchen dabei.« Bei Kindern»mag ich das Gefühl der Überlegenheit. Ein Kind hat keine Chance«.[3] Laut Gutachten galt K. weiterhin als sehr gefährlich. Die Jugendkammer des Landgerichts München I verurteilte ihn 2002 wegen versuchten Mordes und Vergewaltigung zu neuneinhalb Jahren Jugendstrafe. Wegen seiner schweren seelischen Störung wurde er zunächst in einer geschlossenen psychiatrischen Klinik untergebracht. 2010 nahm er sich das Leben.

Um die Auswahl der Opfer besser nachvollziehen zu können, führen wir Gespräche mit verurteilten Tätern im Gefängnis oder Maßregelvollzug – und die sind oft sehr aufschlussreich. Gelegentlich reden die Täter recht offen mit uns und geben einen interessanten Blick auf das Verbrechen und auch ihr Leben frei. So hat mir ein Serienmörder einmal erläutert, weshalb er in einem Gebäude zur Nachtzeit ein bestimmtes Zimmer ganz am Ende des Flures betrat und nicht gleich das erste ganz vorne. Seiner Wahrnehmung nach bot das hintere Zimmer die beste Fluchtmöglichkeit. Ich hatte es genau umgekehrt gesehen. Dies hat mir gezeigt, dass diese Gespräche uns bei der Rekonstruktion helfen können, einen Perspektivwechsel vorzunehmen. Andere Täter verstecken sich entweder hinter sehr fragwürdigen Erinnerungslücken oder bleiben bei Erklärungsmustern, die ihre Schuld mindern sollen – selbst wenn sie mit den Fakten völlig unvereinbar sind.

Der folgende Fall aus Ostbayern veranschaulicht, wie bedeutsam unser Verständnis der Opferauswahl ist. B., ein 66-jähriger Rentner, ging in Weiden gegen 19.00 Uhr spazieren. Er lebte auf der Konradshöhe, einem Neubaugebiet. Fast jeden Abend nahm er diesen Weg, manchmal änderte er die Strecke geringfügig, aber er ging stets zur selben Zeit am frühen Abend. Dieser Spaziergang war also eine vorhersehbare Routinehandlung. An einem Januarabend befand er sich auf einem freien Feld, nicht weit von den letzten Häusern der Siedlung entfernt – und traf auf seinen Mörder. Der Unbekannte ging auf B. zu und schoss mit einer Handarmbrust auf ihn – einer Schusswaffe, die von Sportschützen auf Distanzen zwischen zehn und dreißig Metern verwendet wird. Aus der Nähe ist dies also eine gefährliche Waffe; im Handel gibt es Exemplare schon für weniger als 100 Euro. Die Handarmbrust und ein dazugehöriger Pfeil wurden später am Tatort gefunden. Das Geschoss prallte aber an der dicken Jacke des Spaziergängers ab und fiel dann zu Boden. Der ältere Mann versuchte noch davonzulaufen, doch der Unbekannte verfolgte ihn und stach mit einem Jagdmesser mehr als zwanzig Mal auf ihn ein. Bei einem Stich in den Kopf brach die Klinge ab; der Täter muss also mit großer Wucht zugestoßen haben. Weitere Stiche trafen den Rücken des Opfers, wobei sich das Messer in dessen Jacke verfing. In diesem Moment näherte sich ein Zeuge; der Mann mit dem Messer ließ vom Opfer ab und flüchtete. Für den Rentner war es zu spät. Er erlag seinen schweren Verletzungen.

Der umgehend eingerichteten Sonderkommission erschienen die Umstände der Tat so seltsam, dass sie uns anforderte. Dirk Schinke und ich fuhren in die Oberpfalz, betrachteten den Tatort, studierten die Unterlagen und sprachen mit den Kollegen. Wir standen auf dem Feld am Ortsrand und gelangten zu der Auffassung, dass dies ein sehr ungewöhnlicher Tatort ist. Warum an dieser offenen Stelle, gut einsehbar von den Wohnblocks, gleich neben einem Radweg? Die Gefahr, dass Zeugen den Mord beobachten, war sehr hoch – und genau so war es auch gekommen. Drängend stellte sich die Frage nach der Auswahl des Opfers: Warum ausgerechnet dieser Mann, warum ein Rentner auf seinem abendlichen Rundweg? Galt der Angriff ihm persönlich, oder hätte er jeden treffen können?

Wir übergaben der Soko ein Arbeitspapier, das wir speziell für solche Fälle entwickelt hatten. Darin werden sehr detaillierte Fragen zum Opferhintergrund gestellt: Welche Routinehandlungen gab es? Welche Konflikte sind erkennbar? Wie war das Gefahrenbewusstsein des Opfers? Gab es Gewalterfahrungen im Vorfeld? Welche Vertrauenspersonen sind bekannt? Wie gestaltet sich die familiäre Situation? Gibt es Hinweise auf Feindschaften? Die Sonderkommission in Weiden beantwortete diese Fragen mit vorbildlicher Gründlichkeit. So war uns bereits wenige Tage später ein guter Überblick über das Leben des Ermordeten möglich.

Warum also die Messerattacke auf den Rentner? Bei der großen Masse der Tötungsdelikte in Deutschland handelt es sich um Beziehungstaten. Sie entstehen aus einem persönlichen Konflikt zwischen Menschen, die zueinander eine wie auch immer geartete Vorbeziehung aufweisen. Täter und Opfer kennen sich also. Insofern lag auch bei diesem Fall diese Hypothese zunächst nahe. Vor allem auch deshalb, weil dem persönlichen Umfeld des Opfers die Routine der abendlichen

Spaziergänge bekannt war. Die Alternativhypothese war: Es gab keine Vorbeziehung, der Täter trug ein Zerstörungsmotiv in sich und traf auf ein Zufallsopfer, das er dann mit seinen Waffen angriff. Dies konnte natürlich aufgrund der geringen statistischen Wahrscheinlichkeit nicht die erste Tathypothese sein.

Als Dirk Schinke und ich nur wenige Tage später wieder zurück in Weiden waren, um die Ergebnisse der Ermittlungen im Umfeld des Opfers zu besprechen, mussten wir feststellen, dass sich kein schlüssiges Motiv für die Tötung des Rentners aus dessen Lebensumständen finden ließ – keine großen Feindschaften, kein böser alter Streit, keine Erbschaftskonflikte. Es gab trotz intensiver Ermittlungen keine persönlichen Motive, welche das Geschehen hätten erklären können. Dirk Schinke und mir erschien es daher immer wahrscheinlicher, dass ein völlig Unbekannter mit Zerstörungsmotiv den Rentner erstochen hatte. Diesen Rückschluss zogen wir auch aus den Umständen des Angriffs. Der Mörder hatte Jagdwaffen verwendet, darunter eine ganz ungewöhnliche: die Pistolenarmbrust. Bei Tötungsdelikten kommt sie fast nie vor, schon gar nicht bei solchen mit persönlichen Motiven, wo meist gerade greifbare Waffen benutzt werden. Das Jagdmesser hatte jedoch eine große und lange Klinge, und der Verdacht lag nahe, dass der Täter es gezielt mitgenommen hatte, um jemanden zu töten, wobei es offenbar keine entscheidende Rolle spielte, wen es treffen würde.

Bei derart ungewöhnlichen Verbrechen gab es, wie wir aus Erfahrung wussten, meist vergleichbare Delikte im Vorfeld. So war es bei dem Mord in Galway gewesen, so könnte es auch hier gewesen sein. Wir recherchierten gemeinsam mit den Kollegen in Weiden nach entsprechenden Vorkommnissen. Und tatsächlich wurden wir sehr schnell fündig. Nur eine Stunde vor dem Überfall auf dem Feldweg in Weiden war es in einem kleinen, nur zwanzig Kilometer entfernten Ort zu einem Vorfall gekommen, der gut in dieses Muster passte. Ein unbekannter Täter hatte einen frei umherlaufenden Hund mit einer Armbrust angeschossen, ihn jedoch nicht richtig getroffen. Der Pfeil steckte noch in der Wunde, als das verletzte Tier zu seinen Besitzern lief. Dieser Pfeil hatte große Ähnlichkeit mit jenem, den der Mörder in Weiden abgeschossen hatte. Nur half diese Information bei den Ermittlungen zunächst nicht weiter. Leider handelte es sich bei dem Pfeil um Massenware, so dass das Geschoss uns nicht zum Täter führte. Aus Sicht der Fallanalyse war dieses Delikt jedoch genau der Vorläufer, nach dem wir suchten. Es war ein Test, bei dem der Täter vermutlich erstmals ausprobierte, auf ein lebendes und bewegliches Ziel zu schießen. Für uns lag daher die Wahrscheinlichkeit noch einmal deutlich höher, dass es sich in Weiden um einen Mord handelte, bei dem das Opfer zufällig auf den Täter traf.

Wenige Tage später wurde auf den Kanarischen Inseln ein 22-jähriger Bundeswehrsoldat in Begleitung seiner Freundin festgenommen. An der Leiche und der Tatwaffe hatten die Kriminaltechniker DNA-Spuren gesichert, die in der Datenbank einen Treffer ergaben: Florian K. war dort wegen eines Körperverletzungsdeliktes gespeichert. In seiner Wohnung fanden sich weitere Armbrüste, mit denen nachweislich auch Schießversuche stattgefunden hatten. Der Mann war Panzergrenadier in Regen gewesen, aber aus der Bundeswehr geflüchtet, »weil er Angst vor dem Einsatz in Afghanistan hatte«, wie der Vorsitzende Richter in der Verhandlung sagte. K. und seine Freundin hätten »eine Raubserie wie Bonnie und Clyde« geplant, das legendäre amerikanische Gangsterpaar, das Anfang der 1930er Jahre 13 Menschen ermordete. Das Landgericht Weiden verurteilte K. zu lebenslanger Haft mit besonderer Schwere der Schuld, so dass eine Entlassung nach

15 Jahren Haft ausgeschlossen wurde. Die Freundin erhielt 13 Jahre wegen Beihilfe.

Ein Bezug zum Opfer ergab sich bei den Ermittlungen nicht. Zum Motiv befragt, behauptete K., er habe den Rentner berauben wollen. Doch ist dies aus meiner Sicht in Anbetracht der Tatumstände sowie der verwendeten Waffen wenig plausibel. Interessant war, was die Freundin der Kriminalpolizei erzählte: K. habe den Mord damit begründet, dass er einmal sehen wollte, wie es ist, jemanden zu töten.

Die dritte und letzte Säule der Informationen, die für eine Fallanalyse notwendig sind, stellt der Tatort inklusive der dort gefundenen Spuren dar. Der Tatort ist für uns von so großer Bedeutung, da er Elemente des Verbrechens abbildet. Bereits die Auswahl der Örtlichkeiten gestattet einen Einblick in die Entscheidungsprozesse des Täters, beispielsweise, ob er einem zufälligen Opfer an passender Stelle und zu passender Zeit auflauerte oder ob er es gezielt aussuchte. In welchem Ausmaß das Opfer Widerstand leistete, wie der Täter reagierte und ob sich daraus gegebenenfalls eine Spirale der Gewalt entwickelte. Eine weitere elementare Frage ist die des Umgangs mit der Leiche: Lässt der Täter sie am Tatort zurück, oder versucht er sie zu beseitigen?

Bei manchen Delikten gibt es nicht nur einen Handlungsort, sondern mehrere. Dies kann beispielsweise der Ort sein, an dem Opfer und Täter aufeinandertreffen, also der Kontaktort, der Ort der Vergewaltigung oder Tötung beziehungsweise der Ort der Leichenablage. All diese Örtlichkeiten sind in die Analyse einzubeziehen und auf ihre individuelle Aussagekraft hin zu prüfen. Aus kriminologischer Sicht kommt dem Kontaktort eine besondere Bedeutung zu, da dieser sehr häufig an Alltagsroutinen geknüpft ist, wie zum Beispiel der Weg zur Arbeit.

OCKHAMS RASIERMESSER: BEGINN DER ANALYSE

Nachdem wir alle verfügbaren Informationen gesammelt haben, erstellen wir die Fallanalyse, wobei wir einer strengen Methodik folgen. Zuerst wird das Material durch jeden beteiligten Kollegen gelesen und ausgewertet. Erst dann setzt sich das Team zusammen, und der eigentliche Analyseprozess beginnt. Dabei kommt es insbesondere auf eines an: die Fähigkeit, die Dinge nicht noch mehr zu verkomplizieren. Dafür gibt es sogar ein philosophisches Prinzip, das ich regelmäßig anwende: Ockhams Rasiermesser. Der englische Franziskanermönch William von Ockham lebte im Spätmittelalter und lehrte folgendes Prinzip: Wir sollten die einfache Erklärung der komplizierten vorziehen. Das geht natürlich nicht immer, aber es geht sehr oft. Und was einfach ist und was nicht, darüber kann man lange streiten. Das Rasiermesser schneidet jedoch, um im Bilde zu bleiben, so lange alle unwahrscheinlichen Erklärungsansätze weg, bis nur noch die plausiblen übrig bleiben.

Dieses Prinzip, dass von mehreren möglichen Erklärungen desselben Sachverhalts die einfachste Theorie allen anderen vorzuziehen ist, wurde mir erstmals 1998 von amerikanischen Kollegen vom FBI nahegebracht. Es war eine lehrreiche Begegnung, weil ich den ausgeprägten Pragmatismus der Kollegen bei der Analyse ihrer Fälle erlebte. Angesichts der Anzahl der jährlichen Tötungsdelikte in den USA ist diese Herangehensweise auch durchaus sinnvoll. In den letzten Jahren pendelte sich diese Zahl auf ungefähr 15000 ein, im Vergleich dazu finden sich in der polizeilichen Kriminalstatistik in Deutschland maximal 1200 Mordfälle. Unsere Teamphilosophie betrachten die amerikanischen Kollegen mit Anerkennung, sie wäre für sie aber einfach nicht praktikabel. Lange Zeit waren nur 24 Fallanalytiker für die gesamten USA zuständig. Bei relativ einfach gelagerten Fällen beschäftigt sich häufig ein Beamter allein damit. Wir besichtigen grundsätzlich den Tatort, das ist dort wegen der Entfernungen nur bei den herausragenden Fällen möglich.

Unsere Vorgehensweise unterscheidet sich ansonsten aber nicht wesentlich von der des FBI. Mit der Zeit entwickelte sich ein reger Austausch, vor allem mit Jim McNamara und Bob Morton. Alle zwei Jahre treffen wir uns für eine Woche in den USA oder in Bayern. Dann stellen wir geklärte Fälle vor und richten unser Augenmerk insbesondere auf die Aspekte, die lehrreich waren – positiv wie negativ. Ferner besprechen wir ungeklärte Fälle und suchen gemeinsam neue Ansätze.

Ich lernte von meinen amerikanischen Kollegen eine Devise, die schlicht klingt und es doch nicht ist: Die einfachste Hypothese ist häufig die zutreffende. Der Mensch neigt dazu, die Dinge zu verkomplizieren anstatt nach einfachen Lösungen zu suchen – diese erscheinen ihm nämlich häufig zu banal. Nachdem ich mich nun 17 Jahre lang mit der Aufklärung von Schwerverbrechen befasst habe, muss ich jedoch sagen: Die Dinge sind häufig bedeutend banaler, als wir sie uns vorstellen. Sehr einprägsam war für mich dabei die Geschichte eines Serienseexualstraftäters, der bei seinen Opfern umfangreiche sexuelle Handlungen vornahm, nur bei einem Opfer nicht. Dies wäre eine hervorragende Gelegenheit gewesen, komplizierte Erklärungsansätze für dieses Verhalten zu suchen. Danach befragt, gab der Mann später an, dass dieses Opfer intensiv nach Knoblauch roch und er deswegen von ihm abließ. Die Wahrheit ist manchmal ganz einfach.

Sehr vereinfacht und zugespitzt gesagt, kommt es bei der Fallanalyse vor allem darauf an, drei wesentliche Fragen zu beantworten: Was ist passiert? Warum ist es passiert? Wer ist dafür verantwortlich?

Die Frage nach dem Was lässt sich durch die Tathergangsanalyse beantworten. Hier rekonstruieren wir die einzelnen Phasen des Geschehens und beleuchten die Entstehung des Verbrechens. Die Frage nach dem Warum wird in der Verhaltens- und Motivbewertung beantwortet. Wir beschreiben die Verhaltensweisen des Täters und schätzen sie ein, zum Beispiel das Ausmaß an Gewalt, Art und Umfang der sexuellen Handlungen oder das Spurenbewusstsein des Täters. Im Ausschlussverfahren versuchen wir, das am ehesten plausible Motiv zu erarbeiten. Die Frage nach dem Wer wird schließlich im Täterprofil beantwortet, der Beschreibung der wahrscheinlichsten Persönlichkeitsmerkmale des Unbekannten. Daran schließt sich die Frage an, welche Hinweise wir nun den Ermittlern geben können. Das beste Täterprofil ist nutzlos, wenn es uns nicht gelingt, dies auch praktisch umzusetzen.

Bei einer Fallanalyse ist stets der Grundsatz »Von der Rekonstruktion zur Interpretation« zu beachten. Erst wenn wir uns den Ablauf eines Verbrechens in allen Details vor Augen geführt haben, können wir beginnen, Schlüsse zu ziehen. Dies unterscheidet die professionelle Arbeit von Äußerungen sogenannter Experten, die zwar wenig über den jeweiligen Fall wissen, aber umso mehr darüber reden. Hört man genauer hin, sind es meist allgemeine kriminologische Aussagen, für die man keinen Profiler braucht.

Doch die Realität kann ganz anders aussehen, als es zunächst erscheinen mag. In einem Fall wurde ein Mann mit 108 Messerstichen getötet. Man könnte geneigt sein, diese hohe Zahl als »Übertöten« zu interpretieren: So nennen wir es, wenn dem Opfer deutlich mehr Verletzungen zugefügt werden, als notwendig sind, es zu töten. Wenn dies geschieht, besteht oft eine Vorbeziehung; darüber hinaus ist ein dermaßen exzessives Ausmaß von Gewalt Ausdruck von Hass und

Wut. Fallanalytiker können es sich aber nicht so einfach machen, sie müssen den Mord exakt rekonstruieren: Wie viele der Stiche erfolgten, als das Opfer noch lebte? Was war die eigentliche Todesursache? Welche lebenswichtigen Organe wurden verletzt? Wie lange war das Opfer noch handlungsfähig? Sind Aussagen zur Abfolge der Stiche möglich? Wie tief waren sie? Welche Art von Messer dürfte dabei zum Einsatz gekommen sein?

Wir stellen also zunächst eine Vielzahl von Fragen, bevor wir versuchen, Antworten zu geben. In unserem Beispielsfall stellte sich heraus, dass die Tatwaffe ein Taschenmesser mit einer Klingenlänge von nur acht Zentimetern war. Das Opfer wog jedoch 140 Kilogramm, die Fettschicht umfasste dabei knapp zehn Zentimeter. Insofern gelang es dem Messerstecher lange nicht, dem Opfer trotz der Vielzahl von Stichen eine tödliche Verletzung beizubringen. Daher die 108 Stiche. Mit Übertöten hatte es nichts zu tun.

DEN KREIS ENGER ZIEHEN: DAS TÄTERPROFIL

Beim Täterprofil handelt es sich um die Beschreibung der wahrscheinlichsten Persönlichkeitseigenschaften eines Unbekannten. Es sind jedoch immer nur Wahrscheinlichkeitsaussagen, dies sollte zu keinem Zeitpunkt vergessen werden. Die Mystifizierung des Täterprofils, vor allem durch die Medien, führt dazu, dass die Fallanalytiker auch heute noch gegen gewisse Stereotype arbeiten müssen, gelegentlich auch bei unseren Auftraggebern der Polizei. Das Täterprofil ist ein Fahndungshilfsmittel, das dazu dienen soll, eine schier unüberschaubar große Menge von möglichen Verdächtigen auf ein überprüfbares Ausmaß zu reduzieren. Aussagen, dass der Täter vermutlich bis zu seinem vierzehnten Lebensjahr Bettnässer war, sind dabei hochspekulativ, bringen aber vor allem keinen Mehrwert für die Ermittler, da selbstredend keine entsprechende Datei zur Hand ist, in der mit diesen Informationen recherchiert werden kann. Für uns sind ganz andere Fragestellungen relevant, beispielsweise die nach dem Alter des Täters. Die Alterseinschätzung ist für uns Fallanalytiker eine besonders große Herausforderung: Es liegt nahe, dass sie für Überprüfungen eine große Bedeutung hat, zum Beispiel bei der Auswahl von Männern für einen DNA-Massentest.

Aber natürlich wissen wir um unsere Grenzen: Auch die Einschätzung des Alters ist nicht mehr als eine Hypothese, selbst wenn wir sie so gründlich wie möglich erstellen. Was wir beschreiben, ist das »Verhaltensalter« des unbekannten Täters, nicht aber sein biologisches Alter. Erwachsene Männer können sehr kindische oder jedenfalls kindliche Züge haben; umgekehrt können Jugendliche schon viel reifer sein als das Gros ihrer Altersgruppe. Bei der großen Masse aber stimmen biologisches und Verhaltensalter überein. Woraus ziehen wir unsere Schlüsse zum Alter? Es sind in erster Linie Dinge wie die Steuerung der Verhaltenskontrolle des Täters und seine Stressresistenz bei der Tat.

Genauso wichtig wie sein Alter ist die Frage: Wo könnte er leben? Oder besser: Wo hat er seinen Ankerpunkt? So nennen wir Orte, an denen er sich oft aufhalten oder auch wohnen könnte – wie ein Schiff, das immer wieder in denselben Häfen vor Anker geht und einen Heimathafen hat. Ein Ankerpunkt ist logischerweise meist die eigene Wohnung, aber das muss nicht so sein. Es kann sich auch um die Arbeitsstelle handeln oder einen anderen Ort, den er regelmäßig aufsucht, zum Beispiel das Haus von Familienangehörigen oder ein Fitnessstudio. Die kriminologische Forschung hat gezeigt, dass Vergewaltiger, die in die Wohnungen ihrer Opfer einstiegen, ihren Ankerpunkt ganz in der Nähe hatten und höchstens wenige Kilometer entfernt lebten.

Wie schwierig es manchmal ist, den Ankerpunkt zu finden, mussten wir bei dem bereits erwähnten Mord an einer Frau in Poing vor einigen Jahren erfahren. Unserer Analyse nach sprach sehr viel dafür, dass der Täter dieses Opfer deshalb ausgewählt hatte, weil sie allein im Hochparterre wohnte, in das sich leicht einsteigen ließ. Wir gingen von einem Ortsbezug des Täters zu dieser Mehrfamilienhaussiedlung aus: Das Gebäude lag abseits in einer Sackgasse, angrenzend befand sich ein Park. Ein zufällig vorbeikommender Täter, der diese Tatgelegenheit erkannte, schien uns sehr unwahrscheinlich. Tatsächlich hatte der Mörder, der später gefasst wurde, sich regelmäßig in dieser Siedlung aufgehalten und auch dort übernachtet, da sein Vater nach der Scheidung der Eltern dort wohnte. Nicht jedoch zur Tatzeit, der Vater war zwei Jahre vor der Tat dort weggezogen. Dennoch war dies der Ankerpunkt, nach dem wir gesucht hatten. F. war aber nie dort gemeldet und lebte knapp zwanzig Kilometer entfernt. Deshalb war der DNA-Test bei den Männern aus dem Wohngebiet, in dem der Mord geschehen war, erfolglos geblieben. Der Täter kannte die Gegend jedoch sehr gut und hatte dort bereits in der Vergangenheit Frauen beobachtet. Am Tatabend kehrte F. zurück – mit dem Ziel, eine Frau zu vergewaltigen und ein Video der Tat herzustellen.

Zur Illustrierung des praktischen Einsatzes eines Täterprofils hier ein kurzes Gedankenspiel:

Man stelle sich einen Mord in München vor, bei dem eine tatrelevante DNA-Spur gesichert wurde. Mit der Information, dass es sich bei dem Täter um einen Mann handelt, reduziert man die Anzahl der Verdächtigen zwar auf knapp die Hälfte; bei einer Großstadt mit mehr als 1,3 Millionen Einwohnern bleiben aber trotzdem noch circa 650000 potenzielle Verdächtige übrig. Selbst wenn man jene im Alter von unter 15 und über 50 Jahren abzieht, wären das immer noch etwa 370000 Männer – selbstredend eine viel zu hohe Zahl, um diese Gruppe einem Speicheltest zu unterziehen. Daher stellt sich die Frage: Ist der Wohnort des Täters näher einzugrenzen?

Ist es unter Umständen sogar möglich, einen bestimmten Stadtteil zu priorisieren, da davon ausgegangen werden kann, dass der Täter sich dieses Opfer gezielt ausgewählt hatte und eine räumliche Nähe daher wahrscheinlich ist? Eine solche Eingrenzung reduziert die Anzahl der zu überprüfenden Personen natürlich immens und ist daher auch Grundlage vieler DNA-Massentests.

Es gibt unter Umständen noch einen Weg, die Anzahl der Tatverdächtigen zu begrenzen: Wir beziehen »polizeiliche Vorerkenntnisse« ein, gehen also der Frage nach, ob der Täter wohl schon wegen früherer Delikte in unseren Dateien gespeichert sein könnte. Bei 79 Prozent der Sexualmörder und 74 Prozent der Vergewaltiger ist das so. Interessanterweise fielen aber nur 45 Prozent der Sexualmörder wegen Sexualverbrechen auf, die große Masse aber wegen Eigentumsdelikten und Körperverletzung. Bei den Vergewaltigern war diese Zahl mit 27 Prozent noch geringer. Das hat eine Studie der BKA-Fallanalytiker Ursula Straub und Rainer Witt im Jahr 2002 ergeben; darin heißt es:»Vielmehr sind Vergewaltiger Täter, die eine erhebliche Deliktsbreite im Vorfeld der Vergewaltigung aufweisen. Vergewaltiger sind in den polizeilichen Systemen also eher unter den ›Dieben‹ oder ›Schlägern‹ zu suchen denn im einschlägigen Bereich. Diese Aussage trifft auf die Täter der gesamten Stichprobe zu. Die Ergebnisse der Untersuchung korrespondieren mit einschlägigen Forschungsergebnissen zur Persönlichkeitsstruktur des Vergewaltigers, dem prinzipielle Schwierigkeiten attestiert werden, Normen und Werte einer Gesellschaft zu respektieren.«[4]

Es liegt auf der Hand, wie wichtig solche Erkenntnisse für uns sind. Bei einem Sexualmord wie in Poing muss der Täter also keineswegs nur durch einschlägige Delikte wie sexuelle Nötigung und Vergewaltigung aufgefallen sein. Gelingt es den Fallanalytikern, aus dem konkreten Verhalten eines Unbekannten am Tatort und durch die praktische Anwendung von Hintergrundwissen die Art der Vorerkenntnisse richtig einzuschätzen, reduziert dies die Anzahl der zu überprüfenden Personen deutlich, da sich die Gesuchten irgendwann in den Dateien finden lassen. Allerdings sind viele dieser typischen Delikte nicht gravierend genug, um den Verursacher in der DNA-Datenbank speichern zu lassen. Neben der Fingerabdruckdatei AFIS ist sie die effektivste Datei für die Kripo. Mehr als 800 000 Personen und circa 243 000 Spurendatensätze waren Anfang 2014 in der DNA-Analysedatei des BKA erfasst.

Im Täterprofil werden die beschriebenen Merkmale Alter, Geographie und Vorerkenntnisse als »die großen Drei« bezeichnet, da diese häufig Grundlage für Datenrasterungen sind wie zum Beispiel den Reihengentest.

Daneben beschreiben wir im Profil des Täters dessen wahrscheinliches Verhalten vor und nach dem Verbrechen – hier vor allem, welche Auffälligkeiten in diesen beiden Phasen zu erwarten sind. Weiter beleuchten wir die Frage: Haben sich Täter und Opfer gekannt, gab es irgendeine Vorbeziehung? Wenn wir darauf Hinweise finden, ist das natürlich ein guter Ermittlungsansatz für die Kollegen der Soko. Ebenso versuchen wir, die aktuelle Lebenssituation des Unbekannten zu beschreiben, ferner ob davon auszugehen ist, dass es sich eher um einen Einzelgänger handelt, oder ob es denkbar wäre, dass er als verheirateter Familienvater im Rahmen einer

»doppelten Buchführung« ein Parallelleben führt. Die weitere Beschreibung der Persönlichkeit umfasst die soziale Entwicklung des Täters, wobei wir zu ergründen versuchen, weshalb er diese Entwicklung durchlief und wie seine Sozialisation gewesen sein könnte. Weiterführende Aussagen können, wenn genügend bewertbares Täterverhalten vorliegt, zu seiner Intelligenz, seinem Konfliktverhalten sowie denkbaren Persönlichkeitsstörungen oder psychischen Erkrankungen getroffen werden.

4 WANN KOMMEN WIR ALS BERATER ZUM EINSATZ?

»ALLES WIRD IMMER SCHLIMMER«: MYTHEN DES VERBRECHENS

Man muss nur die Zeitung aufschlagen oder eine Crime-Sendung im Fernsehen anschauen, um auf die Meinung zu stoßen: Es wird immer schlimmer mit dem Verbrechen. Oft habe ich derlei in den letzten Jahren gehört. Aber richtiger ist diese Aussage trotzdem nicht geworden.

Die Anzahl der Tötungsdelikte in Deutschland geht in Wahrheit zurück, auch in anderen westlichen Ländern wie den USA oder England ist das so. Gesicherte Erklärungen hierfür gibt es bisher nicht. Zum einen hat die Notfallmedizin in den letzten Jahrzehnten immense Fortschritte gemacht. Noch vor zwanzig Jahren hätten viele Angriffe auf einen Menschen tödlich geendet, der aber heute gerettet werden kann. Zum anderen wurden umfangreiche Programme im Bereich der häuslichen Gewalt ins Leben gerufen. Die Verhängung von Kontaktverboten ist speziell bei konfliktbehafteten Beziehungen als präventive Maßnahme eingeführt worden. Dies ist deshalb so bedeutsam, weil die große Masse der Tötungsdelikte in Deutschland Beziehungstaten sind. Vielleicht schrecken auch die verbesserten kriminaltechnischen Möglichkeiten wie die DNA-Analyse und moderne Datenbanksysteme mögliche Täter ab: Sie erleichtern die Aufklärung eines Tötungsdelikts erheblich. Aber da sollten wir nicht zu optimistisch sein. Zu Mord und Totschlag kommt es meistens recht spontan, aus der Situation oder einer Gelegenheit heraus; die Täter denken kaum über die Folgen oder das Entdeckungsrisiko nach.

Rückläufig ist auch die Anzahl der sexuellen Tötungsdelikte, also solche, bei der Täter zur Verdeckung einer Vergewaltigung sein Opfer umbringt, sowie Vergewaltigungen mit tödlichem Ausgang und jene Fälle, bei denen die Tötung der sexuellen Befriedigung des Täters dient. Von 58 Fällen im Jahr 1988 sank die Zahl kontinuierlich; 2007 waren es noch 18, 2013 nur noch sechs Fälle. Besonders Sexualmorde an Kindern sind deutlich seltener als früher: Waren die Zahlen in den 1970er Jahren deutlich zweistellig, gab es in den letzten 15 Jahren in Deutschland regelmäßig weniger als fünf Fälle pro Jahr. Im Jahr 2013 waren es zwei. Die mediale Darstellung der Fälle hat sich jedoch durch Privatfernsehen und Internet um ein Vielfaches gesteigert. Manchmal halte ich Vorträge über unsere Arbeit, und mittlerweile bin ich nicht mehr überrascht, wenn Zuhörer fragen, warum immer mehr Kinder in Deutschland von Sexualverbrechern ermordet würden: eine klassische Wahrnehmungsverzerrung. Aber natürlich – das betrifft mich genauso – gehen Verbrechen an kleinen Kindern besonders zu Herzen, und deshalb ist das Thema emotional so aufgeladen. Jeder Mord an einem hilflosen Kind erschüttert das Sicherheitsgefühl der Bevölkerung, die sich dann fragt: Kann man die Kleinen nicht mehr aus dem Haus lassen? Gegen solche Urängste helfen Statistiken nur wenig.

Die Frage, welchen Einfluss das Internet und die Verfügbarkeit jedweder Form von Pornographie auf die Kriminalitätsentwicklung hat, ist berechtigt. Meines Erachtens ist es noch zu früh für verlässliche Aussagen. Derzeit gibt es zwei Ansichten dazu: Die Optimisten gehen davon aus, dass manche Menschen gerade wegen der Omnipräsenz von extremer Pornographie nicht zum Täter werden, weil sie ihre abweichenden Bedürfnisse im Internet befriedigen können und daher nicht den Schritt vom Phantasieren zum Handeln gehen. Die Gegenposition der Pessimisten ist natürlich genauso vertreten. Sie fürchten, dass die Verfügbarkeit der Reize und Impulse den einen oder anderen potenziellen Täter überhaupt erst dazu bringt, ein Verbrechen zu begehen.

In Deutschland ist die Aufklärungsquote bei Tötungsdelikten sehr hoch, nämlich regelmäßig zwischen 90 und 97 Prozent. In manchen Jahren gelingt es einer Mordkommission, jeden einzelnen Fall zu klären. Dies liegt nicht zuletzt daran, dass die Mehrzahl der Tötungsdelikte persönlich motiviert ist und sich Opfer und Täter kannten: Ehe- und Erbschaftskonflikte, Rache, Streit im kriminellen Milieu und dergleichen mehr. Hier sind die besten Ermittlungsansätze schnell klar, und die OFA wird meistens nicht gebraucht. Und dann gibt es Fälle, bei denen alles anders ist und die Mordkommission vor der Frage steht: Ist diese Tat das Werk eines Fremden?

WARUM MUSSTE VANESSA STERBEN?

Im Februar 2002 war ich als verantwortlicher Fallanalytiker mit einem solchen Verbrechen konfrontiert. Der Leiter der Kriminalpolizei in Augsburg, Klaus Bayerl, rief mich an und berichtete, dass in Gersthofen ein sehr seltsames Delikt geschehen sei. Unsere Beratung war erwünscht.

Es war der Abend des Rosenmontags. Die Eltern der 12-jährigen Vanessa besuchten einen Faschingsball in der nahen Stadthalle, während ihre Tochter mit dem kleinen Bruder zu Hause geblieben war. Die Eltern hatten das Handy dabei, für alle Fälle. Nachdem die Kinder relativ lange aufgeblieben waren und ferngesehen hatten, gingen sie in das Badezimmer im Obergeschoss des Einfamilienhauses und danach ins Bett. Die beiden Kinderzimmer lagen auf derselben Etage nebeneinander. Als die Eltern gegen ein Uhr nach Hause kamen, stand die Tür zur Terrasse weit offen. Sie liefen schnell hoch zu den Kindern und fanden den Jungen unversehrt, er schlief. Vanessa aber lag tot in ihrem Bett, in Bauchlage und mit 21 Messerstichen im Rücken. Die Reanimationsversuche der alarmierten Notärzte blieben leider erfolglos. Das Kind war bereits tot.

Dies ist ein typisches, wenn auch krasses Beispiel für einen »OFA-relevanten« Fall. Wir versuchten in einem ersten Schritt Hypothesen zum Hergang aufzustellen. Die Analyse wurde zunächst überstrahlt von der Frage, wie der Täter in das Haus gekommen war. Hatten die Kinder ihn selbst hereingelassen? Das erschien uns unwahrscheinlich. Dagegen sprach der Umstand, dass Vanessa und ihr kleiner Bruder zum Zeitpunkt des Angriffs in ihren Betten lagen. Dies wäre vermutlich nicht der Fall gewesen, wenn sich jemand unter einem Vorwand Zutritt verschafft hätte. Es fanden sich auch keine Spuren, die auf ein dynamisches Kampfgeschehen hindeuteten oder auf einen Einbruch. Also gingen wir davon aus, dass der Mörder eventuell durch einen unversperrten Zugang ins Haus gelangt war.

Die nächste Frage galt der Opferauswahl. Der Täter hatte sich für das Mädchen entschieden und den Jungen unbehelligt gelassen. Wir nahmen daher an, dass sich seine Aggression nicht gegen die Familie als Ganzes richtete, beispielsweise aus Rache – wofür auch immer –, sondern dass er gezielt ein Mädchen als Opfer gesucht hatte. Hinzu kamen die vielen Messerstiche gegen ein Kind, das seine Position dabei nicht verändert hatte, also nicht etwa versucht hatte, zu fliehen oder sich zu wehren. Das ließ unserer Meinung nach auf einen absoluten Tötungswillen schließen, der jedoch nicht dem klassischen Bild eines Sexualmordes entsprach. Es schien, als ob es dem Unbekannten um das Töten selbst gegangen war, ohne dass er noch weitere Handlungen an dem Opfer vornehmen wollte. Auf den ersten Blick sah es daher eigentlich wie ein persönlich motiviertes Tötungsdelikt aus, das jedoch untypischerweise an einem schlafenden Mädchen begangen wurde. Eine schwierige Aufgabe für uns: Wir mussten versuchen, der Soko diesen Widerspruch zu erklären und ihr Anregungen zu Motiv und Persönlichkeit des Täters zu geben.

Zunächst sammelten wir alle Informationen und rekonstruierten den Mord: Demnach hatte der Unbekannte vermutlich zunächst von der Terrasse aus die beiden Kinder beim Fernsehen beobachtet. Sie konnten ihn im Dunkeln nicht sehen und waren völlig ahnungslos. Dann stapelte er Gartenmöbel aufeinander, kletterte auf den Balkon im ersten Stock und betrachtete Vanessa und ihren Bruder dabei, wie sie ins Bett gingen. Erst jetzt suchte er einen Weg in das Innere, fand eine unverschlossene Tür und ging gezielt in Vanessas Zimmer, tötete sie und verließ dann über die Terrassentür im Erdgeschoss das Haus.

Wir sahen es als durchaus denkbar an, dass dieser Täter, geleitet von einem absoluten Zerstörungswillen, bereits auf der Suche nach einem Opfer gewesen war. Die Gelegenheit bot sich schließlich bei dem Haus, in dem sich nur Kinder aufhielten. Es war demnach das sehr unwahrscheinliche und seltene Ereignis eingetreten: Ein Fremder dringt in ein Haus ein, um ein Kind zu töten. Vorstellbar schien uns auch, dass im Vorfeld bereits ähnliche Delikte geschehen sein konnten, zum Beispiel Angriffe auf Frauen.

Tatsächlich ermittelten die Kollegen der Augsburger Kripo, dass eine junge Frau nur kurze Zeit vor dem Mord an Vanessa einen maskierten Mann bemerkte, der sie verfolgte. Er trug eine totenschädelartige Scream-Maske wie aus dem gleichnamigen Horrorfilm. Zum Glück konnte die Frau rechtzeitig in das Mehrfamilienhaus, in dem sie wohnte, flüchten und die Tür hinter sich zuwerfen. Auch ein weiterer Zeuge hatte den Mann mit der Scream-Maske in der Nähe des Tatorts gesehen. Im Rahmen einer Öffentlichkeitsfahndung wurde er einige Tage nach dem Mord an Vanessa ermittelt. Er war an dem Tatabend in der Innenstadt in verschiedenen Lokalen unterwegs gewesen, eine Zeugin hatte ihn fotografiert, als er die Maske einmal abgesetzt hatte. Der 19 Jahre alte Mann wohnte ebenfalls in Gersthofen und war am Tatabend in einer Kneipe mit Sprüchen wie »Ich bin der Tod« aufgefallen.

Nach dem Besuch einer Sonderschule war er zum damaligen Zeitpunkt in einem Förderwerk zum Metallbauer ausgebildet worden und bereits wegen kleinerer Vergehen, vor allem Eigentumsdelikten, in Erscheinung getreten. In seinem Zimmer fand die Kripo Dutzende Horror- und Gewaltfilme, darunter auch ebenjenen, in dem die Maske vorkommt, die er in der Tatnacht trug. Die Spurenlage ließ keinen Zweifel, dass er Vanessa getötet hatte. Nur warum? Sein Motiv blieb, trotz intensiver Bemühungen des Gerichtes und der Therapeuten, bis heute im Dunkeln. 2002 erhielt er die Höchststrafe von zehn Jahren Jugendhaft; als er sie verbüßt hatte, verhängte das Augsburger Landgericht die nachträgliche Sicherungsverwahrung gegen ihn. »Das Risiko für künftige Tötungsdelikte«, so der Kammervorsitzende, »liegt bei mehr als 50 Prozent.« Das sind die Täter, um die es in der Diskussion um die Sicherungsverwahrung und die Bürgerrechte in Wirklichkeit oft gehen sollte. Wer sie abschaffen oder massiv einschränken will, muss um die Gefahr wissen, die von solchen Tätern ausgeht.

Von solcher Art sind die meisten Fälle, in denen die OFA angefordert wird: sehr zeit- und personalintensive Ermittlungen unter hohem Handlungsdruck. Ein schlafendes Mädchen, das in seinem Zimmer von einem Unbekannten mit vielen Messerstichen getötet wird: Solche Verbrechen ziehen, milde gesagt, ein besonders starkes Medieninteresse nach sich. Für die Sonderkommission wird der hohe öffentliche Druck schnell und deutlich spürbar: Man erwartet Erfolge, einen Verdächtigen, eine Festnahme.

Der größte anzunehmende Unfall für die Kriminalpolizei ist das Auftreten eines sexuellen Serienmörders. Von dieser Art war einer meiner ersten Fälle.

DER MANN OHNE GEFÜHLE: ÜBERFALL IM WALD

An einem Sonntagabend im Oktober 1999 verschwand die 18-jährige Diana. Sie war auf dem Heimweg vom S-Bahnhof in München-Oberschleißheim zu dem Hotel, in dem sie als Auszubildende arbeitete und wohnte. Diana hatte, wie sie es häufig tat, das Wochenende bei ihrer Familie in Sachsen verbracht und war mit einer Mitfahrgelegenheit wieder nach München zurückgekehrt. Am späten Abend bestieg sie am Hauptbahnhof die S-Bahn nach Oberschleißheim und stieg dort auch aus dem Zug, das ließ sich nachweisen. Dann verlor sich ihre Spur. Ihr Fahrrad hatte sie über das Wochenende im Hof bei einer Arbeitskollegin untergestellt, am Montagmorgen war es fort.

Zuerst bemerkte niemand im Hotel, dass Diana nicht zurückgekommen war. Montag und Dienstag sollte sie in die Berufsschule gehen, mit der Arbeit im Hotel hätte sie erst am Mittwoch wieder beginnen müssen. Als sie an diesem Tag nicht eintraf und auch nicht zu erreichen war, meldete eine Freundin Diana bei der Polizei als vermisst. Bei einer groß angelegten Suchaktion fanden die Kollegen am Rande eines

Waldgebiets zwischen Oberschleißheim und dem nur wenige Kilometer entfernten Hotel in der Nähe des Radwegs zunächst Dianas Fahrrad. Sehr bald bestätigten sich dann die schlimmsten Befürchtungen. Einige Meter entfernt und etwas tiefer im Wald lag die Leiche der jungen Frau. Ihr Körper wies erhebliche Verletzungen auf, der Täter hatte sie gedrosselt und ihr die Kehle durchgeschnitten. Aufgrund der Wunden war nach der Obduktion klar: Es musste sich um einen Sexualmord handeln.

Aus diesem Grund wurden auch Klaus Wiest und ich zur »Soko Diana« der Münchner Mordkommission hinzugezogen. Udo Nagel, der damals als Chef des Dezernats 11 die Sonderkommission leitete, hatte unsere Dienststelle erst zwei Jahre zuvor selbst gegründet. Er versprach sich viel von dem Pilotprojekt und dem neuen Instrument, eben der OFA.

Wie nicht anders zu erwarten war, machte der Fall Schlagzeilen. Der Druck auf die Soko stieg noch weiter, als sie etwas Beunruhigendes erfuhr: Es bestand aufgrund einer DNA-Spur ein Zusammenhang mit einem anderen Überfall auf eine junge Frau, der sich nur sechs Wochen zuvor ereignet hatte.

An einem Sonntagnachmittag machte jene Frau in der Nähe von Oberschleißheim einen Ausflug mit ihrem Fahrrad; plötzlich näherte sich von hinten rasch ein Mann, ebenfalls auf einem Rad. Ohne Vorwarnung rammte er sie, beide stürzten. Anschließend zerrte er sie in das Gebüsch und versuchte, ihr Daumenfesseln anzulegen; darunter versteht man eine Art kleiner Handschellen, in denen nur die beiden Daumen festgeschlossen werden. Weil sie sich heftig wehrte und laut um Hilfe schrie, wurden andere Radfahrer alarmiert. Glücklicherweise hielten sie an und kamen dem Opfer beherzt zu Hilfe. Der Täter flüchtete zu Fuß in den Wald und ließ das Fahrrad, die Daumenfesseln und ein Messer zurück, das er bei der Auseinandersetzung verloren hatte. Es war eine besondere Waffe, ein sogenanntes Abschwartmesser, auch »Skinner« genannt, das dazu dient, erlegtem Wild das Fell abzuziehen. Die Fallanalyse zu diesem Fall war eindeutig. Wir hatten es hier mit einem Unbekannten zu tun, der ein »passendes« Opfer angriff, sobald sich die Gelegenheit bot, und dabei Waffen verwendete, die er eigens hierzu bei sich trug. All dies deutete auf einen erhöhten Planungsgrad hin, er musste den Überfall intensiv durchdacht und vorbereitet haben. Die Daumenfesseln und das Spezialmesser bereiteten uns ein besonders ungutes Gefühl: Offenbar hatte der Täter die Absicht, das Opfer an einen anderen Ort zu bringen. All dies hatten wir bei der Analyse des Mordes an Diana im Hinterkopf.

Vor allem drei Dinge erschienen uns außergewöhnlich. Zum einen trug die tote Diana andere Oberbekleidung als während der Autofahrt von Sachsen nach München. Dass sie sich nach der Ankunft am Hauptbahnhof, vor dem letzten Stück des Heimwegs, freiwillig umgezogen hatte, erschien uns sehr unwahrscheinlich. Darüber hinaus trug die tote Diana bei der Auffindung keinen Büstenhalter, was gar nicht dem Bild entsprach, das wir uns von der Person des Opfers gemacht hatten. Ebenso auffällig war eine frische Rasur im Intimbereich, die unserer Bewertung nach im Zusammenhang mit der Tat gestanden haben dürfte. Der Mörder musste also über die Zeit, die Gelegenheit und einen geeigneten Ort verfügt haben, um dies zu tun. Andererseits hatte die Spurensicherung Blut in der Nähe des Ortes gefunden, an dem Dianas Leiche lag.

Wir gingen in der Analyse daher davon aus, dass der Mörder Diana in der Nähe jener Stelle im Wald getötet hatte, an der man die Leiche gefunden hatte. Der Täter musste sie aber aller Wahrscheinlichkeit nach an einer anderen, ungestörten Örtlichkeit missbraucht haben. Es gab also einen zweiten Tatort.

Wir stellten uns darunter zunächst ein freistehendes Haus oder eine Gartenlaube vor. In Anbetracht der Verletzungen war es wahrscheinlich, dass Diana geschrien hatte, doch niemandem war etwas aufgefallen. Zum anderen gab es auch Hinweise darauf, dass der Täter das Opfer intensiv gereinigt hatte, demnach musste er über eine größere Wasserquelle verfügen, womit Gartenlauben oder Hütten im Wald eher ausschieden. Aus diesen Gründen favorisierten wir ein Haus ohne direkte Nachbarn.

Die Rechtsmediziner fanden Hinweise darauf, dass Diana nicht bereits in der Nacht von Sonntag auf Montag getötet worden war, sondern dass sie sich zuvor vermutlich über einen Zeitraum von etwa 24 Stunden an einem anderen Ort aufgehalten hatte. Während dieser Zeit hatte sie offenbar keine Nahrung zu sich genommen. Aber in ihrem Blut fand sich eine Alkoholkonzentration von 0,94 Promille, die sich noch im Aufbau befand. Der Unbekannte hatte dem Opfer offenbar kurz vor dem Mord Alkohol eingeflößt. Freunde und Kollegen berichteten den Mordermittlern aber, dass Diana sehr wenig trank, beim Pizza-Essen maximal ein Glas Wein. Der Befund der Rechtsmedizin stand hierzu in deutlichem Widerspruch.

Wir hatten es demnach mit einem Mann zu tun, der bereits schon einmal versucht hatte, eine Frau zu entführen. Er hatte Diana offenbar an einen anderen Ort gebracht, sie über längere Zeit furchtbar misshandelt und anschließend unter Alkohol gesetzt, bevor er sie zurück in den Wald brachte und ihr dort die Kehle durchschnitt. Wir mussten davon ausgehen, dass es sich bei dem Täter um einen Sexualmörder handelte, der sadistische Tendenzen aufwies.

Als ich der Sonderkommission in ihren nüchternen Räumen im Münchner Bahnhofsviertel unsere Analyse präsentierte, hatte ich in mehrerlei Hinsicht keine gute Nachricht mitgebracht. Zum einen war die Wahrscheinlichkeit hoch, dass es sich bei dem Täter um einen Fremden handelte und er entsprechend schwer zu finden sein würde – und zum anderen, dass er sich jederzeit ein neues Opfer suchen konnte. Insofern war die Beunruhigung in der Öffentlichkeit durchaus berechtigt.

In unserem Täterprofil schätzten wir den Mann auf 25 bis 40 Jahre und gingen davon aus, dass er einen Ortsbezug zum Münchner Norden hatte. Dort, bei Oberschleißheim, hatten sich sowohl der Angriff auf die Radfahrerin als auch der Mord an Diana zugetragen. Ein weiterer Hinweis darauf lieferte der Umstand, dass der Mörder Diana in den Wald zurückbrachte und nicht an einen Ort in größerer Distanz. Da die Verletzungen an der Leiche so schwer waren, gingen wir außerdem von einem Täter aus, der bereits in den polizeilichen Akten zu finden war, auch wegen Gewalt- und Sexualdelikten. Dafür sprach auch, dass er die Taten im Wald sorgsam geplant hatte, offensichtlich um seine sexuellen Gewaltphantasien auszuleben. Es schien uns unwahrscheinlich, dass wir es mit einem verheirateten Familienvater zu tun hatten, der einem geregelten Lebensablauf folgte. Wir sahen diesen Täter eher als einen »Minderleister«, der aufgrund seiner Persönlichkeit regelmäßig mit anderen Menschen in Konflikt geriet und in diesem Zusammenhang auch im Arbeitsleben unstet und erfolglos sein könnte, der allein und ohne soziale Kontrolle lebte.

Es hatte viele Hinweise aus der Bevölkerung gegeben, aber keiner führte zum Durchbruch. Dann jedoch ging bei Udo Nagel ein Anruf ein: An einer Erdgeschosswohnung in Oberschleißheim sei eine Glasscheibe beschädigt. Das klang zunächst nicht nach einer bedeutsamen Spur. Das betreffende Mehrfamilienhaus befand sich jedoch in unmittelbarer Nähe zu dem Platz an der S-Bahn, an dem Diana ihr Fahrrad abgeschlossen hatte. Der Bewohner der Wohnung mit dem Glasschaden, Manfred I., ein 25-jähriger Dachdecker, war nicht erreichbar, und so ließ die Sonderkommission die Tür öffnen. Er war der Polizei nämlich schon häufig durch Gewalttaten aufgefallen. In der verwahrlosten, mit leeren Flaschen übersäten Wohnung wurden DNA-Spuren gesichert und mit jenen vom Tatort verglichen; sie stimmten überein. Manfred I. war jedoch verschwunden und würde offenbar nicht zurückkommen. Die Sonderkommission beauftragte sofort die Zielfahnder des Polizeipräsidiums München damit, ihn aufzuspüren.

Als wir diese Wohnung anschauten, war uns sofort klar, dass unsere Einschätzung in einem Punkt falsch gewesen war. Der Mörder lebte nicht an einem einsamen Ort, wo er sein Opfer ungestört quälen konnte. Er wohnte in einem Mehrfamilienhaus und hatte Diana in seine Wohnung gebracht und sie dort missbraucht. Bei seiner späteren Vernehmung gab Manfred I. an, dass das Opfer während der Misshandlungen eigentlich gar nicht reagiert hatte. Das habe ihn überrascht. Seiner Beschreibung nach befand Diana sich während ihres Martyriums in einer regelrechten Apathie.

Noch etwas hatten die Ermittler der Münchner Mordkommission festgestellt: Genau zu dem Zeitpunkt, als Manfred I. sich 1992 kurz bei seiner Schwester in Rheinland-Pfalz aufhielt, war ganz in der Nähe von deren Wohnung eine 17-jährige Frau ermordet worden; der Fall blieb damals ungeklärt. Auch hier handelte es sich um ein sexuelles Tötungsdelikt, Sachbeweise gab es jedoch im Gegensatz zu dem Mord in Oberschleißheim nicht.

Manfred I. wurde öffentlich zur Fahndung ausgeschrieben. Bald meldete sich ein Vorarbeiter von der Großbaustelle des neuen Flughafens von Athen, nachdem er das Foto des Verdächtigen in einer großen deutschen Tageszeitung gesehen hatte. I. ließ sich widerstandslos von der griechischen Polizei festnehmen. Zwei Beamte der Münchner Mordkommission flogen sofort nach Griechenland, um ihn zu vernehmen. Die Beweislage im Fall Diana war eindeutig, da es eine definitive Übereinstimmung mit den Spuren an der Leiche gab. Anders sah es jedoch beim Mordfall von 1992 aus. Hier gab es zwar den Tatverdacht, jedoch keine Beweise. Bei einer hervorragenden Vernehmung durch zwei besonders erfahrene Beamte der Münchner Mordkommission, Werner Reuschel und Darius Bebehani, gestand der Tatverdächtige auch den Mord an der 17-jährigen Patrizia. Manfred I. wurde wegen Mordes mit besonderer Schwere der Schuld zu einer lebenslangen Freiheitsstrafe verurteilt, außerdem ordnete das Landgericht München die Sicherungsverwahrung an.

Hätte die Polizei I. nicht gefasst, so sagte Udo Nagel später einmal, »hätte dieser seine Karriere als brutaler Serienmörder fortgesetzt«. Für uns in der OFA war dies nicht nur einer der ersten großen Fälle, sondern wegen der Persönlichkeit des Mörders auch einer der ungewöhnlichsten. Der psychiatrische Sachverständige im Prozess, Norbert Nedopil, sprach davon, dass Dianas Mörder zwischenmenschliche Empfindungen fast völlig fehlten. Aufschlussreich war die Äußerung des Täters auf die Frage eines Vernehmungsbeamten, ob er glaube, dass er in Freiheit erneut eine Frau getötet hätte. Hier gab er freimütig an: »Persönlich gehe ich schon davon aus.«

JÄGER UND GEJAGTE: FALLKONSTELLATIONEN

Die Fälle, bei denen unsere Methodik vermutlich den größten Nutzen bringt, sind die Tötungsdelikte mit sexueller Komponente. Bei einem Sexualmord tritt in einem besonders hohen Ausmaß Verhalten zutage, das sich zum Teil über mehrere Jahre in den Vorstellungen des Täters entwickelt hat; und nun ist er den großen Schritt gegangen, die Phantasien in die Wirklichkeit umzusetzen. So lässt sein Handeln während der Tat Rückschlüsse auf Motivation und Persönlichkeit zu.

Bei sexuellen Tötungsdelikten gibt es zwei Beratungskonstellationen. Meistens analysieren wir fallbegleitend; dies bedeutet, dass wir noch in der »heißen Phase« zu den Ermittlungen hinzustoßen und unter hohem Zeitdruck agieren. Für das OFA-Team ist das schwierig, da noch nicht alle Informationen vorliegen und der verantwortliche Fallanalytiker zu entscheiden hat, ab welchem Zeitpunkt die Datenbasis ausreicht. Oft müssen die so entstandenen Hypothesen aktualisiert werden, wenn neue Informationen vorliegen. Hinzu kommt der Zeitdruck, gerade wenn es sich um die Suche nach einem Serientäter handelt. Dann sind Entscheidungen zu treffen, selbst wenn es noch Wochen dauern kann, bis sämtliche Spuren vom Tatort ausgewertet sind, also nicht alle Informationen vorliegen. Dörner sagt zu solchen Situationen: »Man muss sich, etwa beim Planen, mit ›Ungefährlösungen‹ zufriedengeben. Man muss darauf verzichten, alle Informationen, die man vielleicht bekommen könnte, auch zu sammeln, da die Vollständigkeit der Informationssammlung mit dem Zwang zum Handeln unter Zeitdruck kollidiert.«

Genau in diesem Spannungsfeld spielt der Fallanalytiker eine wichtige Rolle. Seine Aufgabe ist es, die Entscheidungen der Soko-Leitung analytisch zu begleiten. Beschließt sie zum Beispiel, ein Phantombild des Gesuchten zu veröffentlichen, bedeutet das erfahrungsgemäß, dass anschließend sehr viele Hinweise bei der Polizei eingehen werden. Die Kollegen müssen dann allen nachgehen, auch denjenigen, die weniger brauchbar erscheinen. Das kostet Zeit und bindet erhebliche Kapazitäten, die der Soko woanders fehlen, etwa, wenn sie gleichzeitig eine große Zahl von Fahrzeugen eines bestimmten Typs überprüfen muss.

Die Anforderungen an uns sind bei fallbegleitenden Analysen ungleich höher als bei den sogenannten Retrogradfällen, auch als »Cold Cases« bekannt. Die Ermittlungen sind zumeist schon seit Jahren abgeschlossen, und die Kripo erhofft sich von uns neue Impulse und Hinweise. Häufig ist es auch so, dass durch die Nachuntersuchung von Asservaten mit neuen Methoden doch noch eine Spur entdeckt und der Fall wieder aufgenommen wird. Vor allem die DNA-Technologie führt oft zu neuen Ermittlungsansätzen bei weit zurückliegenden Mordfällen.

Diese zweite Variante ist für den Analytiker ungleich komfortabler, da alle Informationen bereits vorliegen und er sich in Ruhe einarbeiten kann. Die Erfahrung meiner letzten 17 Jahre hat gezeigt, dass wir immer schneller von den sachbearbeitenden Dienststellen angefordert werden, was meines Erachtens auch der richtige Weg ist. Bekanntlich sind die ersten 48 Stunden für die Aufklärung eines Verbrechens von besonderer Bedeutung, da unter anderem die Wahrnehmungen von Opfern und Zeugen noch frisch sind.

Die OFA kommt häufig auch bei anderen Sexualstraftaten zum Einsatz, vor allem bei Serienvergewaltigungen. Leider müssen wir akzeptieren, dass es Menschen gibt, die andere Menschen regelrecht jagen – entweder um sie zu vergewaltigen oder, im Falle der Serienmörder, um sie zu töten. Ich sage das nicht, um unsere Arbeit bedeutungsschwerer erscheinen zu lassen. Es ist aber eine Tatsache. Die Welt wimmelt nicht von solchen Tätern, aber es gibt sie. Lässt man diesen Gedanken erst einmal zu, dann versteht man auch besser die Dynamik solcher Verbrechen. Serienvergewaltiger geben besondere Rätsel auf, wenn sie über einen großen Aktionsradius verfügen, was, wie ich bereits ausgeführt habe, freilich nicht die Regel ist. Im Jahr 2002 hatten wir es dennoch mit einem solchen Mann zu tun, dessen »Jagdgebiet« etwa 600 Kilometer umfasste.

TATORT GEWERBEGEBIET: DER REISENDE VERGEWALTIGER

Es war am Morgen. Eine 68-jährige Frau ging allein durch ein parkartiges Gebiet in Donauwörth. Nicht weit entfernt verläuft die Bundesstraße 2. Plötzlich griff sie ein unbekannter Mann an und riss sie zu Boden. Die Frau wehrte sich heftig, gab aber auf, als der Täter sie mit einem Messer bedrohte. Er zerrte sie vom Gehweg ins Gebüsch und vergewaltigte sie, bevor er flüchtete; wohin, das sah sein Opfer nicht. Es war der 10. Oktober 2002.

Knapp zwei Monate später, am 9. Dezember 2002, kam es zu einem erneuten Angriff. Wieder war der Tatort eine Grünfläche in der Nähe großer Straßen, unweit eines Ulmer Gewerbegebietes an der Autobahn A 8. Der Täter hatte sich unbemerkt von hinten angeschlichen, eine 45-jährige Spaziergängerin mit einem Messer bedroht und sie mehrfach geschlagen. Auch diese Frau zerrte er an eine versteckte Stelle und vergewaltigte sie; dann floh er in Richtung des Gewerbegebiets. Diesmal geschah die Tat am Abend um halb neun.

Wieder ein Monat später – diesmal in Günzburg, am Freitagabend, den 10. Januar 2003: Ein Mann sprach in einer Unterführung eine 17-Jährige an. Es war schon spät, gegen 22.45 Uhr. Der Täter hielt der jungen Frau nach den ersten Worten sofort ein Messer an den Hals und forderte Oralverkehr. Er versuchte sie zunächst hierzu zu zwingen, stieß das Opfer dann aber weg und rannte durch die Unterführung zum Bahnhof. Diesmal wurden, im Gegensatz zu den vorherigen Fällen, keine DNA-Spuren gefunden.

Am Mittwoch, den 12. Februar 2003 tauchte der Unbekannte erneut auf. Sein Opfer war diesmal eine 50-jährige Frau, die er am frühen Nachmittag auf einem Wirtschaftsweg neben der Staatsstraße 2289 bei Riedenberg überfiel. Der Mann hatte sie erst zu Fuß überholt, bevor er plötzlich stehen blieb, sie ansprach und ein Messer in der Hand hielt. Der Täter forderte Oralverkehr, ejakulierte auf die Jacke des Opfers und flüchtete anschließend in Richtung Parkplatz.

Durch die DNA-Spuren ließ sich schnell klären: Die Taten in Donauwörth, Riedenberg und Ulm gehörten ohne Zweifel zusammen. Außerdem gab es einen Treffer in der DNA-Datenbank, freilich nur bei jenen Spuren, die keiner Person zugeordnet sind: Derselbe Mann hatte eine weitere Vergewaltigung in Beckum in Nordrhein-Westfalen begangen, am späten Abend des 18. September 2002, wieder unweit eines Gewerbegebietes. Allerdings war das Verbrechen nicht aufgeklärt worden. In Günzburg blieben Zweifel. Gehörte die nächtliche Attacke in der Unterführung ebenfalls zu der Serie? Das wollte die Sonderkommission der Schweinfurter Kriminalpolizei, die die Fälle bearbeitete, von uns wissen. Und ließ sich der Täter geographisch einordnen? Wie würde das Täterprofil aussehen? Gemeinsam mit unseren Kollegen von der OFA Baden-Württemberg machten wir uns an die Arbeit.

Weil die Tatorte vorzugsweise in der Nähe von Gewerbegebieten und der Autobahn lagen, gingen wir davon aus, dass der Gesuchte seine Opfer nicht gezielt ausgewählt hatte, sondern die Tatorte der ausschlaggebende Faktor waren. Er hatte dort Frauen durch überraschende Angriffe überwältigt, sobald sich eine passende Gelegenheit bot. Charakteristisch für diesen Täter war darüber hinaus, dass er seine Opfer an einen sicheren Ort verschleppte, sie in die Bauchlage zwang, zum Teil entkleidete und dann missbrauchte. Beim Vergleich zum Günzburger Fall stellten wir fest, dass es zwar grundsätzliche Übereinstimmungen im Modus Operandi gab, jedoch Abweichungen hinsichtlich der Täterpersönlichkeit, vor allem im Bereich der kommunikativen Fähigkeiten sowie der Art der sexuellen Handlungen, die er von dem Opfer verlangte. Wir rechneten den Fall daher nicht zur Serie. Beim Erkennen einer Serie ist das Ausschließen von Taten genauso wichtig wie das Zusammenführen – sonst geht die Ermittlung leicht in eine falsche Richtung, beispielsweise bei der geographischen Einordnung des Täters. Die aufwendige Fahndung erstreckte sich über mehrere Bundesländer, was nie ganz einfach ist und erhebliche Koordinationsmühen erfordert. Wir empfahlen den Schweinfurter Kollegen jedoch, sich besonders auf die Taten in Beckum und Ulm zu konzentrieren. Beide waren in unmittelbarer Umgebung zu Gewerbegebieten geschehen. Die Hypothese, es könne sich um einen Fernfahrer handeln, drängte sich förmlich auf. Auch bei dem Fall in Riedenberg waren wir der Meinung, dass ein Gewerbegebiet der Zielort des Täters gewesen sein könnte. Als die Soko daraufhin die Liefer- und Transportscheine überprüfte, wurde sie bald fündig. Dieselbe Spedition hatte zur fraglichen Zeit nach Beckum und Ulm geliefert, am Steuer saß jeweils derselbe Fahrer, ein 30-jähriger Engländer. Er entsprach auch sehr gut dem Täterprofil: Wir hatten ihn als 22 bis 35 Jahre alt, eher unauffälligen, sozial kompetenten Typen eingeschätzt, der auch in einer Beziehung leben könnte. Es überraschte uns daher nicht, dass er verheiratet und Vater zweier Kinder war. Wir waren im Profil außerdem davon ausgegangen, dass der Täter polizeilich eventuell noch gar nicht in Erscheinung getreten war, auch in diesem Punkt behielten wir recht. Zu diesem Schluss waren wir gekommen, da die Tat, so seltsam es klingen mag, nicht Ausdruck einer ausgeprägten Dissozialität eines Täters war, der Regeln und Gesetze grundsätzlich missachtet. Diesen Typus finden wir, wie ich es bereits beschrieben habe, ja recht häufig – den Vergewaltiger, der schon ein langes Strafregister wegen Körperverletzung oder Diebstahl aufweist. Hier war das jedoch nicht der Fall. Vielmehr wirkte es wie ein »ausgestanzter« Aspekt seiner Persönlichkeit. Davon sprechen wir, wenn jemand etwas tut, das zu seinem sonstigen Leben gar nicht zu passen scheint. Am 28. März 2003 wurde der Engländer an seiner Arbeitsstelle festgenommen und inhaftiert. Nur wenige Tage später nahm er sich im Gefängnis das Leben.

In Kanada erregte vor wenigen Jahren ein spektakulärer Fall landesweit Aufsehen. Auch hier entsprachen die Taten dem, was wir »Ausgestanztheit« nennen. Fast war es, als passten sie zu einem anderen Menschen und zu einem anderen Leben. Der Mensch war jedoch derselbe, nur führte er eine gespenstische Doppelexistenz: 2010 verhaftete die Kriminalpolizei Colonel Russell Williams. Er war einer der höchsten Offiziere der kanadischen Armee und kommandierte die größte Luftwaffenbasis des Landes. Der ausgebildete Pilot hatte schon Mitglieder des englischen Königshauses und den Premierminister des eigenen Landes geflogen, eine Logistikbasis für den Einsatz in Afghanistan befehligt und die Erdbebenhilfe für Haiti organisiert. Seine Ehefrau und seine Freunde, Kameraden und Untergebene konnten die Nachricht von seiner Festnahme nicht fassen; viele waren noch lange Zeit der festen Überzeugung, dass es sich um einen furchtbaren Justizirrtum handeln müsse. Und tatsächlich, die Vorwürfe waren kaum zu glauben: Der Polizei zufolge hatte Williams zwei Frauen vergewaltigt und zwei weitere ermordet. In 82 Fällen sei er in fremde Häuser und Wohnungen eingebrochen und habe Frauenunterwäsche als Fetischgegenstände gestohlen. Russell Williams? War das möglich? Er war sehr beliebt, ein gutaussehender, kräftiger Mann, der als zuvorkommend und höflich, hilfsbereit und stets korrekt bekannt war.

All diese guten Eigenschaften trug er wohl auch in sich, sie entsprachen weitgehend seiner Persönlichkeit. Aber da war eben noch die andere Seite: Er empfand das Bedürfnis, und es wurde immer stärker, in die Wohnungen von Frauen einzusteigen. Nicht wenige von ihnen kannte er persönlich, und sie ahnten, wenn sie als Soldatin oder Nachbarin mit dem Colonel zu tun hatten, nicht das Geringste von seinen Gedanken. War er erst einmal in ihrer Wohnung, zog er die Unterwäsche an, fotografierte sich darin und nahm die Höschen und Büstenhalter wie Souvenirs vom Tatort mit. Manche Opfer bemerkten nicht einmal, dass sich in ihrer Abwesenheit jemand an ihren Schränken zu schaffen gemacht hatte. Doch es blieb nicht bei solchen Delikten.

Er begann seine Taten zu steigern. In zwei Fällen stieg er maskiert in die Wohnungen von Frauen ein und vergewaltigte sie. Die Störung seiner sexuellen Präferenz, wie die Psychologen sagen, entwickelte sich dramatisch weiter. Schließlich, zwischen November 2009 und Februar 2010, beging er zwei Sexualmorde an Frauen in ihren Häusern. Die Polizei kam ihm nur deshalb auf die Spur, weil sie im Schnee vor dem Haus eines der Opfer, der Studentin Jessica Lloyd, die Reifenspuren eines Geländewagens fand. Kurz darauf geriet der Stützpunkt-Kommandant in eine Kontrolle. Weitere Ermittlungen schlossen sich an und führten zu der spektakulären Festnahme. Russell Williams' Weg von einer behüteten Kindheit über eine steile Karriere führte ins Gefängnis. Er erhielt eine lebenslängliche Freiheitsstrafe.

MACHTGEFÜHLE: SERIENMÖRDER

Es gibt vermutlich kaum ein anderes Verbrechen, das so von Mythen besetzt ist, wie der Serienmord. Ungezählte Bücher und Krimis, Kinofilme und Internetseiten beschäftigen sich mit rätselhaften Mördern, die meist einem vorgefassten Plan folgen und der Polizei weit voraus sind. Schon in Vorabendserien treiben sie ihr schauriges Wesen, und gern äußern sich

Leute, die sich für Serienmörder-Experten halten, in den Medien über die unheimlichen Täter, die angeblich in nicht geringer Zahl umgehen. Das meiste davon, um es vorwegzusagen, ist blanker Unsinn. Es könnte mich kaltlassen. Das Problem ist nur: Solche Mythen schaden unserer Arbeit. Mich interessieren Fakten, die uns helfen, das Vorgehen dieser Täter besser zu begreifen. 2005 lud mich das FBI zu einem Symposium nach San Antonio/Texas ein. Hier beschäftigten sich 120 Experten aus aller Welt mit dem Phänomen Serienmord. Neben Vorträgen gab es Arbeitsgruppen, in denen wir die Motive von Serienmördern, ihre Persönlichkeit und die Ermittlungen solcher Taten analysierten. Das FBI veröffentlichte anschließend eine Monographie dazu. Dort heißt es völlig zu Recht:»Serienmord ist ein seltenes Verbrechen, deutlich weniger als ein Prozent der Morde sind nach Schätzungen darauf zurückzuführen. Und doch gibt es ein makabres öffentliches Interesse an dem Thema, das seine Bedeutung um ein Vielfaches übertrifft und ungezählte Artikel, Bücher und Filme hervorgebracht hat.«[1] Diese Fehlwahrnehmung führt zu Mythenbildungen, von denen auch die Polizei oftmals nicht frei ist, wenn sie plötzlich mit einem solchen Fall konfrontiert ist. Das Symposium stellte eine Standortbestimmung dar. Wir alle waren uns einig, dass es nicht *den* typischen Serienmörder gibt, sondern dass das Delikt ein sehr heterogenes Phänomen darstellt. Die große Bandbreite zeigt sich auch bei deutschen Tätern. Es gibt beispielsweise den klassischen sexuellen Serienmörder wie Volker E. aus Hof, der gestanden hatte, zwischen 1974 und 2006 eine Mitschülerin in Deutschland und fünf Prostituierte in Frankreich und Spanien getötet zu haben. Darüber hinaus wurde er verdächtigt, noch weitere Frauenmorde in Frankreich, Tschechien und Italien begangen zu haben. Anders hingegen der Krankenpfleger Stefan L., der als »Todesengel von

Sonthofen« für die Tötung von bis zu 29 Menschen verantwortlich gemacht wird. Oder es finden sich, was wir damals noch nicht wussten, Mordserien wie die des NSU, bei denen als Motiv Ausländerhass aus einer rechten Gesinnung zugrunde lag. So unterschiedlich diese Fälle auch anmuten, haben sie doch eines gemeinsam: Alle diese Täter haben eine Position eingenommen, in der sie die Macht über Leben und Tod unschuldiger Menschen hatten. Dominanz und Kontrolle auszuleben ist ihre zentrale Triebfeder.

Eine Lehre nahm ich von diesem Symposium des FBI mit zurück nach Deutschland. Die meisten Serienmörder weisen nicht die Wesensmerkmale auf, die zu den in der Öffentlichkeit so gern verbreiteten Mythen passen. Sie sind weder geniale Psychopathen, noch reisen sie in der Mehrzahl auf der Suche nach Opfern durch die Lande. Manche sind »Loser«, andere führen ein Doppelleben und wirken für Nachbarn und Freunde wie ganz normale Bürger. Keineswegs sind sie alle von sexuellen Motiven angetrieben. Und sie spüren, von Ausnahmen abgesehen, alles andere als den heimlichen Wunsch, gefasst und damit von dem erlöst zu werden, was sie umtreibt.

Gerade bei Serienmordfällen kommt der vergleichenden Fallanalyse große Bedeutung zu. Dabei versuchen wir insbesondere bei fehlenden DNA-Spuren oder anderen Sachbeweisen die Frage zu beantworten, ob sich eine Reihe von Fällen demselben Täter zuordnen lässt. Bei diesen Fällen verwenden wir das Verhalten des Täters bei den Morden als verknüpfendes Element. Hierbei handelt es sich um eine sehr schwierige Aufgabe, und je unterschiedlicher die einzelnen Taten sind, desto schwieriger wird sie. Es kann passieren, dass man einem Soko-Leiter die Nachricht überbringen muss: Wir haben es mit einem Serienmörder zu tun. Und es besteht die Gefahr, dass er wieder töten wird. 14 Jahre lang beschäftigte mich ein solcher Fall, der längste meiner Karriere.

5 VERGLEICHENDE FALLANALYSE: DIE SUCHE NACH DEM MASKENMANN

»IHR HABT DAS NUR GETRÄUMT«: DAS NÄCHTLICHE PHANTOM

Er galt als Phantom. Ein großer Mann, schwarz gekleidet, das Gesicht mit einer dunklen Sturmhaube maskiert. Ein Serienmörder, der nachts in Schullandheime, Zeltlager, sogar Privathäuser eindrang, dort Jungen im vorpubertären Alter sexuell missbrauchte und einige von ihnen auch tötete. Der Mann mit der Maske erschien wie ein lebendig gewordener Alptraum. Und den kleinen Opfern erzählten Eltern und Betreuer manchmal genau das: Ihr habt nur schlecht geträumt. Einigen der Kinder glaubte einfach niemand, dass dies tatsächlich geschehen war: ein schwarzer Mann, der nachts an ihrem Bett stand.

Nach unserem heutigen Wissen begann die Serie Ende 1991 oder Anfang 1992. Damals drang der Maskenmann erstmals in Schullandheime in Norddeutschland ein und missbrauchte dort kleine Jungen. Sein Verhalten dabei war sehr ungewöhnlich. Er berührte sie, auch an den Genitalien; er suchte die Nähe der Kinder und sprach beruhigend auf sie ein – was im krassen Widerspruch zu der bedrohlichen Erscheinung stand, die sich vor den Betten der Kleinen aufgebaut hatte. Immer gelang es ihm, unerkannt zu entkommen.

Schon sehr früh in der Serie, im März 1992, beging er den ersten Mord. Opfer war Stefan Jahr. Der Maskenmann entführte den Dreizehnjährigen nachts aus einem Internat in Scheeßel, tötete ihn und verscharrte die Leiche anschließend im Sand der Verdener Dünen.

Zu den Mythen über Serienmörder gehört es, dass sie wie Getriebene handeln: Sobald sie einmal einen Menschen getötet haben, müssten sie dies wieder und wieder tun. Das muss aber keineswegs so sein. In meiner Praxis hatte ich aber mit einigen Fällen zu tun, bei denen es nach einem Mord wieder zu Vergewaltigungen oder sonstigen Taten kam, nicht aber zur Tötung weiterer Opfer.

Der Täter mit der Maske missbrauchte über die nächsten Jahre hinweg eine nicht genau bezifferbare Anzahl von Jungen, bevor er im Juli 1995 den nächsten Mord beging. Der achtjährige Dennis Rostel zeltete mit einer Gruppe seines Kinderheimes im Selker Noor in Schleswig-Holstein. Am Montagmorgen lag nur sein Schlafanzug auf dem Schlafsack im Gemeinschaftszelt, von Dennis fehlte jede Spur. Auch Kleidungsstücke waren verschwunden. Erst einige Wochen später fand man seine Leiche, weit entfernt in Dänemark, nackt in einer Sanddüne vergraben, getötet durch einen Angriff gegen den Hals.

Der Maskenmann drang in der Folgezeit in Bremen und Umgebung in Einfamilien- und Reihenhäuser ein und missbrauchte weitere Jungen. Nicht selten schliefen nebenan die ahnungslosen Eltern. Im Juli 1999 stieg der schwarze Mann in das nordwestlich von Bremen gelegene Schullandheim Wulsbüttel ein. Wieder bemerkte ihn niemand. Er weckte einen achtjährigen Jungen, trug ihn aus dem Zimmer hinaus in den Keller, in einen Vorraum zum Wechseln der Schuhe. Dort missbrauchte er den Jungen und fotografierte ihn. Anschließend brachte er den Kleinen zurück, fragte ihn nach seinem Namen und bedrohte ihn: Er werde dessen Eltern und ihn selbst töten, wenn er etwas verraten würde. Der Junge behielt vor lauter Angst dieses furchtbare Erlebnis für sich, etwas länger als ein Jahr trug er es mit sich herum. Dann kam der Tag, an dem er wieder in dieses Schullandheim fahren sollte, da brach er das Schweigen und vertraute sich seinen Eltern an.

Es war genau dieses Schullandheim, in das der Maskenmann im September 2001 zurückkehrte. In der Nacht vom 4. auf den 5. September verschwand der neunjährige Dennis Klein aus seinem Zimmer. Seine teils entkleidete Leiche wurde zwei Wochen später jenseits des Teufelsmoors in einem Gebüsch gefunden – gar nicht weit entfernt von weiteren Schullandheimen, in denen der Maskenmann Kinder missbraucht hatte. Pilzsammler hatten die Leiche entdeckt.

UNSERE ANALYSE: DREI MORDE, EIN TÄTER

Bereits 1997 hatten mein Team und ich eine Fallanalyse des Mordes an Stefan Jahr aus dem Jahr 1992 erstellt. Der spätere Soko-Leiter Martin Erftenbeck hatte damals einen Vortrag der OFA Bayern angehört und sah in der neuen Methodik der Fallanalyse eine Chance, bei den Ermittlungen zu dem Mord an Stefan Jahr einen Schritt weiterzukommen. Nach dem Tod von Dennis Klein beauftragte uns die Sonderkommission im September 2001 erneut.

Bis dahin galten die drei Morde noch nicht als Serie, sondern wurden von vielen Ermittlern als unzusammenhängend betrachtet. In der Zwischenzeit hatte die OFA Schleswig-Holstein unter der Leitung des Kollegen Jürgen Kroll auch den Fall Dennis Rostel analysiert. Es gab also drei Tote und drei Fallanalysen.

Als Verantwortlicher stellte ich nun ein Team zusammen – für eine vergleichende Fallanalyse aller drei Morde. Die Ausgangslage war nicht gut: Wir besaßen keinen Sachbeweis, der für einen Tatzusammenhang sprach – keine DNA, keine Fingerabdrücke, keine Zeugenaussagen.

Im Oktober 2001 war ich mit meinem Kollegen Dirk Schinke in einer Bundeswehrkaserne in Garlstedt, Niedersachsen. Dort arbeitete, seit man die Leiche von Dennis Klein gefunden hatte, die Soko Dennis. Der von der Außenwelt abgeschirmte Sicherheitsbereich erlaubte es den Kollegen, konzentriert und fokussiert ihren Ermittlungen nachzugehen. Kein Alltagsgeschäft wie auf der Dienststelle konnte zu ihnen vordringen und erst recht nicht die Vielzahl der Pressevertreter, für die an den bewachten Toren Endstation war.

Nun gingen wir der Frage nach, ob derselbe Täter 1992 auch Stefan Jahr und 1995 Dennis Rostel getötet haben könnte. Gerade bei vergleichenden Fallanalysen ist es besonders wichtig, eine möglichst große Objektivität herzustellen, damit man sich kein Ergebnis »passend« macht. Wir hatten daher neben den Kollegen aus Schleswig-Holstein, die den Mordfall Dennis Rostel analysiert hatten, auch OFA-Beamte der Landeskriminalämter Baden-Württemberg, Hamburg, Niedersachsen und Nordrhein-Westfalen einbezogen, die noch mit keinem der Morde betraut gewesen waren. Vonseiten der Soko Dennis nahmen Martin Erftenbeck und eine Kollegin teil.

Es war uns natürlich bereits klar, welche Konsequenzen unsere Einschätzung nach sich ziehen würde. Kämen wir zu dem Ergebnis, dass mit hoher Wahrscheinlichkeit derselbe Mann für die drei Morde verantwortlich war, so hätten wir es mit einem Serientäter zu tun, der innerhalb von neun Jahren drei Jungen aus sexuellen Motiven getötet hatte. Dieses Ergebnis wäre für die Sonderkommission das Szenario des schlimmsten Falls – schon deshalb, weil der Maskenmann jederzeit ein neues Opfer suchen konnte.

Als wir an einem Freitag gegen halb acht in der Frühe mit der Arbeit begannen, spürte ich deutlich den Druck, der auf mir lastete. In einem ersten Schritt stellten wir uns gegenseitig die Ergebnisse der einzelnen Analysen vor, so dass alle Teilnehmer auf dem gleichen Wissensstand waren. Anschließend erarbeiteten wir eine Liste von Vergleichskriterien. Wir unterschieden dabei zwischen Verhaltensweisen, die typisch für solche Delikte an Kindern waren, und solchen, die darüber hinausgingen. Dazu gehörte vor allem der Umstand, dass der Täter nachts in geschützte Bereiche eindrang, Schullandheime oder Zeltlager. Dies war ein extrem untypisches Verhalten. Bei Sexualmorden an Kindern werden diese in der Regel tagsüber weggelockt oder angegriffen, wenn sie zum Beispiel allein von der Schule kommen oder ohne Aufsicht draußen spielen. Unsere Diskussionen zogen sich über den ganzen Tag hin, und jeder Teilnehmer spürte die Verantwortung auf der einen und den Erwartungsdruck der Sonderkommission auf der anderen Seite. Wir ließen uns das Essen in den Analyseraum bringen, um keine Zeit zu verlieren. Erst nach Mitternacht kamen wir zum Ergebnis: Wir sahen es als wahrscheinlich an, dass ein und derselbe Täter für diese drei Tötungsdelikte verantwortlich war.

Erschöpft von diesem Besprechungsmarathon saß ich nachher allein in dem kargen Raum. Nun begann für mich die Arbeit von neuem. Ich musste unsere Analyse zusammenfassen. Für neun Uhr früh war im großen Saal der Kaserne die Präsentation vor der Soko Dennis, den Ermittlern der anderen beiden Fälle sowie der Staatsanwaltschaft vorgesehen. Wir rechneten mit mehr als 90 Teilnehmern. Tief in der Nacht saß ich also vor meinem Laptop und stellte mir die Frage, wie ich diese unbequeme Wahrheit wohl transportieren sollte.

Dies war nun mein fünftes Jahr als Fallanalytiker. Ich hatte bis dahin auch schon große Ermittlungen begleitet. Aber mit einer Mordserie an Kindern war ich bislang noch nicht konfrontiert gewesen.

Ich wollte zunächst unsere Methodik vorstellen, damit die Kollegen die Hypothese vom Serienmörder leichter nachvollziehen konnten. Als Nächstes ging es darum, all die Übereinstimmungen im Täterverhalten bei den drei Fällen aufzuzeigen. Jedes Mal waren die Kinder nachts aus eigentlich geschützten Bereichen verschwunden, die unter Aufsicht von Betreuungspersonen standen; es waren auch weitere Erwachsene wie Heimleiter oder Hausmeister im Gebäude. Zwar gibt es in Zeltlagern oder Schullandheimen kaum je Nachtwachen, dennoch ging der Mann mit der Maske erhebliche Risiken ein. Jederzeit konnte ein Erzieher oder ein Angestellter auftauchen, sei es, weil er ein Geräusch im Haus gehört hatte oder weil er einfach doch mal nach dem Rechten sehen wollte.

Alle drei Opfer waren Jungen, die die Pubertät noch nicht erreicht hatten. Alle drei wurden weit entfernt von dem Ort gefunden, an dem sie verschwunden waren. Auffällig war auch die Kombination aus Auswahl der Opfer und der Objekte, das geringe Ausmaß an Gewalt, bevor es zur Tötung kam, sowie das hohe Risiko, das der Maskenmann einging. Alle drei Taten waren sorgfältig geplant worden. Das mag für Laien nicht sehr überraschend klingen, ist aber entgegen der öffentlichen Wahrnehmung bei dieser Art von Delikten eher die Ausnahme. Die meisten Täter handeln, wie beschrieben, eher spontan. Eine weitere auffällige Gemeinsamkeit der Morde an Stefan Jahr und Dennis Rostel war das Vergraben der Leichen im Sand.

Da es keine Spuren eines Kampfes oder eines gewaltsamen Einbruchs gab, glaubten die Betreuer anfangs, dass die Kinder fortgelaufen seien. Eine weitere Gemeinsamkeit war, dass der Täter die Jungen erwürgt hatte, es aber keine weiteren Verletzungen gab. Die sexuelle Komponente der Tötungsdelikte zeigte sich jedes Mal am Zustand der Leichen: Teilweise war der Unterköper entkleidet oder sie waren gänzlich nackt, dann wiederum deutete die Bekleidung darauf hin, dass es zu Manipulationen im Genitalbereich gekommen sein musste und der Täter anschließend dem Opfer die Kleidung teilweise wieder angezogen hatte.

Sehr bedeutsam sind für uns, wie geschildert, die Entscheidungen, die ein Täter fällt, nachdem er das Opfer getötet hat: Was soll er jetzt mit der Leiche tun? Sehr häufig sind die Täter in dieser Phase völlig überfordert. Die Fälle der Soko Dennis waren von ganz anderer Art. Der Mann mit der Maske versuchte konsequent zu verhindern, dass die toten Jungen gefunden wurden. Er transportierte sie über eine erhebliche Strecke, etwa 45 Kilometer – im Fall von Dennis Rostel sogar knapp 280 Kilometer –, und schuf so Distanz zum Ort des Verschwindens. Dies hatte für ihn auch noch den positiven Nebeneffekt, dass mehrere unterschiedliche Polizeibehörden in die Ermittlung involviert waren.

Natürlich gab es bei den Fällen auch Unterschiede. Stefan Jahr war mit 13 Jahren älter als die beiden anderen Mordopfer, und der Maskenmann hatte ihn als Einzigen auch gefesselt. Das war unter Umständen dadurch erklärbar, dass sich der ältere Junge stärker zur Wehr setzen konnte als die beiden kleineren Kinder. Ein weiterer Unterschied: Stefan Jahr und Dennis Rostel hatte der Täter im Sand vergraben, Dennis Klein im Unterholz versteckt. Andererseits: Die beiden ersten Opfer waren dennoch gefunden worden. Denkbar war hier die Annahme, dass sich die Mühe aus Sicht des Täters offenbar nicht lohnte und er Dennis Klein deshalb lediglich im dichten Unterholz verbarg. Auch ließ er anders als 1992 später nicht mehr die Bekleidung, die die Jungen getragen hatten, bei den Leichen zurück. Vermutlich hatte er dazugelernt und wollte möglichst keine Spuren hinterlassen. Denkbar war auch, dass er die Gegenstände seiner Opfer als eine Art Trophäe behielt.

Tief in der Nacht schrieb ich schließlich unser Fazit auf: »Das Vorliegen signifikanter Übereinstimmungen bei allen drei Fällen, die zusätzliche signifikante Übereinstimmung zwischen den Fällen Jahr und Rostel (Vergraben in Sand, Anm. AH), das Vorliegen von nachvollziehbaren Erklärungsansätzen festgestellter Abweichungen, der atypische Charakter der Tatbegehungen und die Betrachtung der zeitlichen und geographischen Komponenten der Taten lassen den Schluss zu, dass mit hoher Wahrscheinlichkeit ein Tatzusammenhang zwischen diesen drei Fällen vorliegt.«

Das ist Polizeijargon, den jeder im Raum verstehen würde; und jeder wusste auch, worauf die nüchternen Worte unausweichlich hinausliefen: Wir haben es hier mit einem Serienmörder zu tun, der drei Kinder getötet hat und vermutlich weitere Morde begehen wird, falls wir ihn nicht fassen.

Ich hoffte, dass diese Argumente die Zuhörer überzeugen würden. Es war schließlich 3.30 Uhr, als ich meinen Computer herunterfuhr und mich auf den Weg in mein Zimmer machte. Obwohl ich erschöpft von den Anstrengungen des Tages war, gelang es mir nicht einzuschlafen. Zu hoch war der Adrenalinspiegel in meinem Blut, zu hoch die Drehzahl in meinem Gehirn, das einfach nicht zur Ruhe kommen wollte. Endlich nickte ich ein.

PRÄSENTATION BEI DER SOKO DENNIS: DAS SZENARIO DES SCHLIMMSTEN FALLES

Nach gefühlten zwei Stunden Schlaf klingelte der Wecker, und die Vorbereitungen der Präsentation begannen. Der große Raum in der Kaserne war dicht besetzt mit erfahrenen Ermittlern. Gemeinsam mit dem damaligen Leiter der OFA

Schleswig-Holstein, Jürgen Kroll, präsentierte ich das Ergebnis unseres Fallvergleichs. Dann baten wir die Kollegen um ihre Einschätzung: Folgten sie uns darin, dass hier ein Serienmörder am Werk war? Die Reaktionen waren durchaus unterschiedlich. Manche fühlten sich bestätigt, andere lehnten unsere Hypothese ab und reagierten mit unverhohlener Skepsis. So zweifelte ein Beamter schon deshalb erheblich an unserer Hypothese, da er für den Mordfall, den er bearbeitete, einen Tatverdächtigen hatte. Bei einem der drei Delikte besaß dieser Mann jedoch ein festes Alibi, er konnte nicht alle Morde begangen haben.

Andere wandten ein, dass der Täter sich mit der Leichenbeseitigung im letzten Fall (Dennis Klein) wenig Mühe gegeben hatte und diese »schlampiger« erfolgte als zuvor. Aber auch das konnten wir ja erklären. Insgesamt hatte ich den Eindruck, dass die große Mehrheit der Kollegen das Analyseergebnis nachvollziehen konnte, auch wenn es ihnen alles andere als gefiel.

Am Ende der knapp dreistündigen Veranstaltung war es mir jedoch wichtig, ihnen die Botschaft mit auf den Weg zu geben: »Auch diese Serie ist klärbar.« Ich war der Überzeugung, dass wir den Mörder in unserem Täterprofil gut beschreiben konnten, gerade weil sich diese Taten so erheblich von anderen Sexualmorden an Kindern unterschieden. Wir mussten jetzt den Mann finden, auf die es passte. Weder ich noch Soko-Leiter Martin Erftenbeck hätten damals gedacht, dass dies noch fast zehn Jahre dauern würde.

In dem Jahrzehnt, das folgte, habe ich die Arbeit der Sonderkommission weiterhin eng begleitet. Die Verantwortung als Berater endet nicht damit, dass er ein Ergebnis präsentiert. Manchmal beginnt die Arbeit dann erst wirklich – insbesondere bei der Frage, wie man dieses Ergebnis in konkrete Ermittlungen umsetzen kann.

Wir waren damals bei der Präsentation sehr sicher, nicht falsch zu liegen mit unserer Hypothese, dass derselbe Mann alle drei Morde begangen hatte. So fanden sich in der deutschen ViCLAS-Datenbank für Serienverbrechen, in der Anfang 2014 mehr als 24000 Fälle gespeichert waren, lediglich diese drei Tötungsdelikte mit exakt dieser Vorgehensweise – die drei, die wir untersuchten. Daher war es bei der Vorgehensweise des Maskenmanns zulässig, von einer »Handschrift« des Täters zu sprechen, einer wiederholten Darstellung des personifizierten Verhaltens, wie wir es nennen. In den 14 Jahren Beratung der Soko Dennis nutzte ich jede meiner Auslandsreisen als Gelegenheit, nach ähnlichen Fällen zu suchen – um mögliche weitere Taten des Maskenmanns zu erkennen, als auch um sicherzugehen, dass seine Handschrift wirklich einmalig war. Als besonders eindrucksvoll empfand ich den Kontakt mit den Kollegen der Behavioral Analysis Unit 3 des FBI (BAU). Diese Einheit erstellt ausschließlich Fallanalysen zu Delikten, bei denen Kinder Opfer werden. Das Erfahrungsniveau der Kollegen in diesem Bereich ist angesichts der hohen Fallzahlen in den USA ungleich höher als unseres. Bei meinen Besuchen in Quantico diskutierten wir den Fall des »Masked Man« regelmäßig. Aber auch Jim McNamara, Bob Morton oder Mark Hilts, allesamt sehr erfahrene Profiler des FBI, konnten mir keinen einzigen Fall nennen, der den Taten des Maskenmanns wirklich geähnelt hätte. Jeder von ihnen war schon seit vielen Jahren in der BAU tätig und hatte jährlich ungefähr 100 Fälle zu bewältigen. Das FBI bestärkte mich also in der festen Überzeugung, dass diese drei Morde von demselben Täter begangen wurden.

NICKY VERSTAPPEN, JONATHAN COULOM: DER VERDACHT

Durch unsere Auslandskontakte stießen wir auf einen weiteren Fall. Zumindest hatten wir den Verdacht, dass es einer sein könnte. Bei einer Besprechung mit den Kollegen aus den Niederlanden berichteten sie vom Mord an Nicky Verstappen. Der elfjährige Junge befand sich im August 1998 in einem Zeltlager in der Brunssumer Heide, einem Naherholungsgebiet unweit der deutschen Grenze. Eines Morgens war Nicky verschwunden. Die umfangreichen Suchmaßnahmen blieben zunächst ergebnislos. Erst knapp zwei Tage später wurde die Leiche von Nicky Verstappen hinter dem Zaun einer Fichtenschonung gefunden. Eine eindeutige Todesursache ließ sich nicht mehr feststellen. Wegen der Hitze war die Verwesung bereits weit fortgeschritten. Am wahrscheinlichsten erschien den niederländischen Mordermittlern aber, dass der Täter den Elfjährigen erwürgt hatte, genau wie die drei Jungen in Deutschland. Alles deutete darauf hin, dass der Körper des Kindes entkleidet worden war; es trug zwar eine Schlafanzughose und einen Slip, doch war beides auf links gedreht, und die Hose saß falsch herum. Offenbar wurde das Opfer entkleidet und später schnell wieder angezogen. Eine sexuelle Komponente war zumindest wahrscheinlich.

Es gab also auffallende Ähnlichkeiten zur Serie in Norddeutschland. Wenn der Verdacht also stimmen und sich der Fall dort eingliedern lassen würde, läge er genau in der zeitlichen Lücke zwischen den Morden 1995 und 2001. Dann wäre alle drei Jahre ein Mord geschehen. In den Niederlanden gab es sonst keine Fälle ähnlicher Art. Es erschien uns also gut möglich, dass ein deutscher Täter auf der Durchreise dafür verantwortlich war. Leider fanden sich auch im Mordfall Verstappen keine zwingenden Sachbeweise.

Die These eines Zusammenhangs wurde für uns noch schlüssiger, als wir im April 2004 einen Anruf von der Soko Dennis erhielten. Dirk Schinke und ich sollten uns schnellstmöglich auf den Weg an die französische Atlantikküste machen, nach Saint-Brevin-les-Pins. Dort, so wurde uns gesagt, sei ein elfjähriger Junge namens Jonathan Coulom unter »Soko-Dennis-typischen Umständen« verschwunden. Nach knapp 14 Stunden Autofahrt kamen wir in Saint-Nazaire an und trafen uns mit der dortigen Sonderkommission. Was war geschehen?

Jonathan verschwand in der Nacht vom 7. auf den 8. April 2004 aus seinem Bett im Schullandheim in Saint-Brevin-les-Pins. Er trug lediglich seinen Schlafanzug und einen Slip, alle anderen Kleidungsstücke befanden sich noch in dem Mehrbettzimmer. Zum Zeitpunkt unserer Ankunft war der Junge noch immer verschwunden. Die Befunde hörten sich für uns gar nicht gut an, kannten wir diese Situationen doch inzwischen zur Genüge. Wir stellten den Kollegen die Serienmordfälle der Soko Dennis sowie die sexuellen Missbrauchstaten vor und erklärten ihnen, weshalb wir einen Zusammenhang für möglich hielten. Ich präsentierte das Täterprofil und versuchte die Art von Persönlichkeit zu beschreiben, die wir bei dem Unbekannten vermuteten.

Wie üblich stellten wir die Frage nach ähnlichen Delikten oder sonstigen Vorfällen, die im Zusammenhang mit dem Schullandheim von Interesse sein könnten, und wie so oft bekamen wir zunächst die Antwort, dass es nichts Vergleichbares gäbe. Nach einiger Diskussion erinnerte sich ein Ermittler jedoch an einen Vorfall in dem Schullandheim, der schon einige Jahre zurücklag. Ein schwarz gekleideter Mann war nachts eingestiegen, hatte sich an das Bett eines Jungen gesetzt und ihn sexuell missbraucht – wie es für unseren Täter so typisch war. Dies war genau jene Art von Vorfall, nach der wir suchten. Auf unsere Frage, wann dies denn gewesen sei, teilten uns die französischen Kollegen mit: in der Nacht vom 12. auf den 13. August 1998. Also lediglich drei Tage nach dem Mord an Nicky Verstappen in den Niederlanden. Der Missbrauch an dem Jungen 1998 in Saint-Brevin-les-Pins geschah außerdem genau in dem Zimmer, aus dem 2004 Jonathan Coulom verschwunden war.

Dies schien alles kein Zufall mehr zu sein. Vielmehr ergab unsere Hypothese jetzt zunehmend Sinn, dass ein deutscher Täter auf der Fahrt nach Frankreich in den Niederlanden wohl einen Zwischenstopp eingelegt und Nicky Verstappen ermordet hatte. Für uns fand nun alles seinen Platz. Wir hielten es für gut möglich, dass der Täter seinen Radius ins Ausland ausgeweitet hatte, möglichst weit fort von den Ermittlungen der Soko Dennis. Wir gaben den französischen Kollegen noch den Hinweis, dass der Täter der Soko Dennis die Leichen meist in einem Umkreis von dreißig bis fünfzig Kilometern vom Ort ihres Verschwindens entfernt beseitigte.

Es dauerte nur knapp vier Wochen, ich befand mich gerade bei einem Arbeitsbesuch beim FBI in Quantico, als ich die Nachricht erhielt, die wir längst befürchtet hatten: Jonathans Leiche war 38 Kilometer von Saint-Brevin-les-Pins entfernt in einem Weiher bei Guerande aufgefunden worden. Der Mörder hatte das Opfer erwürgt, die Leiche entkleidet, der Schlafanzug fehlte, der Slip des Opfers befand sich an den Knöcheln. Der Junge war mit einem Hohlblockstein beschwert und gefesselt in dem Teich versenkt worden. Erst nach Wochen trieb er an die Oberfläche und wurde entdeckt. Die Todesursache, der weite Transport der Leiche und die Umstände ihrer Beseitigung legten für uns nahe, dass auch Jonathan ein Opfer des Maskenmanns geworden war. Die französischen Kripobeamten teilten diesen Schluss zunächst auch. Dann aber kam das örtliche Institut für Rechtsmedizin zu der Feststellung, dass Jonathan vermutlich noch drei Wochen in den Händen seines Entführers gewesen sein musste, erst dann getötet und ins Wasser geworfen wurde.

Diesen Befund konnten wir nicht nachvollziehen, denn er entsprach nicht unserer Erfahrung, was den Zustand von Wasserleichen nach so langer Zeit anging. Aus der Forschung wissen wir außerdem, dass 74 Prozent der Kinder, die aus sexuellen Motiven entführt und getötet werden, bereits innerhalb von vier Stunden ihr Leben verlieren. In 99 Prozent der Fälle überlebt das Kind keine 24 Stunden. Fälle wie der von Natascha Kampusch, die als Zehnjährige von Wolfgang Priklopil entführt und bei Wien mehr als acht Jahre lang gefangen gehalten wurde, bevor ihr 2006 die Flucht gelang, sind die absolute Ausnahme.

Aufgrund des Gutachtens der Rechtsmedizin hielten es die französischen Ermittler für wahrscheinlicher, dass ein lokaler Täter für den Tod von Jonathan Coulom verantwortlich war. Es sei doch nicht anzunehmen, dass ein Urlauber den Jungen wochenlang in seiner Gewalt gehabt habe. Diese Einschätzung der französischen Rechtsmedizin war für uns zwar nicht nachvollziehbar, jedoch für die dortigen Ermittler richtungsweisend.

In der Folgezeit gestaltete sich die Zusammenarbeit mit den französischen Behörden etwas schwierig, bis zu dem Tag im Jahr 2008, an dem ein Institut für Rechtsmedizin aus der Schweiz ein weiteres Gutachten vorstellte und zu dem Ergebnis kam, dass Jonathan sehr zeitnah zu seinem Verschwinden getötet wurde, vermutlich noch in der derselben Nacht. Wir sahen uns in unserer Hypothese bestärkt: Es sprach einiges dafür, dass der Maskenmann auch für die Tötung dieses Jungen in Betracht gezogen werden musste.

6 PROFILER ALS BERATER: VON HOHEN ERWARTUNGSHALTUNGEN UND REALISTISCHEN ANGEBOTEN

WIE DIE FALLANALYSE HELFEN KANN – UND WIE NICHT

Wie kommen wir zum Einsatz? Diese Frage wird mir oft gestellt. Manchmal lesen wir im internen polizeilichen Lagedarstellungssystem von einem Tötungsdelikt. Manchmal gehen wir gleich davon aus, dass wir bald angefordert werden – wenn zum Beispiel eine weibliche Leiche gefunden wird und der Täter unbekannt ist. Die Zeiträume, bis bei uns dann das Telefon klingelt, variieren beträchtlich. Wenn es sich offensichtlich um einen Sexualmord handelt, werden wir sehr schnell angefordert. Ähnlich ist es, wenn die Dienststelle in der Vergangenheit bereits mit uns zusammengearbeitet hat. Ende der 1990er Jahre, als wir gerade anfingen, war das noch ganz anders.

Einigen, vor allem erfahrenen und älteren Ermittlern war das »Profiling« nämlich außerordentlich suspekt. Was wir tun, ist schließlich »nur« die Interpretation von Verhalten und keine Wissenschaft wie die Auswertung von Fingerabdrücken oder DNA-Spuren. Noch dazu hatte es mit Psychologie zu tun, was für manche allein schon verdächtig nach dem Lesen in einer Glaskugel klang. Nicht nur einmal stellten mir Kollegen die Frage: »Welchen praktischen Nutzen hat eure Arbeit denn wirklich? Produziert ihr vielleicht nur schöne Erklärungen und Theorien? Und können diese einem Ermittler auf der Straße wirklich helfen?« Bei solchen Vorbehalten spielten noch andere Aspekte eine Rolle. Wenn in einem Apparat eine neue Disziplin aufgebaut wird, muss sie sich kritischen Fragen stellen. Dagegen ist auch gar nichts einzuwenden. Manche Kollegen reagieren aber so abweisend, weil sie das Neue als Konkurrenz empfinden. Natürlich lag uns nichts ferner als das. Wir wollten von Anfang an nichts anderes als die Ermittler unterstützen und ihnen die Arbeit erleichtern. Wir sind keine Konkurrenz und möchten uns erst recht nicht als diejenigen aufspielen, denen die Lösung komplexer Mordfälle eigentlich allein zu verdanken sei. Das wäre eine Anmaßung den Mordermittlern gegenüber.

Nicht selten hörte ich als junger OFA-Beamter, dass unser Ansatz ja nichts Neues sei; jeder Sachbearbeiter bei der Kripo könne dies auch selbst leisten. Vom »alten Wein in neuen Schläuchen« war die Rede und dass ein Ermittler der Mordkommission ohnehin in Betracht ziehe, was für ein Typ Mensch ein Täter sein könne und aus welchen Motiven er handele.

Als ich 1997 in mein Büro bei der Mordkommission in München einzog, brachte ich an der Pinnwand folgenden Spruch des Philosophen Arthur Schopenhauer an: »Neue Ideen setzen sich in drei Stufen durch, zunächst werden sie belächelt, anschließend heftig bekämpft und schließlich als selbstverständlich angenommen.« Ich glaube, dass wir inzwischen bei Stufe drei angekommen sind. Neulich sagte mir der Leiter eines Fachkommissariats für Tötungs- und Sexualdelikte: »Für mich ist es inzwischen selbstverständlich, die OFA einzubinden und meinen außergewöhnlichen Fall bewerten zu lassen. Am Tatort nehme ich schließlich auch nicht selbst die Fingerabdrücke ab, sondern hole hierfür die Fachleute.«

Das ist ein guter Vergleich. Er macht deutlich, warum die Fallanalyse eben doch etwas anderes ist als der alte Wein mit modischem Etikett. Eine Spezialaufgabe lässt sich delegieren – wichtig ist aber, dass diese Arbeit untrennbar Teil der Gesamtermittlung bleibt.

Wir versuchen, mit möglichst hohem Maß an Objektivität den Fall mit Blick von außen zu analysieren. Uns ist das Element der – versuchten – Objektivität so bedeutsam, dass wir es schließlich auch in die Qualitätsstandards für Fallanalysen aufnahmen. Heute bekomme ich von Soko-Leitern häufig als Feedback: Es ist ein echter Nutzen der Fallanalyse, dass ein externes Team, und gerade eines mit großer Erfahrung in den einschlägigen Delikten, einen Blick auf die Ermittlung wirft und deren Richtung entweder bestätigt oder doch Alternativen aufzeigt.

Ich finde das sehr ermutigend. Offenkundig hat die Überzeugungsarbeit irgendwann doch Früchte getragen. Das gelingt aber nur, wenn man als Berater nicht mit berstendem Ego in die Sonderkommissionen kommt und den Kollegen dort vorschreiben will, wie sie ihre Arbeit zu erledigen haben. Dann hat man schon verloren, bevor man überhaupt beginnt.

Im Regelfall dauert es einige Stunden bis wenige Tage nach der Auffindung der Leiche, bis die OFA Bayern hinzugezogen wird. Die Erwartungen sind dabei zumeist hoch, nicht selten sogar zu hoch. Ein Running Gag ist inzwischen die Forderung nach dem Namen und der Telefonnummer des Täters, welche die Ermittler gerne von uns wissen möchten. Dies war in der Anfangszeit gar nicht so scherzhaft gemeint. Wir mussten damals ebenso oft erklären, was wir nicht können, wie das, was wir können; wo also die Grenzen der Fallanalyse liegen und was ihre Möglichkeiten sind. Soko-Leiter fordern meist »maximale Unterstützungsleistung«, das ist verständlich in ihrer Lage, aber oft auch Ausdruck einer Erwartungshaltung, die nur schwer zu erfüllen sein dürfte.

Die Beratung beginnt damit, dass wir im Gespräch mit dem Soko-Leiter klären, welches Problem für ihn am dringendsten ist. Bei manchen Fällen ist der eigentliche Tathergang aufgrund der chaotischen Spurenlage oder der Vielzahl der Handlungen des Täters völlig unklar. In anderen Fällen ist zwar dessen Verhalten nachvollziehbar, es stellt sich jedoch umso mehr die Frage nach den Motiven. Und an manchen Tatorten ist zwar klar, was dort warum geschah, jedoch fehlt eine Vorstellung von der Täterpersönlichkeit.

Bei Sonderkommissionen wird daher häufig die Forderung gestellt, dass wir ihnen ein umfassendes Täterprofil des Unbekannten liefern. Die Erfahrung hat uns aber gezeigt, wie wichtig es ist, zunächst ein vertieftes Fallverständnis zu entwickeln. Es ist uns schwer möglich, einen komplexen Fall zu klären, wenn er nicht umfassend verstanden wurde.

Die neun Morde an ausländischen Kleingewerbetreibenden in den Jahren 2000 bis 2006 sind hierfür ein passendes Beispiel. Erst 2011 stellte sich heraus, dass die rechtsextreme Terrorzelle NSU die Taten begangen hat. Bis dahin waren große Teile des Ermittlungsapparats fest davon ausgegangen, dass eine nicht näher bekannte türkische Mafiagruppierung hinter der Mordserie stecke und die neun Opfer in Beziehung zu dieser gestanden haben müssen. Wir, die OFA Bayern, hatten das auch angenommen, rückten aber 2006 in einer zweiten Fallanalyse davon ab und empfahlen den Ermittlern, ein Täterduo zu suchen, das aus Hass auf Türken handele und von einem Zerstörungsmotiv angetrieben sei. Obwohl der Leiter der erweiterten Sonderkommission BAO Bosporus, Wolfgang Geier, sich von unserer These überzeugen ließ, ging weiterhin eine Vielzahl von Ermittlern von ausländischer organisierter Kriminalität aus und lehnte unsere Hypothese vom Zerstörungsmotiv ab.

Nachher wurde der Polizei in der öffentlichen Diskussion über die fehlgeleiteten Ermittlungen der Vorwurf gemacht, sie habe bewusst zu wenig in der rechten Szene ermittelt, weil sie »auf dem rechten Auge blind« sei. Auch wenn man unserer Einschätzung nicht mit entsprechendem Gewicht folgte, möchte ich die Verantwortlichen in diesem Punkt doch in Schutz nehmen. Meiner Meinung nach ist es nicht so, dass die Polizei Spuren nach rechts absichtlich oder gar aus Nähe zur Neonaziszene nicht genügend verfolgt hätte. Die Ursache für die lange Suche nach einer Gruppierung organisierter Ausländerkriminalität war etwas ganz anderes: In Teilen des Ermittlungsapparats wurde dieser Fall einfach nicht verstanden – nicht aus einer bösen Absicht heraus, sondern aufgrund eines Mangels an Phantasie. Vermutlich konnten sich viele Beamte, die mit der Bearbeitung dieser neun Mordfälle befasst waren, nicht vorstellen, dass es Menschen gibt, die aus einer fremdenfeindlichen Gesinnung heraus über Jahre eine tödliche Spur durch Deutschland ziehen.

Dies erinnert in veränderter Form an die Ereignisse im Zusammenhang mit den Anschlägen des 11. September 2001 in den USA. Hier war in dem Moment, in dem die Flugzeuge in das World Trade Center einschlugen, den amerikanischen Sicherheitsbehörden zwar klar, wer für die Anschläge verantwortlich zeichnete: das islamistische Terrornetzwerk al-Qaida. Man hatte sich einen Anschlag von diesem Ausmaß jedoch nicht ausmalen können. Es war nicht gelungen, vorher die losen Enden der Informationen, die durchaus umfangreich vorlagen, miteinander zu verknüpfen, und so blieb die Gefahr unerkannt, in der die USA schwebten.

Diese Beispiele sollen zeigen, wie elementar das Fallverständnis ist. Wir müssen es erst gewinnen und dann vermitteln – das ist meines Erachtens unsere vordringlichste Aufgabe als Berater einer Sonderkommission.

Bei bestimmten Verbrechen ist der wichtigste Schritt dorthin die genaue Rekonstruktion des Tathergangs, da dieser anfangs sehr undurchsichtig und unklar erscheint. Wenn es aber gelingt, die einzelnen Sequenzen der Tat präzise auszuleuchten, gelingt zumeist auch die Suche nach dem Täter.

MOTIV UNBEKANNT: MORD IN SENDLING

Den Fall verstehen – das klingt wie eine Binsenweisheit, ist es aber nicht. Es gibt Morde, bei denen das Motiv des Täters große Schwierigkeiten bereitet. Hier müssen wir mehrere mögliche Motive nebeneinanderstellen und prüfen. Und es kann passieren, dass ausgerechnet jenes, das als unwahrscheinlichstes galt, sich dann als zutreffend erweist. Im Frühjahr 2013 kam es in München-Sendling zu einem solchen Tötungsdelikt.

Katrin M., 31 Jahre alt, fuhr an einem Freitagabend gegen 21 Uhr von ihrem Fitnessstudio aus heim. Sie stieg an einer U-Bahn-Station aus und ging in Richtung ihrer Wohnung; dort wartete ihr Lebensgefährte auf sie. Sie war etwa zehn Minuten unterwegs und hörte dabei offenbar Musik über Kopfhörer, nahm also vermutlich ihre Umgebung nur eingeschränkt wahr. Als Katrin M. die Haustür öffnete und eintrat, stürzte sich ein Mann auf sie und stach mehr als zwanzig Mal auf sie ein, bis die Messerklinge abbrach. Dann floh er. Katrin M. war noch kurz ansprechbar und verstarb dann am Tatort.

Der Schluss schien nahezuliegen, dass der Mann sein Opfer gezielt ausgesucht hatte. Katrin M. befand sich, wie es bei der Polizei heißt, bei einer »Routinehandlung«; es war mehr oder weniger vorhersehbar, dass sie um diese Zeit von ihrem regelmäßigen Training im Fitnessstudio heimkehren würde. Die Wucht des Angriffs und die vielen Stichverletzungen legten einen absoluten Tötungswillen nahe; und den findet die Polizei oft, wenn es im Vorfeld der Tat einen Konflikt zwischen Opfer und Täter gab.

Folgerichtig fokussierte sich die Ermittlung zunächst auf das Umfeld der jungen Frau und auf persönliche Probleme. In der Fallanalyse prüften wir darüber hinaus ein reines Zerstörungsmotiv: Vielleicht war der Messerstecher an diesem Abend mit der Absicht unterwegs, einem beliebigen Opfer aufzulauern und es zu töten. Er findet es dann aus der passenden Situation heraus, ohne jede Vorbeziehung. Das Opfer ist bei solch einer Konstellation austauschbar.

Von einem Polizeibeamten der örtlichen Wache kam dann der Hinweis auf einen psychisch auffälligen jungen Mann, der im Rahmen einer anderen Ermittlung Tötungsphantasien geäußert hatte. Die Münchner Mordkommission überprüfte ihn umgehend und konnte ihn überführen. In seinem Zimmer fand sie ein abgebrochenes Küchenmesser und Kleidungsstücke mit dem Blut des Opfers. Der Täter wurde in die Psychiatrie eingewiesen, weil er unter einer besonderen Form des Autismus litt. Als Motiv gab er an, er habe die Frau töten wollen, um dann in ihre Wohnung ziehen zu können.

Wie in diesem Fall prüfen wir häufig bereits zu einem frühen Zeitpunkt alternative Motivhypothesen. Wir tun dies nicht deshalb, weil wir bessere Kriminalisten wären als die Mordermittler; das sind wir nicht. Aber schon aufgrund unserer Zuständigkeit für ganz Bayern ist die OFA viel häufiger mit solch ungewöhnlichen Delikten konfrontiert als die meisten anderen Kriminalbeamten und hat dadurch einen entsprechenden Erfahrungsschatz, der den Ermittlern vielleicht weiterhelfen kann.

Ferner gibt es natürlich jene Fälle, bei denen das Motiv offen auf der Hand liegt. Dies ist vor allem bei Tötungsdelikten mit sexueller Komponente der Fall. Hier ist nun das so oft geforderte Profil des Täters verlangt: Wie alt könnte er sein?

Ist er im Umfeld des Opfers zu suchen? Oder handelt es sich um einen völlig Fremden? Wo ist er regional einzuordnen? Wenn nur wenige Spuren vorhanden sind, ist das Profil eine der wenigen Möglichkeiten, die Anzahl der in Frage kommenden Täter sinnvoll zu begrenzen.

JUNG NACH JAHREN, ALT IM HERZEN: DER BOMBENBAUER AUS NIEDERBAYERN

Ein Täterprofil ist keine Hexerei, es ist die Arbeit mit Wahrscheinlichkeitsaussagen. Eine absolute Sicherheit gibt es nicht. So beruht unsere Einschätzung, wie alt der Gesuchte sein könnte, natürlich auf seinem Verhalten während der Tat. In der Psychologie spricht man von einem »Verhaltensalter«, das manchmal vom biologischen Alter abweicht – wir haben uns damit bereits befasst. Dies zu wissen ist für die Ermittler besonders wichtig, damit kein Tatverdächtiger aufgrund des Alters ausgeschieden wird. Wir sind ein wenig stolz darauf, dass das Analyseteam der OFA Bayern gerade bei der Alterseinschätzung eine hohe Trefferquote von ungefähr 80 bis 90 Prozent verzeichnet. Das heißt freilich auch: Bei 10 bis 20 Prozent haben wir danebengelegen.

Im Jahr 2004 etwa erhielten bayerische Regionalpolitiker unterschiedlicher Parteien Briefbomben mit der Post. Die Adressaten waren in der CSU aktiv, auch in der SPD; ein Sprengsatz ging an den polnischen Konsul in München. Glücklicherweise gab es nur eine Leichtverletzte und keine Todesopfer. Aber solange der Absender nicht gefasst war, hätte sich das bei jeder neuen Bombe ändern können. Bekennerschreiben blieben aus, die Opfer erschienen zu wahllos ausgesucht für ein eindeutiges politisches Motiv. Wir wurden vom Bayerischen Landeskriminalamt hinzugezogen, das in diesem Fall die Ermittlungen leitete. Solche Taten sind extrem selten, es gibt nur sehr wenige Referenzfälle, mit denen wir sie vergleichen können. Insofern bereitete uns dieser Fall wirklich Kopfzerbrechen.

Referenzfälle waren hier vor allem der sogenannte UNA-Bomber in den USA und Franz Fuchs in Österreich. Beide entpuppten sich, als sie endlich gefasst wurden, als ältere Herren. Der erste, ein anarchistischer Mathematiker namens Theodore Kaczynski, soll zwischen 1978 und 1995 drei Menschen durch getarnte Bombenpakete getötet und 23 verletzt haben. Er lebte in einer Waldhütte und wollte durch seine Taten ein Ende der Technisierung der Welt und eine Rückkehr zur Natur erzwingen. Nach einer der größten Fahndungen in der Geschichte der USA wurde er 1996 verhaftet und später zu lebenslanger Haft verurteilt.

Der Österreicher Franz Fuchs tötete Mitte der 1990er Jahre vier Menschen durch Briefbomben und verletzte 15 weitere, darunter den Wiener Bürgermeister Helmut Zilk, dessen linke Hand durch den Sprengsatz verstümmelt wurde. Fuchs handelte aus Fremdenhass und rassistischen Motiven heraus; er war ein Einzelgänger, auch wenn er in seinen Bekennerschreiben so tat, als sei eine größere rechtsradikale Femeorganisation am Werk.

Und nun Niederbayern. Ein eindeutiges politisches Motiv wie bei Fuchs ließ sich nicht erkennen. Der Fall hatte natürlich nicht die Tragweite wie die der beiden anderen Briefbomber, dennoch war das Prinzip dasselbe. In unserer Alterseinschätzung gingen wir davon aus, dass der Absender jünger sein müsse als Kaczynski und Fuchs. Wie sie baute er seine Bomben zwar mit großer Akribie, teilte jedoch nicht deren Verliebtheit ins Detail, nicht ihre Zwanghaftigkeit und Ausdauer bei der Planung. Wir gaben als Untergrenze bei der Alterseinschätzung daher 28 Jahre an, da wir uns einen noch jüngeren Täter nur schwer vorstellen konnten. Auch die zum Bombenbau verwendeten Gegenstände waren teilweise recht alt; dies passte unserer Ansicht nach ebenfalls nicht zu einem jüngeren Täter. In einem der Briefe befand sich auch ein Ausschnitt aus einer Zeitschrift, deren Zielgruppe nicht der unter Dreißigjährigen entsprach, sondern eher Senioren. Wir ließen dabei jedoch die Möglichkeit außer Acht, dass sich diese Gegenstände einer anderen im selben Haushalt lebenden Person gehören könnten und der Bombenbauer sie einfach benutzte, weil er sie gerade zur Hand hatte.

Ein erster Reihengentest auf der Basis unseres Profils brachte keinen Treffer. Später wurde ein zweiter Massenspeicheltest angesetzt, mit einem auf 17 bis 70 Jahre erweiterten Altersspektrum. Mittelpunkt war die kleine Gemeinde Hutthurm bei Passau, weil sich bei Einbrüchen dort dieselbe DNA gefunden hatte wie in einem der Bombenpakete. Gerade als die Aktion an einem Samstagmorgen anlief, sprengte sich in der Nähe ein 22-Jähriger auf einem Acker in die Luft. Es handelte sich um Johann L., einen isolierten jungen Mann, der bei seinem Vater auf dem Hof lebte und sich in Phantasiewelten verloren hatte. Als die Beweise ihn eindeutig als Täter identifizierten, waren wir doch sehr überrascht, dass er so jung war. Wir hatten uns geirrt. Die »Waffe« der Fallanalyse ist die Hypothese, der Umgang mit Wahrscheinlichkeiten. Doch Wahrscheinlichkeiten besitzen immer auch das Restrisiko des Irrtums.

Allerdings hatte Johann L. nicht das typische Leben eines 22-Jährigen geführt: Sport, Freunde, Mädchen. Er wohnte sehr zurückgezogen mit seinem Vater und seiner Tante auf einem Bauernhof in der Nähe von Hutthurm und war als Einzelgänger bekannt. Anders gesagt: Er war jung, aber alt im Herzen. Für uns bleibt der Fall des Briefbombers eine sehr lehrreiche Erfahrung.

7 SAMMELN, REKONSTRUIEREN, BEWERTEN: DER FALL MAREIKE

DER GORILLA AUF DEM SPIELFELD: FAKTEN, WAHRNEHMUNGEN, HYPOTHESEN

Umfangreiche Ermittlungen haben meist eines gemeinsam: Die Lage ist zu Beginn extrem unübersichtlich. Es liegen häufig nicht etwa zu wenige Informationen vor, sondern eher zu viele – von sehr unterschiedlicher Qualität und Bedeutung. Das Problem, vor dem Sonderkommissionen der Kripo oft stehen, beschreibt Dietrich Dörner in seinem Buch *Die Logik des Misslingens* sehr treffend: »Ein Akteur in einer komplexen Handlungssituation gleicht einem Schachspieler, der mit einem Schachspiel spielen muss, welches sehr viele (etwa: einige Dutzend) Figuren aufweist, die mit Gummifäden aneinanderhängen, so dass es ihm unmöglich ist, nur eine Figur zu bewegen. Außerdem bewegen sich seine und des Gegners Figuren auch von allein, nach Regeln, die er nicht genau kennt oder über die er falsche Annahmen hat. Und obendrein befindet sich ein Teil der eigenen und der fremden Figuren im Nebel und ist nicht oder nur ungenau zu erkennen.«[1]

Wenn Fallanalytiker den Nebel lichten und erkennen wollen, wie sich die Figuren wirklich bewegen, nehmen sie als Erstes eine Bestandsaufnahme der vorliegenden Informationen vor:

1. Fakten
2. Wahrnehmungen
3. Hypothesen

Diese Einteilung erscheint simpel, und doch ist sie einer der wesentlichsten Schritte zur Erkenntnis – das gilt bei der Kriminalpolizei genauso wie auf anderen Gebieten. Ich sollte mir vor jeder Entscheidung bewusst sein, auf welcher Grundlage ich sie treffe, vor allem dann, wenn sie weitreichende Konsequenzen haben kann.

Idealerweise sollte die Entscheidung ausschließlich auf der Basis von Fakten gefällt werden. Dies ist aber nahezu utopisch, da es fast keinen Bereich im Leben gibt, der frei von Bewertungen oder Hypothesen ist. Verlässt man den sicheren Grund der Tatsachen und geht über zu den Wahrnehmungen, so muss man wissen, dass diese sehr subjektiv und nicht selten fehlerhaft und gelegentlich grob verzerrt sind.

In den späten 1990er Jahren wurde in Franken ein 12-jähriges Mädchen Opfer eines Sexualmordes. Bei der Kripo meldeten sich unabhängig voneinander vier Zeugen, die angaben, in der Nähe des Tatorts einen weißen Opel Omega mit dem Kennzeichen NEA – für Neustadt an der Aisch – gesehen zu haben. Alle vier waren Erwachsene, grundsätzlich eine gute Voraussetzung dafür, dass diese Wahrnehmungen für die Ermittlung sehr relevant sein könnten. Es war jedoch kein Fakt, dass es sich hierbei um das Täterfahrzeug gehandelt hatte. In der Folgezeit überprüfte die Polizei notwendigerweise eine Vielzahl von Fahrzeugen dieses Typs, ohne dass es für die spätere Klärung hilfreich war. Als der Täter gefasst wurde, stellte sich heraus, dass er einen hellblauen Opel Vectra mit Fürther Kennzeichen fuhr. Der weiße Opel Omega hatte offenbar nichts mit der Tat zu tun. Das ist das Problem bei subjektiven Zeugenwahrnehmungen, sie sind subjektiv und müssen daher möglichst objektiv bewertet werden.

Daniel Kahneman beschreibt dies anhand eines eindrucksvollen Beispiels. In einer Studie werden die Betrachter eines Filmes über ein Basketballspiel aufgefordert, die Ballwechsel der Spieler mit den weißen Hemden zu zählen und die Spieler mit den schwarzen Hemden zu ignorieren. Diese Aufgabe bündelt die Aufmerksamkeit der Zuschauer so sehr, dass knapp der Hälfte von ihnen, immerhin Tausenden von Menschen, nicht auffällt, als in der Mitte des Films eine Frau, die als Gorilla verkleidet ist, das Spielfeld überquert und nach neun Sekunden wieder verschwindet. Die Betrachter, so Kahneman weiter,»die den Gorilla nicht gesehen haben, sind zunächst fest davon überzeugt, dass er nicht da war – sie können sich nicht vorstellen, dass ihnen ein so auffallendes Ereignis entgangen ist. Die Gorilla-Studie verdeutlicht zwei wichtige Tatsachen über mentale Prozesse: Wir können gegenüber dem Offensichtlichen blind sein, und wir sind darüber hinaus blind für unsere Blindheit.«[2]

Überträgt man diese Erkenntnis auf Zeugen, müssen wir mehrere Aspekte prüfen: zum einen, wie kompetent sie Erlebnisse wiedergeben können, und zum anderen, in welcher Situation sie diese Wahrnehmung machten.

Kahneman nimmt in seinem Buch auch direkten Bezug zu Ermittlungen der Polizei, indem er auf die Qualität von Zeugenaussagen eingeht:»Um aus verschiedenen Datenquellen die nützlichsten Informationen zu gewinnen, sollte man immer versuchen, diese Quellen unabhängig voneinander zu machen. Diese Regel gilt für jedes gute polizeiliche Ermittlungsverfahren. Wenn es mehrere Zeugen für eine Tat gibt, dürfen diese nicht miteinander sprechen, bevor sie ihre Aussage machen. Dies soll nicht nur geheimes Zusammenwirken gegnerischer Zeugen verhindern, es soll auch unvoreingenommene Zeugen davon abhalten, sich gegenseitig zu beeinflussen. Zeugen, die sich über Erlebnisse austauschen, manchen bei ihren Aussagen ähnliche Fehler und vermindern so den Gesamtwert der von ihnen gelieferten Informationen.«[3] Für die situatiosabhängig geprägte Zeugenwahrnehmung möchte ich folgendes, sehr lehrreiches Beispiel im Zusammenhang mit den Ermittlungen der Soko Dennis schildern.

Die kindlichen Opfer, die er missbraucht oder zumindest zu missbrauchen versucht hatte, beschrieben ihn als einen auffallend großen und kräftigen Mann. Die Kripo-Beamten, die mit den kleinen Jungen sprachen, mussten jedoch berücksichtigen, unter welchen Umständen diese Wahrnehmungen zustande gekommen waren. Die Kinder wurden mitten in der Nacht, zumeist zwischen ein und drei Uhr geweckt, also in der Tiefschlafphase. Sie sahen den Mann mit der Maske schemenhaft in der Dunkelheit des Zimmers – und in einer für sie zutiefst traumatisierenden Situation.

Dennoch stimmte die Beschreibung des Täters durch immerhin vierzig Kinder überein. Ganz anders erinnerte sich eine Lehrerin, die nachts in einem der Schullandheime durch Geräusche geweckt wurde. Sie eilte aus ihrem Zimmer und stieß im Flur auf den schwarz maskierten Mann. Er hielt einen Jungen an der Hand und wollte mit diesem gerade das Haus verlassen. Als er die Frau sah, rannte er davon. Die Lehrerin beschrieb ihn als etwa 170 bis 175 Zentimeter groß und von schlanker, ja eher schmächtiger Figur.

Die entscheidende Frage ist nun: Wem glaubt man eher? Einer erwachsenen Lehrerin oder so vielen, aber durch ihre schrecklichen Erlebnisse verstörten Kindern? Dies ist keine einfache Aufgabe. Heute wissen wir: Die Kinder hatten recht. Der Täter ist 195 Zentimeter groß und wog damals etwa 120 Kilogramm, er war durchaus als imposante Erscheinung zu bezeichnen.

Wenden wir uns nach den Fakten und Wahrnehmungen nun den Hypothesen zu. Auch hierbei handelt es sich um unsicheres Wissen. Entspringen sie der eigenen Vorstellung von bestimmten Abläufen oder Dingen? Basieren sie gar auf Vorurteilen? Es sollte, so simpel das klingen mag, zunächst immer sehr gründlich hinterfragt werden, was die Grundlage für die Hypothese ist.

Natürlich sind auch die Ergebnisse von Fallanalysen Hypothesen, denn sie beruhen auf der Interpretation von Täterverhalten. Sie werden aber von einem besonders geschulten Team von Experten aufgestellt und sind Resultat einer hierfür entwickelten, überprüfbaren Methodik; die Hypothesen basieren auf Hintergrundwissen, den Ergebnissen einschlägiger Forschungen und der langjährigen Erfahrung der OFA. Und doch ist unsere Arbeit immer nur eine Annäherung an die Wirklichkeit – freilich eine, die wir so gründlich und objektiv wie möglich vornehmen.

Wer eine Entscheidung trifft, sollte sich also immer zuerst vor Augen führen, zu welchem Anteil sie auf Fakten, auf Wahrnehmungen oder auf Hypothesen basiert. Je gründlicher das geschieht, desto kleiner ist das Risiko, etwas Falsches zu tun. Besonders problematisch ist es, wenn Wahrnehmungen oder Hypothesen einfach zu Fakten erhoben werden. Das geschieht im Leben sehr oft, im privaten wie im beruflichen, und es spricht vieles dafür, dass genau wegen dieses an sich simplen Irrtums die weltweite Finanzkrise entstanden ist. Es genügt, wenn eine ausreichende Anzahl von Menschen Annahmen für Tatsachen hält und danach handelt. Manchmal ist dieses Phänomen auch bei Sonderkommissionen zu beobachten. Das kann fatale Folgen für die Ermittlung haben.

ALS SEI SIE EBEN AUS DEM HAUS GEGANGEN: MAREIKE G.

Anhand eines Fallbeispiels möchte ich aufzeigen, in welch schwierigen Situationen sich ein leitender Ermittler wiederfinden kann und welcher Entscheidungsdruck dann auf ihm lastet – und welchen Beitrag die Fallanalyse leisten kann, ihn zu unterstützen.

Montag, der 13. Oktober 2003: Mareike G. erschien nicht an ihrer Arbeitsstelle. G. war zwanzig Jahre alt, eine hübsche und beliebte junge Frau; sie arbeitete als Näherin bei einer Textilfirma in Waldmünchen. Es fiel sofort auf, dass sie nicht da war – Mareike hatte sich zuletzt sehr um zeitiges Erscheinen bemüht, weil sie bereits einmal wegen Unpünktlichkeit abgemahnt worden war.

Mareike war auf diesen Job angewiesen. Sie lebte alleine in einer Zweizimmerwohnung in Waldmünchen, hatte wegen der Einrichtung noch Schulden und war insgesamt gezwungen, ein sparsames Leben zu führen. Und gute Jobs für junge Menschen sind rar hier im Grenzland zu Tschechien. Mareikes Freunde im Betrieb fragten bei ihrer Mutter nach, die ebenfalls in Waldmünchen wohnte. Auch die Mutter machte sich jetzt Sorgen, den ganzen Montag über konnte sie ihre Tochter nicht erreichen. Am Dienstag rief sie den Schlüsseldienst und sah in Mareikes Wohnung nach. Die junge Frau war fort. Es war nichts Besonderes festzustellen; es gab keinen Hinweis darauf, wo Mareike sein könnte, auch ihre Handtasche, ihr Handy und ihre Geldbörse fehlten. Jacke und Schuhe waren ebenfalls nicht da. Alles wirkte, als habe sie ganz normal das Haus verlassen. Nur mit welchem Ziel? Auch die Lichter in der Wohnung waren ausgeschaltet. Zwei Dinge jedoch kamen der Mutter seltsam vor. Auf dem Wohnzimmertisch lag noch ein Brotzeitbrett mit den Resten einer Mahlzeit; so abgestellt, als ob Mareike sie gleich in die Küche bringen wollte. Dabei waren auch Lebensmittel, die im Kühlschrank aufbewahrt werden. Außerdem wirkte das Schlafzimmer so, als sei Mareike beim Bettenmachen gestört worden oder mittendrin fortgegangen: Das Kopfkissen war bereits frisch bezogen, die Bettdecke jedoch noch nicht.

Weil Mareike aber nicht der Typ war, der plötzlich ein paar Tage verschwindet, weil sie weder Kontakt zu ihrer Familie oder ihren Freunden aufgenommen hatte und auch über ihr Handy nicht erreichbar war, entschied sich die Mutter, bei der Grenzpolizeistation Waldmünchen Vermisstenanzeige zu erstatten. Mareike wurde daraufhin zur »Aufenthaltsermittlung« im polizeilichen Fahndungssystem ausgeschrieben, wie es bei uns heißt. Mit anderen Worten: Sie wurde nun gesucht.

Das musste noch nicht das Schlimmste bedeuten. Im Jahr 2013 hat allein das entsprechende Fachkommissariat in München 1679 Vermisstenfälle bearbeitet. Meistens findet sich rasch eine Erklärung dafür, warum ein Mensch verschwindet: Jugendliche reißen aus; Kinder werden von einem Elternteil mitgenommen, der mit dem Ex-Partner einen Sorgerechtsstreit führt; Erwachsene vergessen, ihr Umfeld über eine Reise zu unterrichten. Lediglich in drei der 1679 Fälle in München blieben die Personen dauerhaft vermisst.

Aber von Mareike fehlte weiterhin jede Spur, und keine harmlose mögliche Erklärung ergab einen Sinn. Daher leitete die Polizei in Waldmünchen wenige Tage nach der Vermisstenanzeige den Fall an die Kriminalpolizei in Regensburg weiter. Dort wurde eine Arbeitsgruppe mit erfahrenen Ermittlern unter der Leitung von Kriminalhauptkommissar Stefan Halder eingesetzt. Stefan Halder ist ein Kollege, den ich sehr zu schätzen gelernt habe; er besticht durch seine Kompetenz und seine klaren Vorstellungen.

Als Erstes versuchten die Kripobeamten die Ereignisse im Leben von Mareike unmittelbar vor deren spurlosem Verschwinden zu rekonstruieren. Sie begannen damit, die Geschehnisse des Wochenendes zu beleuchten, indem sie umfangreiche Vernehmungen im Umfeld von Mareike starteten. Schnell ergab sich ein Bild: Mareike feierte gern mit ihrer Clique; ab Freitagabend war sie eigentlich das ganze Wochenende über in Gesellschaft gewesen. Dabei besuchten die jungen Leute mehrere Feiern und Partys, Mareike übernachtete an einem Abend auch woanders und kehrte schließlich erst am Sonntag gegen Mittag in ihre Wohnung zurück. Von da an verbrachte sie die Zeit allein. Ihr letztes Lebenszeichen war ein Telefonat, das sie gegen 16 Uhr am Sonntag, den 12. Oktober 2003 mit ihrer besten Freundin führte. Sie erzählte ihr, dass sie das ganze Wochenende gefeiert habe und sich jetzt ausruhen wolle; an diesem Abend habe sie nichts mehr vor, da sie ja am nächsten Morgen schon um sechs Uhr mit der Frühschicht beginnen müsse. Mareike arbeitete in der Textilfabrik im Schichtdienst und hatte die letzten zwei Wochen vor ihrem Verschwinden die Spätschicht von 14 bis 22 Uhr; an dem Montag war sie wieder mit der Frühschicht an der Reihe. Dazu passend hatte sie den Wecker in ihrem Schlafzimmer auf 05.15 Uhr gestellt.

Stefan Halder und seine Kollegen fanden noch etwas anderes heraus: In Mareikes Clique war es auch zum Konsum von weichen Drogen gekommen, vor allem von Cannabis.

Die Ermittlungen in dem weitverzweigten Freundeskreis waren zu diesem Zeitpunkt schon kompliziert genug. Sie wurden aber noch viel schwieriger: Bald nach Mareikes Verschwinden kam es innerhalb von nur wenigen Tagen zu zwei vollendeten und zwei versuchten Suiziden von jungen Menschen aus ihrem sozialen Umfeld. Beide Todesopfer waren Freunde Mareikes: Ein 15-jähriges Mädchen erhängte sich im eigenen Elternhaus; ein 22-Jähriger nahm sich ebenfalls das Leben. Wilde Spekulationen begannen: Gab es einen Zusammenhang zwischen dem Vermisstenfall Mareike und den Suiziden? Genau das legten Zeitungs- und Fernsehberichte nahe. Wie nicht anders zu erwarten, stürzten sich die Medien auf die seltsamen Vorkommnisse in Waldmünchen. Stefan Halder und seine Kollegen hätten gerne in Ruhe ermittelt, aber davon konnte nun schon lange keine Rede mehr sein.

»ICH HABE KEINE LEICHE, ICH HABE KEINEN TATORT«: DIE SUCHE

Die Entwicklung gipfelte darin, dass der Soko-Leiter zur Berichterstattung beim Staatsminister des Inneren einbestellt wurde. In dem Gespräch in München machte der Minister dem Hauptkommissar deutlich, dass alles Mögliche zur Klärung des Falles unternommen werden müsse. Die Besprechung brachte auch Neuigkeiten: Die Belohnung für Hinweise, die zur Klärung des Falles führen würden, wurde von 5000 auf 50 000 Euro erhöht. Außerdem wurde ein Controlling der bisherigen Ermittlungen angeordnet.

Nach diesem Termin bei dem Minister erhielt ich einen Anruf. Stefan Halder fragte:»Könnt ihr uns unterstützen?« Dass er durchaus vertraut damit war, wie die OFA arbeitet, zeigte sich, als wir den Fall diskutierten. Was er sagte, klang nicht sehr ermutigend:»Ich habe keine Leiche, ich habe keinen Tatort. Aber helfen müsst ihr mir jetzt trotzdem.«

Ich hörte mir die Schilderung der bisherigen Ermittlungen an und stellte mir die Frage, wie wir das bloß anstellen sollten. Wie bereits erwähnt, benötigt die Fallanalyse drei Informationsquellen: den Tatort, die Verletzungen am Opfer und die Opferinformationen. Hier hatten wir es mit einem Vermisstenfall zu tun, bei dem allerdings nach so vielen Tagen mit hoher Wahrscheinlichkeit davon auszugehen war, dass Mareike nicht mehr lebte. Tatort und Opfer fehlten. Zunächst schien mir eine Analyse daher unmöglich zu sein. Ich erkannte jedoch den Druck, unter dem Stefan Halder als Soko-Leiter stand – den Druck durch die Öffentlichkeit, die sich ernsthafte Sorgen um die Geschehnisse in Waldmünchen machte, und natürlich auch durch die Angehörigen, die Medien, die inzwischen dazu übergegangen waren, vom »Dorf der todessüchtigen Kinder« zu sprechen, und nicht zuletzt durch die Politik.

Mir war als verantwortlichem Fallanalytiker bewusst, dass wir mit diesem Fall die Methode definitiv an ihre Grenze bringen würden. Dennoch wollte ich es auf einen Versuch ankommen lassen und sehen, wie weit wir mit dieser rudimentären Informationslage tatsächlich kommen würden. Also antwortete ich Stefan Halder:»Ich habe keine Ahnung, ob wir euch helfen können – aber wir werden es versuchen.«

DIE SPRACHE DER SPUREN: HYPOTHESEN

Ja, versuchen würden wir es – nur hatten wir wirklich wenig, mit dem wir arbeiten konnten. Die Wohnung des Opfers bot einige Befunde, wobei auch diese nicht eindeutig waren. So hatte die Spurensicherung unter dem Esstisch in der Küche kleine Glasscherben entdeckt, die jedoch nicht eindeutig einem Tatgeschehen zuzuordnen waren. Es fanden sich auf der Mikrowelle in der Küche Haare, sie konnten entweder von einem Kampf stammen oder einfach nur von Mareikes Bürste, die sie vielleicht einmal dort abgelegt hatte. Für unsere Analyse bedeutsam waren zwei Zeuginnen. Die eine wohnte direkt über Mareike, die andere war Gast im Hotel nebenan gewesen. Beide Frauen sagten den Ermittlern, sie hätten in der Nacht, als Mareike verschwand, Geräusche und Rufe aus ihrer Wohnung vernommen, diese jedoch nicht näher einordnen können.

Wir befanden uns in einer sehr ungewohnten Situation. Ich fühlte mich unwohl bei dem Gedanken, eine Fallanalyse zu erstellen, die auf dermaßen schwachen Informationen basierte. Wir fuhren in Mareikes Wohnung, ein kleines Appartement gleich am hübschen Marktplatz von Waldmünchen. Bis in die Nacht versuchten wir ein Geschehen zu rekonstruieren, mit dem sich die Rufe und Geräusche sinnvoll erklären ließen.

Nachher waren wir selbst überrascht, welch gute Vorstellung wir uns von dem machen konnten, was in der Wohnung passiert sein mochte, und bauten diesen wahrscheinlichen Ablauf im nächsten Schritt in unsere Fallanalyse ein.

Welches Verhalten konnten wir nach der Ortsbegehung rekonstruieren? Wir begannen mit der Fragestellung, ob Mareike an dem Sonntagabend noch mal das Haus verlassen hatte, oder ob sie daheim geblieben war und aus dem Haus gebracht wurde. Immer vorausgesetzt, sie hatte Waldmünchen nicht einfach freiwillig verlassen. Doch an dieses Szenario des besten Falls glaubten Stefan Halders Soko und wir zu diesem Zeitpunkt längst nicht mehr.

Unser Team ging nun nach dem Ausschlussprinzip vor. Niemand hatte Mareike an diesem Abend mehr gesehen, weder auf der Straße noch in einer Kneipe oder sonst irgendwo in Waldmünchen. Es gab auch keine telefonischen Verbindungsdaten, die auf eine Verabredung hingewiesen hätten. Ihr letztes Lebenszeichen war das Telefonat mit ihrer besten Freundin vom Sonntagnachmittag, als sie sagte, sie sei müde und wolle am Abend zu Hause bleiben. Wir sahen es daher aus fallanalytischer Sicht als wahrscheinlicher an, dass Mareike ihre Wohnung nicht mehr verlassen hatte. Folglich musste es dort zu einer Auseinandersetzung gekommen sein, die vermutlich zu ihrem Tod führte.

Nun begannen wir die Funde in der Wohnung mit den Aussagen der Zeugen in Verbindung zu bringen und daraus unsere Rückschlüsse zu ziehen. Mareike war vermutlich damit beschäftigt, ihr Bett zu machen, als sie auf den Täter traf; das Bett war ja nur halb bezogen. Da es keine Aufbruchsspuren gab, sahen wir es als wahrscheinlich an, dass sie den Unbekannten selbst in die Wohnung gelassen hatte, ihn also gekannt haben dürfte. Als er sich ihr, vermutlich in sexueller Absicht, näherte, wehrte sie sich. Es kam zu einem Kampf, der sich vom Schlafzimmer über den Flur der kleinen Wohnung in die Küche verlagerte; soweit unsere Schlussfolgerung. Spätestens in der Küche dürfte es zu Tätlichkeiten gekommen sein, als die Zeugen die Rufe aus der Wohnung hörten. Es war jedoch kein Streitgespräch, sondern ein sich schnell entwickelndes Geschehen, als ob jemand überwältigt wird und dabei kurz schreit. Diese Annahme führte uns zu der Überzeugung, dass es sich hier nicht um eine klassische Beziehungstat handeln dürfte, die ja meist mit Zornausbrüchen und Vorwürfen verbunden sind und dann eskalieren. Wahrscheinlicher war es, dass der Täter sich Mareike sexuell nähern wollte und sie dies entschieden ablehnte, woraufhin der Mann gewalttätig wurde. Beim Kampf in der Küche dürfte das Glasgefäß zersprungen sein, dessen Splitterreste sich noch unter dem Küchentisch fanden. Diese Version erklärte auch, warum sich auf der Mikrowelle Haare fanden. Im weiteren Verlauf gelang der jungen Frau offenbar die Flucht in das Treppenhaus, doch der Täter dürfte sie schnell eingeholt und zurück in die Wohnung gezogen haben. Hierbei hatte sie wohl kurz geschrien, dann schlug die Wohnungstür zu. Dies entsprach den nächtlichen Geräuschen, von denen die beiden Zeuginnen berichtet hatten; anschließend blieb alles ruhig.

Wir interpretierten das weitere Geschehen so: Der Unbekannte hatte Mareike, die ihm beinahe entkommen wäre, zurück in die Wohnung gezerrt und vermutlich gewürgt, um sie zum Schweigen zu bringen. Durch diesen »Angriff gegen den Hals«, wie man bei der Polizei nüchtern sagt, ist Mareike dann wohl gestorben. Es klang plausibel. Und doch war uns völlig klar, dass sich diese Hypothese nicht wie in unseren sonstigen Fallanalysen auf die Befunde an der Leiche oder den Spuren am Tatort stützten, sondern allein auf eher vage Aussagen von Zeugen, auf unsere Wahrnehmungen am Tatort sowie die Erfahrung der OFA, wie vergleichbare Delikte ablaufen. Es ist vielleicht nachvollziehbar, dass ich mich angesichts der schwachen Informationslage mit unserem Ergebnis etwas unwohl fühlte.

In der weiteren Rekonstruktion überlegten wir, was der Täter als Nächstes unternommen haben musste. Er hatte seine Sexualität ausleben wollen und stattdessen einen Menschen getötet. Viele andere wären an seiner Stelle kopflos geflüchtet und hätten die Leiche zurückgelassen. Aber dieser Mann handelte anders. Er überlegte, wie er seine Tat verbergen könnte.

Wir waren der festen Überzeugung, dass er sich in dieser Lage dafür entschied, ein Verschwinden von Mareike zu inszenieren. Dazu hatte er freilich eine Menge zu tun. Zunächst war die Leiche dauerhaft und konsequent zu beseitigen, und sämtliche Spuren des Kampfes mussten beseitigt werden. Der Mann war also geistesgegenwärtig genug, die Wohnung so zurückzulassen, als habe Mareike sie tatsächlich selbst verlassen, mit festen Schuhen, Handtasche und Geld. Doch natürlich stand er unter enormem Stress. Was, wenn jemand Mareikes Schreie gehört haben sollte? Er räumte zwar den Tatort auf, muss aber die kleinen Glassplitter unter dem Tisch übersehen haben. Die Spurensicherung entdeckte keine anderen Scherben im Müll, die darauf hingedeutet hätten, dass Mareike selbst ein Glas fallen gelassen und beim Zusammenkehren diese Splitter übersehen hätte. Wenn unsere Hypothese stimmte, dann hatte der Täter das zerbrochene Glasgefäß mitgenommen.

Leider wusste niemand, ob tatsächlich ein gläserner Gegenstand aus der Wohnung fehlte. Da fiel uns etwas auf. Mareike hatte die Wände ihrer Wohnung mit einer Vielzahl von Fotos geschmückt; viele davon waren Schnappschüsse von Feiern, die dort stattgefunden hatten. Das Fallanalyseteam machte sich nun an die Arbeit, all diese Fotos einzeln zu sichten und nach dem Gegenstand zu suchen, der vermutlich in der Küche auf dem Esstisch gestanden hatte und jetzt fehlte. Tatsächlich fanden wir Stunden später auf den Bildern zwei Glasgefäße, die nicht mehr in der Wohnung zu finden waren. Allerdings waren die Fotos nicht datiert; es war nicht auszuschließen, dass Mareike die Objekte irgendwann selbst fortgeworfen oder verschenkt hatte. Als Nächstes nahm der Täter Mareikes Jeansmantel, die festen Schuhe, die Handtasche samt Geldbörse, Wohnungsschlüssel und Handy mit. Es sollte aussehen, als habe sie ganz normal das Haus verlassen. Hierbei unterlief dem Unbekannten jedoch ein Fehler: Er ließ jenes Paar Schuhe verschwinden, das Mareike normalerweise bei der Arbeit trug, und nicht diejenigen, die sie sonst beim Weggehen anzog. Beim Verlassen der Wohnung beging der Mann einen weiteren Fehler, den er aber nicht erkennen konnte: Er schloss sorgfältig ab. Mareike versperrte ihre Wohnungstür aber grundsätzlich nicht, wie wir von ihren Freunden wussten. Schon der Mutter war aufgefallen, dass die Tür abgesperrt war, als sie diese öffnen ließ. Unsere Interpretation war, dass der Täter hierbei »in seinen eigenen Automatismus verfiel«. Das heißt, dass sich jemand so verhält, wie er selbst an der Stelle eines anderen handeln würde. Wenn der Täter zu Hause immer abschloss, so tat er das eventuell auch jetzt. Zusammenfassend sprachen all diese Aspekte dafür, dass Mareike in ihrer Wohnung Opfer eines Tötungsdelikts mit sexueller Komponente wurde und der Täter anschließend ihr freiwilliges Verschwinden vortäuschte.

Aber wer hätte dies tun sollen? Der große unbekannte Fremdtäter, an den auch hier in Waldmünchen wieder manche glauben wollten, hätte sein Opfer einfach in der Wohnung liegen lassen können. Gerüchte gingen um über osteuropäische Drogenhändler oder verdächtige BMWs aus dem Nachbarland. Nur: Ominöse auswärtige Autos tauchen in den meisten Ermittlungen auf, in der Regel haben sie jedoch mit dem Fall nichts zu tun. Hätte ein Auswärtiger Mareike nach einem missglückten Vergewaltigungsversuch getötet, wäre es für ihn doch am sinnvollsten gewesen, sofort zu flüchten. Die Wohnung aufzuräumen, Spuren zu beseitigen, Mareikes Abreise zu inszenieren – all das ergab nur einen Sinn: Der Täter kam aus dem sozialen Umfeld des Opfers und versuchte genau deshalb, die Ermittler auf eine falsche Fährte zu führen. Sie sollten weit fort von ihm suchen.

Dafür musste er jedoch als Erstes die Leiche beseitigen, und zwar möglichst weit entfernt, am besten mit einem Fahrzeug. Wir stellten uns in der Analyse also die Frage: Wie hatte er die Tote aus der Wohnung gebracht? Hier kam uns zugute, dass wir all die Fotos auf der Suche nach dem Glasgefäß vorliegen hatten. Wir schauten die Bilder noch einmal an, diesmal aber auf der Suche nach Dingen, mit denen man eine Leiche verbergen kann und die sich in der Auflistung der Spurensicherung über die Gegenstände in der Wohnung nicht fanden. Und tatsächlich fiel uns nach einiger Zeit eine blaue Wolldecke mit Sternenmuster auf. Sie hatte auf der Couch im Wohnzimmer gelegen. Auf mehreren Fotos war sie zu sehen, und nun war sie verschwunden.

Wir informierten Stefan Halder und baten ihn, die Mutter des Opfers zu fragen, ob sie etwas über den Verbleib der Decke wisse. Sie bestätigte, die Sternendecke zuletzt noch in der Wohnung gesehen zu haben. Nun sollten wir in diesem komplizierten Fall auch einmal etwas Glück haben: Mareikes Mutter hatte ihrer Tochter die Decke geschenkt und sich selbst auch eine gekauft, weil sie ihr so gut gefallen hatte. Wir waren jetzt fest davon überzeugt, dass der Täter die Leiche von Mareike in die Decke eingewickelt und so aus dem Haus gebracht hatte.

Das war erstmals ein hervorragender Ansatz für die Ermittler. Wenn der Unbekannte die tote Mareike mit dem Auto transportiert hatte, dann war es durchaus möglich, dass im Inneren des Fahrzeuges Faserspuren von der Wolle zu finden waren. Wir empfahlen Stefan Halder, bei der Überprüfung von Verdächtigen in deren Autos Fasern sichern zu lassen und mit der Decke von Mareikes Mutter zu vergleichen. Jetzt hatten wir zumindest Hoffnung auf einen möglichen Sachbeweis. Denn selbst wenn wir Haare von Mareike in Fahrzeugen ihrer Freunde oder Bekannten gefunden hätten, so hätte dies wenig ausgesagt: Sie konnte ja oft darin mitgefahren sein. Die blauen Faserspuren hingegen wären schon viel schwieriger zu erklären.

EIN FREUND, NICHT MEHR JUNG, MIT GESTÖRTER SEXUALITÄT: UNSER TÄTERPROFIL

Wir hatten in unserer Fallanalyse nun den möglichen Hergang der Tat und einen sexuellen Hintergrund rekonstruiert und der Soko einen Hinweis gegeben, wo sie was suchen solle. Es stellte sich nun die Frage: Konnten wir es wagen, auf dieser noch immer sehr dünnen Grundlage auch ein Täterprofil zu erstellen? Das Team diskutierte eine Weile. Gewiss, wir wussten viel weniger als sonst üblich. Andererseits hatten wir ausreichend belastbare Hypothesen entwickelt. Schließlich kamen wir überein, es zu versuchen. Wir erarbeiteten ein wahrscheinliches Merkmal des Unbekannten nach dem anderen. Unserem Profil nach handelte es sich um einen männlichen Einzeltäter, der aus Mareikes Umfeld stammte. Wir schlossen dies aus dem Umstand, dass Mareike den Mann an diesem Sonntag zu sich in die Wohnung gelassen hatte und zunächst offenbar keinen Argwohn hegte. Ferner stellten wir uns die Frage, in wessen Beisein sie vermutlich begonnen hätte, ihr Bett zu beziehen.

Wir schätzten die Person etwas älter als Mareike ein, bis etwa dreißig Jahre. Diesen Schluss zogen wir aus den offenbar überlegten und wenig impulsiven Handlungsweisen des Täters, zu denen er noch in der extremen Stresssituation nach Mareikes Tod fähig war. So überlegt und zielstrebig reagieren junge Menschen in einer solchen Lage fast nie. Und er war dennoch offenbar noch jung genug, um zu Mareikes Freunden oder Bekannten zu zählen. Wir waren uns sehr sicher, dass es sich nicht um einen gleichaltrigen Menschen handeln dürfte. Den Täter kennzeichnete unserer Meinung nach außerdem eine »ausgeprägte Handlungsorientierung«. Diese findet sich bei Menschen, die Probleme direkt angehen, eine Lösung suchen und nicht in einer Schockstarre verharren und in die Passivität driften. Diese Handlungsorientierung beziehungsweise ihr Ausmaß ist Teil unserer Persönlichkeit. Sie spiegelt sich daher auch in anderen Aspekten unseres Lebens wider, zum Beispiel im Beruf. Wir gaben daher im Täterprofil den Hinweis, bei der Überprüfung von Verdächtigen auf solche Männer zu achten und diese und ihr Umfeld gezielt danach zu befragen.

Eine weitere Hypothese erschien uns auch sehr schlüssig: Dieser Täter hatte eine problembehaftete Sexualität. Seinen Bekannten dürfte er eher dadurch auffallen, dass er offensichtlich keine Sexualpartner hatte – wobei sich die Frage stellte, wie dieser Mensch seine Sexualität denn auslebt. In diesem Zusammenhang erwarteten wir, dass er verstärkt Pornographie im Internet konsumierte und Sex-Hotlines nutzte.

Ein solcher Mensch war mit hoher Wahrscheinlichkeit ein Einzelgänger. In Gruppen stand er am Rande, falls er überhaupt in welchen integriert war. Die lebenslustige und bei so vielen beliebte Mareike sah er als Objekt der Begierde; und sosehr er sie begehrte, so genau wusste er auch, dass er bei ihr keine Chance haben würde. Er hatte ein Gefühl für seine Begrenztheit, was Liebe, Sex und Partnerschaft betraf. Vermutlich erfolgte die sexuelle Annäherung am Tatabend eher überfallartig, und die folgende Eskalation endete mit Mareikes Tod.

Aus alldem ergab sich für uns, dass der Gesuchte allein lebte – ohne oder fast ohne soziale Kontrolle. Keine Freundin, keine Familie, keine Wohngemeinschaft. Immerhin war es ihm problemlos möglich, mitten in der Nacht den Tatort zu manipulieren und die Leiche fortzuschaffen, ohne dass seine lange Abwesenheit jemandem aufgefallen wäre. Wie würde ein solcher Mann sich nun nach der Tat verhalten? Wir gingen davon aus, dass er ein auffallendes Interesse am Verschwinden von Mareike zeigen dürfte – oder ein ebenso ausgeprägtes Desinteresse. Es war für uns gut vorstellbar, dass der Täter im Bekanntenkreis seines Opfers in keiner Weise über das Verbrechen spekulierte, während alle anderen von kaum etwas anderem sprachen. Am Ende umfasste das Täterprofil 25 Persönlichkeitsmerkmale. Es war uns tatsächlich gelungen, ohne dass wir eine Leiche oder einen Tatort hatten, das zu erreichen, was wir ein »vertieftes Fallverständnis« nennen. Wir waren optimistisch, dass dieses Profil der Sonderkommission weiterhelfen und sie dem Täter näher bringen konnte.

DIE BILDER IM KOPF: MAREIKES MÖRDER

Glücklicherweise war es auch so. Stefan Halder und sein Team bei der Kriminalpolizei in Regensburg setzten das Ergebnis unserer Fallanalyse in ein neues Ermittlungskonzept um. Zunächst überprüften die Kollegen sämtliche bekannten Männer aus Mareikes Umfeld, privat und im Betrieb. Insgesamt kamen sie auf 120 Personen.

Nun zog sich die Soko für drei Tage zurück – mutig angesichts des enormen Drucks, unter dem die Kollegen standen. Sie glichen diese vielen Personen mit dem Täterprofil ab. Halder ließ die genannten 25 Punkte an die Wand projizieren; sie bildeten nun das Raster, mit dem alle vorliegenden Informationen über die 120 Männer verglichen wurden. Am Ende blieben nur noch sieben übrig, auf die das Profil in großen Teilen passte. Dies ist ein sehr gutes Beispiel, wie man das Instrument des Täterprofils sinnvoll einsetzen kann. Die Aussagen zur Persönlichkeit sind kein psychologischer Hokuspokus, sondern Kriterien für die Rasterung und dienen dazu, Verdächtige herauszufiltern. »Priorisierung« heißt das bei der Polizei.

Als Nächstes wurde das Raster Punkt für Punkt auf die sieben Männer übertragen. Halder wollte herausfinden, wie viele einzelne Elemente des Täterprofils jeweils auf die Person passten. Das Ergebnis war viel klarer, als wir zu hoffen gewagt hatten. An vorderster Stelle lag ein dreißigjähriger Arbeitskollege von Mareike, der bereits mehrfach als Zeuge vernommen worden war, ohne besonders aufzufallen. Wie viele andere Waldmünchner hatte er sich an der Suche nach der Vermissten beteiligt, er besuchte sogar Mareikes Mutter und tröstete sie – und verschaffte sich dabei Informationen über den Stand der Ermittlungen. Von den 25 Persönlichkeitsmerkmalen des Täterprofils trafen 24 auf ihn zu. Der Entschluss, sich nun vornehmlich auf diesen Verdächtigen zu konzentrieren, fiel den Ermittlern jetzt nicht schwer. Allerdings: Uns fehlten jegliche Beweise, auch nach intensiven Ermittlungen im näheren Umfeld des Mannes. In mehreren Vernehmungen im Vorfeld hatte er stets bestritten, irgendetwas über den Verbleib von Mareike zu wissen. Außer unseren Hypothesen hatten wir wenig in der Hand.

Also entwickelten wir gemeinsam mit der Soko eine Vernehmungsstrategie, um den Mann zu einem Geständnis und zur Preisgabe des Orts zu bewegen, an dem er die Leiche verborgen hatte.

Aufgrund unserer Hypothese, dass es sich um ein Tötungsdelikt mit sexueller Komponente handeln dürfte und der Täter die Leiche erfolgreich versteckt hatte, gingen wir davon aus, dass der Verdächtige recht zäh leugnen würde. Daher sahen wir die Notwendigkeit zur gezielten Auswahl des Vernehmungsteams. Außerdem gingen wir, wie bereits beschrieben, von einem Täter mit einer sehr problembehafteten Sexualität aus. Daher war es für uns klar, dass die Vernehmung durch zwei männliche Beamte erfolgen sollte. Wir hielten es auch für besser, dass die beiden bisher noch keinerlei Kontakt zum Verdächtigen gehabt hatten. Wir versprachen uns sehr viel von einem Neubeginn der Vernehmungssituation, frei von der Dynamik der bisherigen Gespräche. Wir hatten einen geeigneten Kollegen der Münchner Mordkommission im Hinterkopf. Dieser hatte in der Vergangenheit bereits in anderen Mordfällen Strategien der OFA erfolgreich umgesetzt. Ich brachte diese Gedanken bei Soko-Leiter Stefan Halder vor, und er stimmte sofort zu. Er sagte mir, dass er jeder Maßnahme positiv gegenüberstehe, die zur Klärung des Falles beitrage. Diese Position vertrat auch sein Chef Albert Stürzer, der damalige Leiter der Kriminalpolizei in Regensburg.

Eine solche Vernehmung spielt sich übrigens anders ab als im Fernsehkrimi, wo die Ermittler gern »good cop« und »bad cop« spielen oder dem Verdächtigen gleich mit Druck, Drohungen und Geschrei zusetzen. Unsere Strategie basierte darauf, dass sich die beiden Kripobeamten verständnisvoll zeigten: Verständnis als zentrales Thema, Verständnis für die problembehaftete Sexualität, den Wunsch nach einer Partnerin und den daraus resultierenden Frustrationen.

Die Vernehmung fand in der Polizeiinspektion Cham statt und zog sich hin, Stunde um Stunde. Stefan Halder und die Regensburger Kollegen, Klaus Wiest und ich warteten draußen. Es gab, auch dies ganz anders als im Krimi, keinen venezianischen Spiegel, durch den man in den Raum sehen kann, und keine Mikrofone zum Mithören. Manchmal ging einer der beiden Experten raus, um sich mit uns zu beraten. Der Verdächtige bestritt alles. Sie begannen selbst zu zweifeln, ob wir den richtigen Mann hatten. Wir konnten nicht mehr tun, als ihnen zu raten, nicht abzulassen: »Wir liegen ganz bestimmt richtig.« Wir waren überzeugt, dass er der Mörder war.

Schließlich brach der Widerstand doch. Der Mann gab zu, er sei in der Absicht, Unterwäsche stehlen zu wollen, über das Schlafzimmerfenster in die Wohnung eingestiegen. Dabei habe Mareike ihn überrascht. Den weiteren Verlauf der Ereignisse schilderte er in großer Übereinstimmung mit unserer hypothetischen Tatrekonstruktion. Nach der Tötung hatte er Mareikes Leiche in die blaue Decke mit den Sternen gewickelt und durch die Tiefgarage zu seinem Auto getragen. Davor hatte er den Tatort gesäubert. Zunächst brachte er die Tote in seine Wohnung, wo er sie bis zum nächsten Abend liegen ließ. Erst in der darauffolgenden Nacht war er in ein fünf Kilometer entferntes Waldgebiet gefahren, um die Leiche zu vergraben. Dort hatte er sich jedoch so mit seinem Fahrzeug im Schlamm festgefahren, dass er nur unter großen Schwierigkeiten wieder freikam. Er fuhr dann weiter, etwa zehn Kilometer außerhalb von Waldmünchen hatte er die nackte Leiche im Gebüsch abgelegt und mit Zweigen bedeckt. Sämtliche Gegenstände sowie die Kleidung des Opfers und seine eigene aus der Tatnacht hatte er an unterschiedlichen Orten entsorgt.

Damit war das Geständnis aber noch nicht vorüber. Alarmiert darüber, in welch großem Radius die Polizei nach Mareike suchte, hatte er sich sechs Wochen später entschlossen, die Leiche umzulagern, und transportierte sie in seinem Auto 85 Kilometer weiter in Richtung Sulzbach-Rosenberg. An einem asphaltierten Waldweg hielt er dann an, weil er ein erneutes Festfahren vermeiden wollte, schleifte die Leiche in den Wald und vergrub sie. Der Mann wurde 2005 wegen Mordes zu einer lebenslangen Freiheitsstrafe verurteilt.

Ein widersprüchlicher Aspekt der Tat konnte bis heute nicht geklärt werden: Wieso hatte der Mann behauptet, er sei durch das Fenster in die Wohnung eingestiegen? Dies ist schwer nachzuvollziehen. Eigentlich hätte er dabei Spuren hinterlassen müssen, beispielsweise am Fensterbrett und auf dem davorstehenden Bett; es waren jedoch keine Spuren auffindbar. Darüber hinaus gab er an, bereits Monate vorher Slips aus der Wohnung gestohlen zu haben, und zwar in Abwesenheit des Opfers. An diesem Abend war Mareike aber zu Hause, was sich leicht erkennen ließ.

Der Fall Mareike hat uns gezeigt, welches Potenzial in der Fallanalyse steckt, wenn die Zusammenarbeit zwischen den Ermittlern und uns optimal funktioniert. Stefan Halder hat sich auf professionelle Art und Weise zu einem Zeitpunkt Beratung geholt, als er und die Soko sie brauchten. Erst dieses Zusammenspiel, frei von Befindlichkeiten oder falschem Stolz, hat es ermöglicht, Mareikes Mörder zu ermitteln.

Genauso wie mit Martin Erftenbeck, dem Leiter der Soko Dennis, ist auch im Fall Mareike eine persönliche Freundschaft entstanden. Ich habe dabei gelernt, dass man die Grenzen des Machbaren auch bei der Fallanalyse einmal verschieben und trotz einer eigentlich unmöglichen Ausgangslage Erfolg haben kann. Dieser Fall hat mich im Umgang mit Hypothesen sicherer gemacht und mein Vertrauen in das kriminalistische Werkzeug, das wir benutzen, noch weiter verstärkt.

8 DIE GEFÄHRLICHEN FEHLERQUELLEN

IMMER WIEDER DIESELBEN PROBLEME: WIE ENTSCHEIDUNGEN FALLEN

Wenn die Beteiligten einer Ermittlung gut zusammenarbeiten und offen für neue Ansätze sind, die ihnen weiterhelfen können – wenn sie sich nicht auf eine Richtung fixieren –, dann steigt die Wahrscheinlichkeit deutlich, richtige Entscheidungen zu treffen. Dies gelingt jedoch nicht immer. Auch Scheitern gehört zum Lernprozess, manchmal ist der Erkenntnisgewinn sogar höher.

Seit Jahren beschäftigt mich die Frage, inwieweit sich die Entscheidungsprozesse bei Sonderkommissionen der Polizei verändert haben. Vor allem die Fortschritte der Kriminaltechnik kommen der Kripo sehr zugute, etwa die DNA-Analyse, die elektronische Fingerabdruck-Datei, all die modernen Hilfsmittel der Spurensicherung, computergenerierte 3-D-Rekonstruktionen des Tatorts und vieles mehr. Wie aber Entscheidungen bei brisanten Ermittlungen fallen, daran hat sich nur in Teilen etwas verändert, durchaus auch durch die Einführung der OFA-Einheiten.

Ich bin ein großer Anhänger pragmatischer Lösungen. Aus diesem Grund bin ich auch der festen Überzeugung, dass dieselben Fehler nicht wieder und wieder gemacht werden müssen, wenn wir alle bereit sind, dazuzulernen. Schon seit Beginn meiner Arbeit als Fallanalytiker Ende der 1990er Jahre begann ich daher, mir herausragende Ermittlungsverfahren und Fahndungen genau anzusehen. Mit der Zeit fiel mir auf, dass es immer wieder dieselben Schwierigkeiten sind, die bei großen Fällen auftreten: ob bei den Ermittlungen zum Yorkshire-Ripper in den 1970er Jahren in England, den Fällen des Serienmörders Paul Bernardo in den Neunzigern in Kanada oder teilweise auch bei der Mordserie des NSU ab dem Jahr 2000 in Deutschland.

Im Fall des Yorkshire-Rippers, auf den ich noch näher eingehen werde, konzentrierte sich die Ermittlung sehr lange auf Tatverdächtige aus einer bestimmten Region im Norden Englands. Auf einer Tonkassette, die an die Polizei geschickt worden war, hatte angeblich der Serienmörder selbst gesprochen, im Dialekt dieser Gegend. Aber in Wahrheit stammte das Band von einem Trittbrettfahrer, der sich als der Ripper ausgab. Der wahre Täter geriet mehrfach in den Fokus der Polizei, schied jedoch als Verdächtiger aus: Er sprach diesen Dialekt nicht.

Bei den Fällen des NSU ging es vergleichbar zu: Die Annahme, dass die neun Männer mit Migrationshintergrund gezielt ausgesucht und getötet wurden – von einer nicht näher bekannten ausländischen kriminellen Organisation, wie viele glaubten –, dominierte die Ermittlungen. Die Männer waren aber Stellvertreteropfer in einer ideologisch motivierten, rechtsextremen Mordserie.

In diesem Kapitel möchte ich beschreiben, welche Fehler kriminalistische Entscheidungen beeinflussen können, oft mit schwerwiegenden Folgen. Und ich möchte Anregungen geben, wie man diese Fehler vermeiden kann. Ich werde daher die Fälle des Yorkshire-Rippers Peter Sutcliffe in England und des Serienmörders Paul Bernardo aus Kanada näher beleuchten. In beiden Ländern hat das Ausmaß der Taten und die Versäumnisse bei der Fahndung zu tief einschneidenden Reformen in der Polizeiarbeit geführt.

Auch bei sehr komplexen Problemen gibt es für jeden, der sie lösen will, drei wesentliche Einflussgrößen, die über Erfolg oder Misserfolg entscheiden:

1. Die vorliegenden Informationen
2. Die Bewertung dieser Informationen
3. Die Umsetzung von Maßnahmen aufgrund der Bewertung

Jede Entscheidung ist abhängig von Informationen. Es macht einen großen Unterschied, ob sie ad hoc getroffen werden muss oder ob genug Zeit bleibt, um gründlich das Für und Wider abzuwägen. In einer Sonderkommission ist klar: Sie steht von der ersten Stunde an unter Handlungsdruck durch die Öffentlichkeit, Angehörige der Opfer, durch Vorgesetzte und die Politik; ganz gewiss wird sie von den Medien beobachtet und kritisiert. Möglicherweise muss sie fürchten, dass der gesuchte Mörder ein weiteres Mal tötet. Genau das geschah in den Fällen des Maskenmanns oder der Beltway Snipers in Washington, D. C. Ein solches Szenario macht es noch schwerer, all die lückenhaften und undurchsichtigen Informationen zusammenzuführen und zu hinterfragen. Zumindest in der ersten Phase ist dies kaum möglich. Das oberste Ziel sollte in dieser oft chaotischen Phase daher sein, schnellstmöglich in eine strukturierte Arbeit überzugehen.

Hierbei ist es hilfreich, Schlüsselpositionen wie die des Soko-Leiters oder des Leiters des Abschnittes »Ermittlungen« mit Personen zu besetzen, die über Erfahrung mit derlei Aufträgen verfügen. Das Führen in Ausnahmesituationen sollte keine Spielwiese für Experimente sein oder für Tests, ob künftige Führungskräfte tatsächlich geeignet sind. Hier ist professionelles und erfahrenes Personal nötig, das sich auf den Fall konzentrieren kann – kein Neuling, dessen weitere Karriere davon abhängt, dass er Erfolg hat, der sich unter Beobachtung weiß und daher noch zusätzlichem Stress ausgeliefert ist.

Beginnen wir das Thema der Entscheidungen und der Fehlerquellen, des Umgangs mit Informationen und ihrer Bewertung, am Fallbeispiel des Yorkshire-Rippers. Die Ermittlung ist so falsch gelaufen, dass Großbritanniens Kriminalpolizei anschließend grundlegend reformiert wurde. Wie in einem Brennglas bündeln sich hier die Probleme und Defizite vieler großer Ermittlungen, und das Ergebnis dieser Fehler sind gravierende Fehlentscheidungen. Im schlimmsten Fall kosten sie weitere Menschenleben, weil der Polizeiapparat sich auf falsche Spuren fixiert. Bei der Suche nach dem Yorkshire-Ripper geschah genau das.

FALLBEISPIEL 1: WENN DIE POLIZEI BLIND ERSCHEINT – DER YORKSHIRE RIPPER

Als in den Jahren 1975 bis 1980 ein Serienmörder den Norden Englands in Angst und Schrecken versetzte, startete die Polizei die bis dahin aufwendigste Ermittlung der britischen Kriminalgeschichte – und trat dennoch jahrelang auf der Stelle.

Am 30. Oktober 1975 ermordete ein Unbekannter in Leeds eine Prostituierte, Wilma McCann. Es war, was niemand wissen konnte, der erste Mord einer langen Serie. Die Prostituierte erlitt erhebliche Verletzungen durch Schläge mit einem Hammer auf den Schädel, außerdem stach der Täter fünfzehnmal auf das Opfer ein, vor allem auf den Oberkörper und den Genitalbereich. Diese Kombination von stumpfer Gewalt und Messerstichen sollte die typische Vorgehensweise des Yorkshire-Rippers werden. So nannten die Boulevardblätter den Täter sehr bald, in Anlehnung an den nie gefassten Jack the Ripper, den Frauenmörder aus dem viktorianischen London.

Von Anfang an hatte die Polizei massive Probleme, die Verbrechen überhaupt als Serie zu erkennen. Es gelang den Ermittlern gleich zu Beginn nicht, einen Zusammenhang zu zwei außerordentlich gewalttätigen Angriffen auf Frauen zu erkennen, zu denen es im Juli und August 1975 in Halifax und Keighley gekommen war. Beide wurden durch Hammerschläge und Schnittwunden schwer verletzt, wegen der erheblichen Entfernung zwischen den Tatorten gab es aber keine gemeinsamen Ermittlungen.

Dass einem Sexualmord ähnliche Überfälle vorausgehen, ist – wie wir schon gesehen haben – kein seltenes Phänomen. Sexualmörder beginnen ihre Karriere oft mit Attacken auf Frauen, mit Angriffen, die nicht gleich tödlich enden, bei denen aber die Annäherung an das Opfer und der Einsatz massiver Gewalt schon einmal »ausprobiert« werden. Eine der ersten Fragen, die ich daher am Beginn meiner Beratungstätigkeit stelle, ist die nach verwandten Vorkommnissen in geographischer und/oder zeitlicher Nähe. Gerade um eine Vorstellung zu bekommen, in welchem Raum der Täter operiert, ist es wichtig, den tatsächlichen Beginn der Serie zu erkennen und nicht erst mit dem ersten Mord zu beginnen – so wie beim Ripper geschehen.

Kaum einen Monat nach dem Mord an Wilma McCann wurde am 23. November 1975 eine weitere Prostituierte getötet. Nun passierte das Gegenteil: Diesen Fall rechnete die Polizei fälschlicherweise der Serie zu, obwohl es erhebliche Abweichungen in der Vorgehensweise des Täters gab. Der Mörder hatte die Frau buchstäblich zu Tode getreten und dann sexuell missbraucht.

Einige Monate vergingen. Dann, am 9. Mai 1976, attackierte ein Unbekannter in Leeds eine Prostituierte mit einem Hammer. Die Frau überlebte schwer verletzt. Was nun geschah, bezeichnet man heute als »Linkage Blindness« – Blindheit dafür, zwei Fälle miteinander zu verbinden, obwohl sie zusammengehören. Der brutale Überfall in Leeds galt nicht als Teil der Serie. Dies war eine besonders gravierende Fehleinschätzung, denn das überlebende Opfer konnte sich gut an den Täter erinnern und lieferte den Ermittlern eine sehr genaue und zutreffende Beschreibung ihres Angreifers: Er war etwa dreißig Jahre alt, hatte schwarze Haare und trug Bart und Schnauzer.

Hier wird ein Problem deutlich, das es bei solchen Ermittlungen gelegentlich noch heute gibt: Die Bedeutung von Aussagen eines überlebenden Opfers wird manchmal unterschätzt. Gewiss sind sie höchst subjektiv, und die Polizei kann in diesem Moment nicht wissen, wie korrekt und belastbar sie sind. Dennoch sollte dem, was die Opfer berichten, eigentlich ein höherer Stellenwert eingeräumt werden als den Berichten unabhängiger Zeugen, die sich häufig spät melden und dem, was sie beobachtet hatten, anfangs gar keine Bedeutung beimaßen. Die Wahrnehmung des Opfers aber ist im Moment des Angriffes häufig besonders intensiv.

Fairerweise muss man sagen: Die Sonderkommissionen, die an den verschiedenen Fällen von Mord und versuchtem Mord arbeiteten, hatten nicht die Vorteile heutiger Kriminaltechnik: Es gab keine DNA-Beweise und keine Computerdatenbanken wie ViCLAS, mit denen sich die Verbrechen viel leichter hätten zusammenführen lassen. Natürlich tauschten sich die Ermittler über ein System von »special notices« aus, soweit sie erkannten, dass ein Fall zur Serie gehörte. Aber zu oft erkannten sie dies eben nicht.

1977, am 5. Februar, ereignete sich der nächste Mord, wieder in der Industriestadt Leeds. Irene Richardson galt als Prostituierte. Die Umstände ihres Todes, wuchtige Hammerschläge und Messerstiche, ließen keinen Zweifel zu, wer der Täter war: der Ripper. Dieser Mord brachte die Ermittler der West Yorkshire Police erstmals einen erheblichen Schritt weiter: Am Tatort fand die Spurensicherung Reifenabdrücke. Die Marke des Reifens identifizierten die Fahnder relativ schnell, die passenden Fahrzeugtypen herauszubekommen war dagegen äußerst schwierig.

Die Ermittler starteten eine aufwendige und umfangreiche Suche, die als Tracking Inquiry bezeichnet wurde. In einer sehr akribischen Arbeit identifizierten sie 51 denkbare Fahrzeugtypen. Das war keine gute Nachricht: Legte man nur das Gebiet aller erkannten Taten des Serienmörders zugrunde, blieben nicht weniger als 53 000 Autos übrig, die alle einzeln zu überprüfen waren – ein extrem mühsamer Weg, der aber zum Mörder führen konnte. Dann aber, im Juli 1977, verlagerte die Polizei den Schwerpunkt ihrer Ermittlungen – und 20 000 Fahrzeughalter wurden nicht mehr überprüft. Unter ihnen befand sich der Täter. Hier tauchte der Name Peter Sutcliffe zum ersten Mal auf einer Liste der Polizei auf.

Sutcliffe, Jahrgang 1946, war ein Einzelgänger; eine Weile arbeitete er als Totengräber. Freunde berichteten, er sei schon früh von Prostituierten fasziniert gewesen. Allerdings war er zur Zeit der Taten recht frisch verheiratet und arbeitete als Lkw-Fahrer, führte nach außen hin also ein geregeltes Leben. In der Zwischenzeit hatte sich jedoch das obsessive Interesse zu einem regelrechten Hass mit Zerstörungsmotiv gesteigert.

Das Phänomen, dass eine Maßnahme – wie die Tracking Inquiry – nur deshalb beendet wird, weil sich die erhofften Erfolge nicht schnell einstellen, beschreibt auch Dietrich Dörner: Oft »ist es nicht vernünftig, allzu früh einen einmal eingeschlagenen Handlungsweg aufzugeben«.[1] Vielmehr muss vor Beginn einer solchen Maßnahme ihr Nutzen und ihre Umsetzbarkeit geprüft werden.

Es macht aber keinen Sinn, eine so kräfteintensive und umfangreiche Aktion zu beginnen, wenn man sie nicht auch zu Ende führt. Als die Soko Dennis 2011 vor der Entscheidung stand, ob sie aufgrund eines Hinweises über 7000 Personen überprüfen sollte, die zehn Jahre zuvor einen Opel Omega besessen hatten, war uns bald klar: Dieser Versuch bot sehr wenig Aussicht auf Erfolg. Eine solche Großrecherche würden wir allein aufgrund der Masse der Daten nicht zufriedenstellend zu Ende bringen können, zumal sehr viele dieser Autos längst verschrottet oder weiterverkauft waren. Daher suchten wir nach einer Alternativstrategie und fanden sie, indem wir den Fahrzeughalter über das Fernsehen suchten.

Sollte eine groß angelegte Aktion abgebrochen werden, sehe ich die OFA in der Pflicht, dies kritisch zu hinterfragen und den Verantwortlichen die Risiken einer solchen Entscheidung vor Augen zu führen. Das »Maßnahmen-Hopping«, wie wir es nennen, kann leicht dazu führen, dass die Polizei entscheidende Hinweise auf den Täter verpasst. Genau das geschah im Fall des Yorkshire-Rippers.

Warum aber wurde die Kontrolle der 53 000 Autos auf halbem Wege plötzlich eingestellt? Weil die Sonderkommission all ihre Hoffnungen auf einen Zeugen setzte und daher glaubte, auf die langwierigen Überprüfungen der Fahrzeuge verzichten zu können.

Am 10. Juli hatte der Täter erneut eine Prostituierte angegriffen, diesmal in Bradford. Die Frau war angetrunken und konnte ihren Peiniger nur sehr vage beschreiben. Dafür schien ein Wachmann, der Zeuge des Vorfalls wurde, ein umso präziseres Erinnerungsvermögen zu haben. Er erzählte den Ermittlern, das Fahrzeug des Täters sei ein weißer Mark II Ford Cortina gewesen. Dies führte dazu, dass die Tracking Inquiry eingestellt wurde und die Ermittler nun stattdessen eine Liste mit 5000 Haltern von Fahrzeugen des Typs Mark II Ford

Cortina einholten. Von diesen wurden erneut nur 3000 überprüft.

Peter Sutcliffe war auf dieser Liste aber ohnehin nicht zu finden, da es sich bei seinem Fahrzeug in Wirklichkeit um einen weißen Ford Corsair handelte, auf dem die zu den gesicherten Spuren passenden Reifen montiert waren. Das Problem war also, dass man die – subjektiv ehrlich gemeinte – Behauptung des Zeugen für bedeutender hielt als die eigene Maßnahme, der Reifenspur zu folgen – was zwar langsam, aber sicher zum Ripper geführt hätte. Es ist völlig nachvollziehbar, dass die Sonderkommission einen Weg suchte, diese langwierigen Ermittlungen abzukürzen, nur war der Weg leider falsch. Nach dem Delikt in Bradford entschlossen sich die Ermittler, den Rotlichtbezirk der Stadt verdeckt zu überwachen und Listen der Fahrzeuge zu führen, die dort unterwegs waren. Am 1. Oktober 1977 wurde in Chorlton-cum-Hardy Jean Jordan in Ripper-typischer Weise getötet. Es gab Anzeichen dafür, dass der Täter nach einigen Tagen zu der Toten zurückgekehrt war und erneut an ihr manipulierte. Fünf Tage nach dem Fund der Leiche wurde die Handtasche des Opfers entdeckt, nur 189 Fuß entfernt. Darin befand sich eine frisch gedruckte 5-Pfund-Note, die mit hoher Wahrscheinlichkeit vom Täter selbst stammte, da sie vermutlich als Dirnenlohn übergeben worden war. Dieser Geldschein aber hatte eine Besonderheit: Er ließ sich zurückverfolgen, denn er gehörte zu jenen 5000 Banknoten, die am 29. September 1977 an drei regionale Filialen der Midland Bank ausgegeben worden waren. Der Mord erfolgte somit nur drei Tage danach, das Geld war an Firmen zur Ausbezahlung der Löhne am Wochenende gegangen.

Zu den Empfängern gehörte – Peter Sutcliffe. Nun wurde er das erste Mal von der Polizei vernommen. Den Vernehmungsbeamten machte er falsche Angaben hinsichtlich seiner

Aufenthalte in Manchester und gab ein Alibi an, das seine Ehefrau bestätigte. Nur sechs Tage später vernahm die Polizei ihn ein zweites Mal, um das Alibi noch einmal gründlich zu überprüfen. Die Ermittler schauten sich sogar seine Schuhe und Werkzeuge an, nur eines nicht: sein Auto und dessen Reifen. Hätten sie es getan, der Weg des Rippers wäre zu Ende gewesen. Die Reifen hätten zu den Abdrücken gepasst, die nach dem Mord in Leeds gesichert worden waren. Doch diese Überprüfungen hatte man ja eingestellt.

Zehn Tage vor Weihnachten trat der Ripper wieder auf: Sein Opfer, die Prostituierte Marilyn Moore in Leeds, überlebte jedoch und konnte eine zutreffende Beschreibung des Täters liefern. Der Mann, der ihr in seinem Auto mehrfach mit einem Hammer auf den Kopf geschlagen hatte, war um die dreißig, mit dunklem, gewelltem Haar, Schnurrbart und Bart – wie Sutcliffe. Die Aussage wurde jedoch, wie bereits zuvor, nicht ausreichend berücksichtigt. Ebenso trat die Linkage Blindness wieder zutage, da der Fall erst knapp sechs Monate später zur Serie zugerechnet wurde.

Es kam noch schlimmer: Der Ermittlungsleiter und der Herausgeber des *Daily Mirror* in Manchester erhielten Briefe, angeblich vom Ripper selbst: Er habe die Morde begangen, hieß es darin, und sich selbst den Namen »Jack the Ripper« gegeben. Aufgegeben wurden sie in Sunderland. Die Polizei nahm die Schreiben von Beginn an ernst, zog aber keine externen Experten hinzu, um diese Einschätzung zu verifizieren. Es war jetzt März 1978, und seit dem Angriff auf Marilyn Moore hatte der Mörder in Bradford und Huddersfield zwei weitere Prostituierte getötet; sie waren die Opfer sieben und acht der Serie.

Im Juni 1978 standen die Rotlichtviertel in Leeds, Manchester Sheffield und Hull unter verschärfter Beobachtung. Und wieder tauchte Peter Sutcliffe auf. Sein Auto war in der schäbigen Gegend aufgefallen. Zum dritten Mal suchte die Polizei ihn in seinem Haus auf und vernahm ihn. Der vernehmende Detective Constable wusste zwar, dass Sutcliffe auch Gegenstand der Banknoten-Ermittlung war, er gab sich jedoch mit Sutcliffes Erklärungen zufrieden: Er arbeite als Lkw-Fahrer und sei eben viel in den betreffenden Städten unterwegs.

Am 23. März 1979 ging erneut ein Brief beim Ermittlungsleiter ein. Der Absender hatte große Anstrengungen unternommen, keine Fingerspuren auf dem Brief zu hinterlassen; es konnte jedoch Speichel gesichert werden. Die Kriminaltechnik fand heraus, dass es sich um einen Mann handelte, der Ausscheider der Blutgruppe B war. In dieser Zeit waren DNA-Untersuchungen noch ferne Zukunftsvisionen. Die Information passte jedoch zu den Spermaspuren, die im Mordfall Harrison in Preston am 23. November festgestellt wurden. Das klang interessant, da lediglich 6 Prozent der männlichen Bevölkerung diesem Typus zuzuordnen waren.

Es erfolgte ein Zirkelschluss, der katastrophale Auswirkungen auf die weiteren Ermittlungen haben sollte. Dabei handelte es sich um zwei Annahmen:

1. Der Mordfall Harrison war Teil der Ripper-Serie
2. Die Authentizität der Briefe wurde dadurch bestätigt

Beide Annahmen waren voneinander abhängig, und beide waren falsch.

Nach dem zehnten Mord, diesmal an einer Angestellten in Halifax, fand der Ermittlungsleiter, Assistant Chief Constable George Oldfield, in seiner Post den vierten Sunderland-Brief. Inhalt war eine Audio-Kassette, besprochen von einem Mann mit Sunderland-Akzent. Auch hier fanden sich erneut die Speichelspuren eines Mannes der Blutgruppe B. Alles schien zu passen.

Die Stimme auf dem Band mokierte sich über die vergebliche Mördersuche der Polizei. Oldfield war ein sechzigjähriger Veteran der West Yorkshire Police. Seit er im Jahr 1974 die Ermittlungen zu einem Bombenanschlag der irischen Terrorgruppe IRA auf die Autobahn 62 geleitet hatte, bei dem es zwölf Tote gegeben hatte, war er landesweit bekannt. Der gereizte Oldfield entschloss sich nun, in die Offensive zu gehen. Eine Woche nachdem er den Brief bekommen hatte, präsentierte er die Schreiben und das Tonband auf einer großangelegten Pressekonferenz.

So verführerisch es erschien, dieser Spur zu folgen, so unvorsichtig war es auch. Denn bei gründlicher Prüfung hätte die Polizei wissen müssen: Weder in den Briefen noch auf der Kassette wurde das Geringste preisgegeben, was nur der Täter allein wissen konnte. Buchstäblich jeder, der den Fall in den Zeitungen und im Fernsehen aufmerksam verfolgt hatte, hätte ihn zu schreiben vermocht. Doch nun hatte die Suche nach dem Yorkshire-Ripper eine Fahrt aufgenommen, die nicht mehr zu stoppen war – allerdings in die falsche Richtung. Skeptiker bei der Polizei fanden kein Gehör. Der Sprecher auf dem Band hatte einen deutlichen Dialekt der Sunderland-Region, was fortan in der Überprüfung von potenziellen Tatverdächtigen eine enorme Rolle spielte. Männer ohne diesen Dialekt wurden künftig als Verdächtige praktisch ausgeschlossen. Auch Peter Sutcliffe sprach ebendiesen Dialekt nicht.

Es war, anders als die Ermittler meinten, kein Faktum, sondern eine Hypothese, dass es sich bei dem Absender des Tonbandes und der Briefe um den Mörder handelte. Ein interessantes Detail am Rande: Fast hundert Jahre zuvor hatte im Londoner East End der Serienmörder Jack the Ripper angeblich ebenfalls ein Bekennerschreiben an die Polizei geschickt, *a letter from hell,* einen »Brief aus der Hölle«. Ob es wirklich von ihm stammte, ließ sich nie klären, wie auch die Morde an den Prostituierten nicht. Allein diese Parallelen alarmierten Oldfield und sein Großaufgebot an Beamten nicht – dabei war es doch durchaus möglich, dass hier ein makabrer Nachahmer die Polizei irreführte.

Peter Sutcliffe aber tauchte auch weiterhin in den Ermittlungen auf. Er fuhr mittlerweile ein neues Auto, einen Sunbeam Rapier, und war damit den Überwachungsteams in den Rotlichtbezirken von Leeds, Bradford und Manchester bereits drei Mal aufgefallen. Aber die Lösung des Falls lag noch in weiter Ferne. Wer immer Sutcliffe von nun an vernahm, wusste nichts davon, dass andere Teams dies auch schon getan hatten, weil er schon mehrfach aufgefallen war. Es gelang zu keinem Zeitpunkt, die losen Enden der Ermittlungen zu verknüpfen.

Sutcliffe aber mordete weiter: Am 2. September 1979 tötete er die Studentin Barbara Leach im Univiertel von Bradford, zwei weitere Frauen starben 1980 in Leeds. Wenige Tage nach dem letzten Mord erhielt die Sonderkommission in ihrem bunkerartigen Komplex in Leeds einen anonymen Brief: Peter Sutcliffe sei der Yorkshire-Ripper. Der Absender war ein guter Freund von Sutcliffe; er hatte Verdacht geschöpft, und auf Drängen seiner Ehefrau sagte er noch am selben Tag auch persönlich bei der Polizei aus. Er berichtete über eine Gewalttat Sutcliffes gegen eine Prostituierte in Halifax. Der aufnehmende Beamte erstellte einen Bericht und schickte das Schreiben an die Sonderkommission. Dort kam es zwar an, ging aber anscheinend in der Informationsflut unter. Die Strafverfolger hatten zu diesem Zeitpunkt die Kontrolle über die umfangsreichste Ermittlung der britischen Kriminalgeschichte verloren.

Schließlich wurde Peter Sutcliffe am 2. Januar 1981 im Rotlichtbezirk von Sheffield festgenommen, da er gestohlene Kennzeichen an seinem Fahrzeug angebracht hatte. Als die

Polizei ihn stoppte, befand er sich in Begleitung einer Prostituierten. Vor der Festnahme gelang ihm noch, unter dem Vorwand, urinieren zu müssen, einen Hammer und ein Messer wegzuwerfen, beides wurde aber später gefunden. Bei der Vernehmung gestand Sutcliffe 13 Morde und weitere sieben Mordversuche.

Durch den Byford-Report, eine kritische Untersuchung des Falles und der Ermittlungen, kam später heraus: Unterschiedliche Dienststellen der Polizei hatten Sutcliffe bis zu seiner Festnahme insgesamt acht Mal vernommen – ohne dass den Beamten klar war, dass der Verdächtige bereits in anderen, ebenso vielversprechenden Ermittlungsansätzen eine Rolle spielte. Der Byford-Report stellte diese Versäumnisse deutlich heraus. Als Konsequenz baute die britische Polizei das HOLMES-System (**H**ome **O**ffice **L**arge **M**ajor **E**nquiry System) auf, das verhindern sollte, dass eine Person mehrmals in einer Ermittlung aufscheint, ohne dass dies bemerkt wird. HOLMES ist die Grundlage all jener Systeme, die auch heute noch, jedoch der modernen Technik angepasst, bei großen Ermittlungsfällen im Einsatz sind und Daten automatisch und binnen weniger Sekunden abgleichen.

Von der Frage der Kriminaltechnik einmal abgesehen, zeigt das Beispiel des Rippers, welch große Bedeutung dem richtigen Umgang mit Informationen bei komplexen Entscheidungen zukommt. Es gelang den damaligen Ermittlern einfach nicht, all diese losen Enden zusammenzuführen. Meines Erachtens war dies auch darauf zurückzuführen, dass es nicht regelmäßig zu einer bewussten Verlangsamung der Ermittlung gekommen war. Auch Daniel Kahneman fordert in seinem Buch zum langsamen Denken auf. Er sagt dabei nicht, dass schnelles Denken keine Berechtigung hat; im Gegenteil hat das schnelle Denken unser Überleben und unsere Weiterentwicklung erst ermöglicht. Es gibt jedoch Situationen, in denen es notwendig ist, langsam zu denken, langsam im Sinne von gründlich, systematisch. Vor allem dann, wenn hoher Druck herrscht, wie bei Sonderkommissionen der Kriminalpolizei. Diese Situationen kommen einem Sprint gleich und keinem Marathonlauf. Ein guter Soko-Leiter begegnet äußerem Druck und der damit verbundenen Hetze, indem er gemäß Kahneman langsam und sorgfältig denkt. Der Fallanalytiker kann dabei helfen, weil er solche Situationen bereits kennt und mehrfach erlebt hat und daher die Geschwindigkeit und Hektik aus diesen Situationen herauszunehmen vermag. Es ist wichtig, sich an geeigneter Stelle die Zeit zu nehmen, um den aktuellen Stand der Ermittlungen zu reflektieren und alle Beteiligten darüber zu informieren. Hierbei ist es entscheidend, Fakten, Wahrnehmungen und Hypothesen aufs sorgfältigste zu unterscheiden. Je größer der Stress der Ermittlung, je höher der Druck von außen, umso bedeutsamer ist es, sich diesen auf den ersten Blick vielleicht als Luxus erscheinenden Freiraum zu nehmen und innezuhalten.

Natürlich weiß ich, wie schwierig es ist, einen solchen Schritt zu wagen, wenn die Öffentlichkeit und die Medien auf den schnellen Ermittlungserfolg warten. Und doch ist es eine wertvolle und sinnhafte Investition.

Peter Sutcliffe wurde am 22. Mai 1981 zu einer lebenslangen Freiheitsstrafe verurteilt, die er noch immer verbüßt. Wiederholt griffen ihn Mitgefangene an, dabei verlor er teilweise sein Augenlicht. 2010 wies der High Court of Justice einen Antrag Sutcliffes auf Freilassung zurück. Er sitzt nun fast drei Jahrzehnte in Haft und wird dies wohl bis an sein Lebensende tun. Der Gerichtshof befand damals: »Diese Mordkampagne hat die Bevölkerung von Yorkshire jahrelang terrorisiert. Die einzige Erklärung für die Taten sind nach dem Urteil der Jury Wut, Hass und Besessenheit. Von Terroranschlägen abgesehen, ist es noch immer schwer zu begreifen, unter welchen

Umständen ein einzelner Mann für so viele Opfer verantwortlich sein kann.«

Der Fall des Yorkshire-Rippers ist ein äußerst lehrreiches Beispiel für viele Probleme, die bei einer großen Ermittlung entstehen können. Einmal mehr zeigt sich hierbei, wie notwendig es ist, die Vergangenheit zu kennen, um Lehren für die Zukunft zu ziehen.

Strukturelle Fehler müssen analysiert werden und Lösungen gesucht werden, damit die Organisation sich verbessern kann. Persönliche Fehler werden sich nicht vermeiden lassen. Qualitätssicherung kann den Schaden aber begrenzen.

Manche der Fehler, die in der Yorkshire-Ripper-Ermittlung gemacht wurden, wären heute aufgrund des technischen Fortschritts und des erweiterten Verständnisses für Serientäter nicht mehr denkbar. Fehler bei der Bewertung wird es wahrscheinlich aber immer geben.

Solche Täter stellen die Polizei vor extreme Herausforderungen. Die großen Fragen sind natürlich, ob der Täter wieder aktiv werden wird. Bei solchen Fällen ist natürlich auch die OFA in besonderem Maß gefordert. Wenn wir in derartige Fälle eingebunden werden, ist zumindest ein großer Schritt bereits getan: Der Serientäter wurde als solcher erkannt. Gerade das gestaltet sich jedoch häufig sehr schwierig. Heute finden wir zwar an vielen Tatorten DNA-Material, das uns eine Verbindung der Fälle bestätigt. Aber es gibt noch immer viele Verbrechen, bei denen solche Sachbeweise nicht vorliegen.

Der Zusammenhang kann in solchen Fällen häufig ausschließlich über das Verhalten des Täters erkannt werden, also anhand seines Modus Operandi oder, seltener, auch anhand der »Handschrift«. Zu diesem Zweck haben die deutschen OFA-Einheiten das kanadische Datenbanksystem ViCLAS übernommen, das uns in die Lage versetzen soll, Fälle anhand des Verhaltens zusammenzuführen.

Es ist meines Erachtens einer der schwerwiegendsten Fehler, die der Polizei unterlaufen können, wenn ein Serientäter über einen gewissen Zeitraum nicht erkannt wird und daher unbehelligt seine Taten fortsetzen kann. Im Bewusstsein der katastrophalen Folgen dieser Linkage Blindness – schlimmstenfalls werden weitere Menschen gewaltsam sterben – haben die OFA-Einheiten eine besondere Sensibilität für das Erkennen von Serientätern entwickelt.

Gelegentlich führt dies zu intensiven Diskussionen mit den Ermittlern der Soko, vor allem dann, wenn die Sachbearbeiter wenig Erfahrung mit Serientätern haben. Dabei muss jedoch berücksichtigt werden, dass zwei Verbrechen, auch wenn sie von demselben Täter begangen worden sind, niemals völlig identisch aussehen werden. Denn zu sehr ist der Ablauf der Tat davon abhängig, wie sich beispielsweise das Opfer verhält und welche Störungen eintreten.

FALLBEISPIEL 2: DIE KONSEQUENZEN EINES FAHNDUNGS-DEBAKELS – PAUL BERNARDO UND KARLA HOMOLKA

Kriminelle Paare wie Bonny und Clyde haben schon immer die Phantasie von Romanautoren und Regisseuren angeregt. In Wirklichkeit gibt es solche Fälle selten, und niemals haben sie den Glamour und das Abenteuerliche der fiktionalen Figuren um sich. Zu den außergewöhnlichsten Verbrechen in der Geschichte Kanadas gehören jene, die Paul Bernardo und Karla Homolka begingen. Fünf Jahre lang ermittelte ein Großaufgebot von Polizeibeamten, und sie kamen dem Paar mehrfach mindestens so nahe wie die Police in West Yorkshire dem Ripper Peter Sutcliffe. Und wie dort gelang es nicht, die einzelnen Spuren zu verbinden – ein eklatanter Fall von

Linkage Blindness, der mehrere Menschenleben kostete. Der amerikanische Kriminalwissenschaftler und Berater der Polizei Robert S. Keppel führte diese Ermittlung in seinen Vorträgen als Musterbeispiel eines »task force breakdown« an, des Zusammenbruchs aller Bemühungen einer Sonderkommission.

Die Serie begann mit einer Reihe von Vergewaltigungen in Scarborough, einem östlichen Stadtteil Torontos. Opfer waren junge Frauen, die nachts allein nach Hause gingen und von einem unbekannten Mann überfallen wurden, dem 1964 geborenen Paul Bernardo. Er setzte brutale Gewalt ein und zeigte während der Taten stark sadistische Züge. Zwischen Mai 1987 und Mai 1990 kam es zu 15 solcher Fälle, ohne dass die Polizei den Vergewaltiger fassen konnte. Schon nach dem fünften Überfall gab eine Bekannte eines Polizisten aus Toronto den Ermittlern einen Tipp auf einen früheren Freund, der sie bedrohte, ein junger Mann voller Aggressionen und sadistischer Phantasien – und einer langen Vorgeschichte sexueller Übergriffe. Hier tauchte Paul Bernardo erstmals in den Polizeiakten auf, im Jahr 1988. Der Beamte vernahm Bernardo und hielt ihn für einen möglichen Verdächtigen in den Scarborough-Fällen. Trotz dieser Einschätzung maß die Sonderkommission, die eine Vielzahl von Hinweisen abarbeitete, dem Bericht aus Toronto keine Bedeutung bei.

Ein weiterer Hinweis erreichte die Ermittler 1990: Bernardo sei ein Verdächtiger und nach St. Catherines umgezogen, circa 140 Kilometer von Scarborough entfernt. Da die Taten dort aufhörten, war es, als sei Bernardo in ein fremdes Land gegangen.

In St. Catherines setzte er seine Verbrechen fort, die immer brutaler wurden. Er spähte junge Frauen aus und überfiel sie mit einer sehr ähnlichen Vorgehensweise wie in Scarborough. Im Juni 1991 entführte er die 15-jährige Leslie Mahaffy und brachte sie zu sich nach Hause. Er und seine Freundin Karla Homolka missbrauchten die Minderjährige gemeinsam mehr als 24 Stunden, dann tötete Bernardo die Entführte und vergrub ihre Leiche. Das Paar verging sich sogar an Karlas jüngerer Schwester Tammy Homolka, die dabei starb. Die Polizei ging jedoch von einem Unfall aus. Im April 1992 entführten die beiden die erst 14-jährige Kristen French in St. Catharines in Ontario. Sie hielten das Mädchen gefangen und missbrauchten es, Bernardo erdrosselte es schließlich. Trotz zahlreicher Spuren und Indizien, trotz Zeugenaussagen und sogar eines halbwegs passenden Phantombildes von Bernardo wussten die verschiedenen Ermittlungsgruppen praktisch nichts von den jeweils anderen Verbrechen. Der Campbell-Report, der all die Versäumnisse später auflistete, fällte ein vernichtendes Urteil über die Polizei:»Der Fall Bernardo erzählt nicht die Geschichte eines menschlichen Irrtums, eines Mangels an Pflichtgefühls oder an Fähigkeiten seitens der Ermittler. Er erzählt die Geschichte eines systematischen Scheiterns.«[2]

Schuld waren auch, aber nicht in erster Linie, individuelle Versäumnisse. Schuld war vor allem das Fehlen eines Systems, das es erlaubt hätte, die Informationen zu ordnen, allen Beteiligten zugänglich zu machen und sie sorgfältig zu analysieren, kurz: Serientaten als solche zu erkennen.

Während die Polizei ihre jeweiligen regionalen Fälle verfolgte, operierte das Täterpaar überregional. Zur Aufklärung der Verbrechen kam es erst 1993. Karla Homolka, 23 Jahre alt und seit ihrem siebzehnten Lebensjahr mit Bernardo zusammen, trennte sich von ihm, weil er sie krankenhausreif geschlagen hatte. Bernardo war durch die neue DNA-Technologie nach über zweijähriger Verzögerung zum Hauptverdächtigen für die Vergewaltigungsserie in Scarborough geworden, sein DNA-Test war im Labor allerdings zunächst verlorengegangen. Seine Partnerin berichtete der Polizei schließlich von den Morden und gab auch ihre Beteiligung zu, stellte sich jedoch als weiteres Opfer dar, das von Bernardo bedroht, gequält und missbraucht, ja zur Mittäterschaft gezwungen worden sei. Es kam zu einem Deal mit der Polizei und Staatsanwaltschaft, und Karla Homolka erhielt 1993 eine Strafe von zwölf Jahren Haft.

Erst im folgenden Jahr tauchten Videobänder auf, die die Polizei bei den Hausdurchsuchungen übersehen hatte. Die beiden hatten ihre Taten und das Martyrium ihrer Opfer ausführlich gefilmt. Es war nun offensichtlich, dass Karla Homolka keineswegs eine passive, widerstrebende Rolle gespielt, sondern sich aktiv an den Verbrechen und der Misshandlung der jungen Frauen beteiligt hatte. Nach kanadischem Recht war es nicht möglich, ihr einen neuen Prozess zu machen; sie wurde 2005 entlassen und setzte sich ins Ausland ab. Bernardo verbüßt eine lebenslange Strafe.

Homolka machte sich offenbar die Ansicht zunutze, dass bei mordenden Paaren die Frau dem männlichen Täter untergeordnet ist und nicht die treibende Kraft darstellt.[3] Insgesamt sind Frauen als Täter bei Sexualmorden die absolute Ausnahme, und tatsächlich gibt es in solchen Konstellationen häufig ein Abhängigkeitsverhältnis der Frau zum Täter. In unserer eigenen Untersuchung der geklärten sexuellen Tötungsdelikte in Bayern von 1979 bis 2008 hatten wir lediglich eine einzige Täterin. Diese litt jedoch unter einer hirnorganischen Störung, die ihre Handlungsfähigkeit erheblich beeinflusste.

Zurück nach Kanada. 1996 legte der Richter Archie Campbell den erwähnten Bericht vor, in dem er das Versagen der Strafverfolger schilderte. Laut Campbell waren die Gründe vor allem: Mangel an Datenaustausch, Rivalität statt Kooperation zwischen etlichen Polizeidienststellen, Fehlen einer Organisationseinheit, die alle vergleichbaren sexuellen Gewalttaten erfasst und die Ermittlung koordiniert hätte, und als Folge all dessen ein erschütternder Fall von Linkage Blindness. Mit diesem System, so Campbell, ließen sich Serienmorde und Serienvergewaltigungen nicht oder nur schwer aufklären. Wie oft war Bernardos Name in den Akten aufgetaucht, aber in der Flut unkoordinierter Informationen untergegangen?

Der Campbell-Report wurde immerhin zu einer der erfolgreichsten Evaluierungen der Kriminalgeschichte: Er führte zu einem Umbau des kanadischen Sicherheitssystems und zur Einführung des Datenbanksystems ViCLAS, das heute viele Polizeien der Welt nutzen, auch wir bei den OFA-Dienststellen des BKA und der Länder.

Bei ViCLAS (Violent Crime Linkage Analysis System) handelt es sich um ein Programm, das möglichst frühzeitig Serientäter im Bereich der Tötungs- und Sexualdelikte erkennen soll. Diese Anwendung ergänzt klassische Datenbanken der Polizei, wie zum Beispiel die DNA-Datenbank oder AFIS (Automatisiertes Fingerabdruck-Identifizierungs-System). Diese führen Kriminalfälle anhand objektiver Spuren zusammen. ViCLAS hingegen basiert auf dem Verhalten des Täters. Seine Entscheidungen werden nachvollzogen, anhand von mehr als 150 Fragen im System abgebildet und können mit anderen Fällen aus Deutschland verglichen werden. Spricht ein Mann etwa in verschiedenen Städten Schulkinder nach einem bestimmten Muster an, um sie zum Mitkommen zu bewegen, oder geht ein Vergewaltiger in mehreren Bundesländern immer auf ähnliche Weise vor, dann hätte es früher leicht passieren können, dass verschiedene Dienststellen ermitteln, ohne Parallelen zwischen ihren Fällen zu kennen.

Der ausgebildete Analytiker muss über detaillierte Fallkenntnisse verfügen, diese mit dem kriminologischen Wissen abgleichen und daraus zielführende Recherchen erarbeiten.

In diesen Recherchen müssen auch situative Faktoren der Tat berücksichtigt werden, um trotz Abweichungen Tatzusammenhänge zu erkennen. Im System finden sich Tötungsdelikte und Sexualstraftaten, auffällige Vermisstenfälle und verdächtige Annäherungen an Kinder. Insgesamt sind hier fast 25 000 Fälle gespeichert.

In den 1990er Jahren, also bevor ViCLAS in Deutschland flächendeckend eingeführt wurde, war es nicht gelungen, die Taten des Maskenmanns in den Schullandheimen in Niedersachsen, in den Bremer und Delmenhorster Wohnhäusern und den Zeltlagern in Schleswig-Holstein als Verbrechen ein und desselben Mannes zu erkennen. Heute wäre das wohl einfacher.

9 KOMPETENTE BERATUNG – WAS EIN FALLANALYTIKER BEACHTEN MUSS

DER UMGANG MIT HYPOTHESEN

Hypothesen sind Wahrscheinlichkeitsaussagen. Es sind keine Fakten. Sie kommen dann zum Einsatz, wenn Fakten nicht in ausreichendem Maße zur Verfügung stehen und daher auf die Einschätzung der wahrscheinlichsten Variante zurückgegriffen werden muss. Im Umgang mit Hypothesen wird der Ermittler versuchen, diese zu verifizieren oder zu falsifizieren. Es handelt sich um unsicheres Wissen, das jedoch oft für die Lösung komplexer Probleme notwendig ist. Hierbei ist auch Mut zur wahrscheinlichsten Hypothese notwendig, um dem Ziel der Aufklärung eines Falles näher zu kommen. Wer sich jedoch nicht dazu durchringen kann, einer der Hypothesen Priorität einzuräumen, ist meines Erachtens ein schlechter Berater. Genau in diesem Spannungsfeld befinden wir uns täglich bei der Erstellung von Fallanalysen, wenn keine ausreichenden Fakten vorliegen.

Es gehört natürlich zum Alltag jedes Ermittlers, auch Hypothesen zum Tathergang, zum Motiv oder zum Täter aufzustellen. Der sichere Umgang mit Hypothesen in seltenen Fallkonstellationen bedarf jedoch eines fundierten Hintergrundwissens, der Kenntnis der Methodik und eines großen Erfahrungsschatzes.

Die Hypothesen der OFA beruhen, bis auf absolute Ausnahmen wie im Fall Mareike, auf Fakten wie den forensischen Informationen und den Erkenntnissen zu Tatort und Opferhintergrund. Die Hypothese im Sinne der Fallanalyse ist demnach die Beurteilung eines Einzelfalls unter Einbeziehung von kriminalistisch-kriminologischen sowie psychologischen Erkenntnissen.

Zur abgesicherten Erstellung von Hypothesen sind eine Reihe von Rahmenbedingungen notwendig. Der Einsatz eines fachkompetenten Teams gewährleistet die Vielfalt der Hypothesen und deren kritische Prüfung. Eine besondere Methodik garantiert einen strukturierten Verlauf der Analyse unter Berücksichtigung aller wesentlichen Aspekte. Hierbei werden einzelne Handlungssequenzen zunächst rekonstruiert, das dabei gezeigte Täterverhalten bewertet und daraus Rückschlüsse auf die Motive und den Täter selbst gezogen. In der Analyse übernimmt ein Fallanalytiker die Rolle des Advocatus Diaboli: Er nimmt die Gegenposition zu einer Hypothese ein, zieht sie in Zweifel und versucht, sie systematisch zu widerlegen. Erst wenn dies nicht mehr gelingt, wird diese Hypothese ernsthaft in Betracht gezogen.

Es ist sicher nicht schwer, sich vorzustellen, wie lebhaft und emotional solche Debatten verlaufen können – vor allem dann, wenn man selbst fest davon überzeugt ist, die einzig richtige Erklärung gefunden zu haben. Wenn dies am Ende eines langen Tages geschieht und hoher Zeitdruck besteht, kann es durchaus zu Spannungen kommen. Hier ist dann der verantwortliche Fallanalytiker gefragt. Ein eingespieltes Team, das auch in Stressmomenten handlungsfähig bleibt, ist daher unabdingbar, da solche Situationen sonst unproduktiv werden können.

Wie bereits dargelegt, besteht die Hauptaufgabe der OFA darin, Sonderkommissionen zu beraten. In manchen Fällen gestaltet sich dies besonders schwierig. Ich möchte die besonderen Beratungssituationen anhand zweier Beispiele illustrieren, die meine Arbeit als Fallanalytiker besonders geprägt haben.

Hierbei handelt es sich um die Serienmordfälle des Nationalsozialistischen Untergrunds (NSU) und des sogenannten Maskenmanns. In beiden Fällen waren die Herausforderungen besonders groß und von unterschiedlicher Natur.

Wenn ich anmerke, dass ich die Beratungstätigkeit anhand dieser Fälle illustrieren möchte, wird bereits deutlich, dass ich diese Fälle nicht in ihrer Gesamtheit erzählen kann. Dies ist jedoch auch nicht meine Intention. Für vertiefte Darstellungen der Ereignisse und Gesamtzusammenhänge verweise ich auf die Berichte der diversen Untersuchungsausschüsse und bereits hierzu erschienene Bücher. Ich möchte die Kernaspekte und Schwierigkeiten beleuchten, die sich bei der Beratung ergaben und aufzeigen, an welchen Stellen wir gescheitert sind und an welchen wir erfolgreich waren. Zunächst zu den Fällen des NSU. Jedoch nicht zu allen Fällen, da die Tat an der Kollegin Michelle Kiesewetter und ihres Streifenpartners zum Zeitpunkt unserer Fallanalyse noch nicht geschehen war und wir auch zu keinem späteren Zeitpunkt in die Ermittlung dieses Falls eingebunden waren.

MANGEL AN PHANTASIE, SCHWIERIGKEITEN BEI DER BEWERTUNG – DIE NSU-FÄLLE

Bei kaum einer anderen Soko gestaltete sich die Fallanalyse so schwierig wie bei diesen Mordfällen. Die Täter zeigten an den Tatorten nur sehr wenig auswertbares Verhalten. Die Tötungen nahmen manchmal nur wenige Sekunden in Anspruch, danach flohen die Männer sofort. Mit zumeist nur wenigen und gezielten Schüssen töteten die Schützen ihre völlig arglosen Opfer, bevor diese überhaupt in der Lage gewesen wären, Widerstand zu leisten. Da so wenig Verhalten an den Tatorten festzustellen war, kam dessen Interpretation eine entsprechend größere Bedeutung zu. Nicht unähnlich der Vorgehensweise im Fall Mareike.

Auch in den Mordfällen der BAO Bosporus (BAO für Besondere Aufbauorganisation, der polizeiliche Begriff für eine größere Sonderkommission), wie sie vor der Ermittlung des NSU hieß, stand die Arbeit mit Hypothesen demnach im Vordergrund. Die Rückschlüsse unserer Fallanalyse konnten nur auf wenige Fakten aufbauen und fußten zum Teil auf Aussagen von Zeugen, die im Vorfeld der Morde Beobachtungen gemacht hatten. Doch zunächst zum Überblick, was geschehen war.

Damals noch unbekannte Täter hatten in den Jahren zwischen 2000 und 2006 über ganz Deutschland verteilt acht türkische und einen griechischen Mitbürger erschossen. Bei jeder Tat wurde dieselbe tschechische Pistole vom Typ Ceska benutzt. Nach den ersten sieben Morden, das war 2005, beauftragte uns die BAO »Bosporus« mit einer Fallanalyse dieser Serie. Die Mörder – mal war von einem die Rede, mal von zweien – betraten am helllichten Tag das Geschäft des Opfers, schossen schnell und unvermittelt, zumeist in den Kopf, und flüchteten direkt danach, ohne Geld zu rauben oder sonstiges Verhalten zu zeigen. Alle Opfer waren Ausländer oder hatten einen Migrationshintergrund; sie waren alle Männer und Kleingewerbetreibende. Trotz jahrelanger Suche war es einem Großaufgebot der Polizei nicht gelungen, eine kriminelle oder sonstige Verbindung zwischen den neun Männern zu ermitteln, geschweige von diesen zu einer unbekannten verbrecherischen Organisation, mit der sie in Kontakt hätten stehen können. Die meisten Opfer waren der Polizei zuvor nicht aufgefallen. Dieser Prämisse von einer Verbindung zwischen ihnen und den Mördern folgte aber die Ermittlung im Wesentlichen. Gesucht wurde viele Jahre lang eine Gruppierung der ausländischen, mutmaßlich türkischen, organisierten Kriminalität.

Wie sollten wir nun neue Ermittlungsansätze finden? Wir sahen es 2005 als bedeutsam an, dass Zeugen in mehreren Fällen etwas Auffälliges berichtet hatten: Im Vorfeld des Mordes sei das jeweilige Opfer von fremden Männern angesprochen worden, es habe Streit und verbale Auseinandersetzungen gegeben. Uns behagte es damals schon wenig, uns so stark auf Zeugenwahrnehmungen stützen zu müssen; wir wussten aus Erfahrung, wie subjektiv diese sein können. Aber eine andere Wahl hatten wir nicht, und die Regelmäßigkeit, mit der diese »Ansprecher« erwähnt wurden, weckte zumindest die Hoffnung, mit diesen Informationen arbeiten zu können, so vage sie auch waren. Wir schlossen aus diesen Ansprachen, dass jemand die Opfer gezielt ausgewählt haben musste, und empfahlen deshalb der BAO Bosporus, deren Leiter Wolfgang Geier ich als umsichtigen Kriminalbeamten kennen- und schätzen lernte, die Ansprachen zu verifizieren oder zu falsifizieren, da sie ein Schlüsselelement der Opferauswahl darstellten. Doch in den Ermittlungen ergab sich nichts Konkretes.

Anfang April 2006 setzte sich die Serie fort. Innerhalb von nur drei Tagen erschossen die Täter in Dortmund den Ladenbesitzer Mehmet Kubasik und in einem Kasseler Internetcafé den Betreiber Halit Yozgat – wieder mit derselben Waffe. Wir berieten die Soko in den Tagen danach erneut und arbeiteten mit Hochdruck an der Analyse der zwei neuen Morde. Wichtig war es jetzt, auch selbstkritisch unsere Hypothese aus dem Vorjahr in Frage zu stellen. Daher hielten wir es für notwendig, weitere Fallanalytiker in unser Team aufzunehmen. Diese sollten unvorbelastet von den Ergebnissen der bisherigen Analyse das Bestehende kritisch und möglichst objektiv hinterfragen und bei der Entwicklung neuer Ansätze mitwirken. Dirk Schinke von der OFA Bayern und Heinz Erpenbach von der OFA Nordrhein-Westfalen erweiterten unser Team. Wegen des Mordes in Dortmund war er auch örtlich zuständig.

Auch in den aktuellen Fällen gab es Zeugenberichte, die darauf hindeuteten, dass es im Vorfeld der Morde zu den angeblich so typischen Ansprachen gekommen sein könnte. Andererseits wurde bei der Analyse deutlich: Die Opfer hatten sich schlicht zur falschen Zeit am falschen Ort aufgehalten. Mehmet Kubasik in Dortmund war wegen eines Familienbesuches nur ausnahmsweise um diese Uhrzeit in seinem Geschäft. Ähnliches galt für Halit Yozgat in Kassel. Er wurde erschossen, kurz bevor sein Vater die Geschäfte in dem Internetcafé übernehmen sollte. Dieser betrat auch wenige Augenblicke nach der Tat das Gebäude. In beiden Fällen war es demnach eher unvorhersehbar, dass die Opfer tatsächlich am jeweiligen Ort waren. Um ganz gezielt diese beiden Männer zu treffen, hätten die Täter sie sehr aufwendig beobachten müssen.

War es nicht doch wahrscheinlicher, dass die Opfer nicht gezielt, sondern »stellvertretend« getötet wurden? Als männliche Ausländer, die allein in ihrem Kleingewerbebetrieb tätig und »einfache Ziele« waren? Sie hatten keinerlei Sicherheitsvorkehrungen getroffen und waren sich ganz offensichtlich auch keiner Gefahr bewusst.

Aber wie waren dann die Ansprachen zu erklären? Dieser Frage gingen wir in unserem kargen Münchner Analyseraum nach (in dem nichts von der Arbeit ablenken soll). Vielleicht gab es sie in dieser Art gar nicht. Es erschien uns nun denkbar, dass die Aussagen über sie nur eine Überinterpretation der Zeugen darstellten, die mit einer für sie ganz unerklärlichen Situation konfrontiert waren: In ihrem Umfeld war ein

Mensch ohne jeglichen erkennbaren Grund getötet worden. Wer darüber nachgrübelte, konnte leicht nach Geschehnissen im Vorfeld suchen, um sich das schreckliche Ereignis zu erklären. Vielleicht gab es bei manchen in den Tagen zuvor tatsächlich einen Streit oder einfach laute Worte; vielleicht irrten sich die Zeugen oder deuteten eine Zufallsbeobachtung nachträglich, im Licht des Mordes vor ihrer Haustür, falsch. Es passte zu dieser Hypothese, dass die wirklich intensiv geführten Ermittlungen der BAO Bosporus in keinem einzigen Fall eine solche »Ansprache« bestätigt hatten.

Die Mörder hatten sämtliche Opfer regelrecht exekutiert, viele mit Schüssen in den Kopf. Dies deutete auf eine gezielte, vorbereitete und mit aller Konsequenz umgesetzte Tat hin, wie man sie bei Morden häufig findet, wenn diese eine Person und keine andere getötet werden soll. Weil die Opfer in Dortmund und Kassel jedoch eher zufällig am jeweiligen Ort waren, entwickelten wir dieses Modell weiter und stellten eine Alternativhypothese auf: Sie wurden zwar bewusst ausgewählt, nicht jedoch als Individuum, sondern stellvertretend für das, was sie repräsentierten: männliche Ausländer. Triebfeder war ein ausländerfeindliches Vernichtungsmotiv.

Natürlich herrschte auch innerhalb des Teams zunächst Skepsis und Unsicherheit. In den stundenlangen Diskussionen, die auch lautstark geführt wurden, wuchs jedoch die Überzeugung bei uns, endlich den Ansatz zur Lösung des Problems gefunden zu haben.

Der Prozess, eine Alternativhypothese zu bilden, ist schmerzlich, und zwar in mehrerlei Hinsicht. Zum einen muss man feststellen, dass die bisherige Einschätzung falsch war, auch die eigene. Schließlich waren auch wir noch im Jahr zuvor, wenn auch sehr zögernd, selbst von Tätern aus der organisierten Kriminalität ausgegangen. Niemand stellt sich selbst gern radikal in Frage. Aber genau das ist die Aufgabe der Fallanalytiker. Und diesen Schritt gingen wir 2006 aufgrund der neuen Erkenntnisse aus den Mordfällen 8 und 9.

Das Ergebnis der neuen Fallanalyse und somit unserer Alternativhypothese war: Mit hoher Wahrscheinlichkeit suchten zwei Täter aus einem fremdenfeindlichen Zerstörungsmotiv heraus solche Opfer aus, die bestimmten Kriterien entsprachen (männlich, Ausländer, Türke oder türkisches Erscheinungsbild und Kleingewerbetreibender). Sie erschossen die Opfer im Stil einer Exekution und immer mit derselben Ceska 83. In unserem Täterprofil für die BAO heißt es unter anderem, wobei wir das Ergebnis auch auf zwei Täter bezogen:

○ Täter verfügt über psychopathische Persönlichkeit
○ Täter entwickelt ablehnende Haltung gegenüber Türken
○ Täter sucht gegebenenfalls Nähe zur rechten Szene (eine denkbare These mit Ermittlungsansatz)
○ Täter ist von deren »Schwäche« enttäuscht
○ Täter entwickelt die Vorstellung seiner eigenen Mission
○ Täter beschafft sich (falls nicht bereits vorhanden) die Tatmittel und entwickelt diese im Verlauf der Serie weiter
○ Täter verfestigt seinen Tatentschluss und behält diesen über Jahre bei
○ Täter gewinnt durch die erfolgreichen Taten an Selbstbewusstsein und ist bereit, auch höhere Risiken einzugehen (Allmachtsphantasien)
○ Täter begeht die Taten in sich verkürzenden Zeitintervallen

Meine Aufgabe als verantwortlicher Fallanalytiker war es im Mai 2006, den Leiter der BAO Bosporus von der Alternativhypothese in Kenntnis zu setzen und entsprechende Ermittlungsempfehlungen hierzu zu erarbeiten. Außerdem stand mir noch die Ergebnispräsentation vor der Sonderkommission bevor, was auch kein leichtes Unterfangen war, nachdem sich die Suche inzwischen fast sechs Jahre lang auf die organisierte Kriminalität konzentriert hatte. Ich fürchtete, dass es für viele Beamte – wie anfangs ja auch für uns – schwer vorstellbar sein würde, dass ein oder mehrere Täter quer durch Deutschland reisten und eine blutige Spur des Terrors aus fremdenfeindlichen Motiven hinterließen. Nach intensiver Analyse aller vorliegenden Fakten war ebendas jedoch der einzig sinnvolle Erklärungsansatz: die Logik der Tat.

Man kann die beste Fallanalyse oder das beste Täterprofil erstellen; wenn es uns jedoch nicht gelingt, den oder die Leiter einer Sonderkommission zu überzeugen, ist die Arbeit wertlos. Es stellt sich daher die Frage: Wie überzeuge ich meinen Auftraggeber? Dies ist meines Erachtens nur durch kompetente Beratung, die ihm einen echten Mehrwert bietet, möglich. Eine Anforderung an einen guten Fallanalytiker ist neben der Fachkompetenz daher auch eine ausgeprägte mündliche Ausdrucksfähigkeit. Er muss in der Lage sein, sich vor eine Sonderkommission mit siebzig oder achtzig Ermittlern zu stellen, die ihm keineswegs nur reines Wohlwollen entgegenbringen oder gläubig an seinen Lippen hängen, und nachvollziehbar seine Hypothese darzulegen. Dies ist mitunter ein sehr schwieriges Unterfangen und bedarf der Erfahrung und des Fingerspitzengefühls: Verständlicherweise ist es für die Ermittler schwierig, eine bisher als sicher angesehene Theorie anzuzweifeln oder gar aufzugeben – zumal wenn die bisherige Ermittlungsrichtung nicht unüberlegt, sondern aus guten Gründen eingeschlagen wurde. Oft genug sind damit Tage oder Wochen schwerer Polizeiarbeit in Frage gestellt. Der kompetente Berater aber hat die Aufgabe, den Blick der Entscheidungsträger zu weiten und somit das Spektrum der Ermittlungen.

Zur Ergebnispräsentation fährt die OFA Bayern meistens zu der Sonderkommission und stellt neben den Ergebnissen auch die Methodik vor. Anschließend stellen wir uns den Fragen und steigen in eine Diskussion ein.

Es ist stets ein gutes Zeichen für eine erfolgreiche Hypothesenprüfung, wenn man bei der Ergebnispräsentation vor der Sonderkommission nicht jäh von einer Variante überrascht wird, die man in der Fallanalyse leider nicht bedacht hatte. Wir hatten mit unseren Analysen, die ja stets nur eine Annäherung an die Wirklichkeit sein können, selbstredend nicht immer recht. Es kam vor, dass wir die eigentlich richtige Hypothese zugunsten einer anderen als weniger wahrscheinlich einstuften. Aber es ist für mich sehr beruhigend, dass wir in den vergangenen 17 Jahren noch bei keiner Präsentation von einer solchen gänzlich neuen Hypothese überrascht wurden. Dies ist nicht nur auf die Qualität der OFA Bayern zurückzuführen, sondern insbesondere eine Bestätigung für den Wert des Teamansatzes bei der Fallanalyse in Deutschland. Unsere Arbeit ist mit der Präsentation der Ergebnisse jedoch nicht beendet. Die Fallanalytiker sollten die Soko auch nach der Präsentation eng begleiten, sich ständig austauschen, im Gespräch bleiben. Dann ist es viel leichter, den Zeitpunkt zu erkennen, an dem keine weiteren gewinnbringenden Ermittlungsansätze zu erkennen sind und man sich besser von der Ursprungshypothese entfernen sollte. Alles andere wäre, wenn man doch Alternativen hätte, fahrlässig.

Zurück zu der Ergebnispräsentation der Alternativhypothese in Nürnberg im Mai 2006. In einem ersten Schritt beleuchteten wir die Bedeutung der Ansprachen im Vorfeld der Tötungen und fassten zusammen, dass es trotz umfangreicher Ermittlungen bisher nicht gelungen war, diese Ansprecher zu finden. Im nächsten Schritt griffen wir die zentrale Frage der Tatbegehungen auf: Die Auswahl der Opfer. Ich versuchte zu erläutern, dass sie wahrscheinlich eher als stellvertretende Opfer anzusehen sind und nicht als individuelle Personen zum Ziel geworden waren. Zum Erklärungsansatz des fremdenfeindlichen Motivs passte auch der Umstand, dass die Täter die Ceska bei allen neun Morden beibehalten hatten und dies als Botschaft anzusehen ist. Dieser Umstand hatte uns bereits bei der ersten Fallanalyse gestört, da es für Täter aus der organisierten Kriminalität wenig Sinn macht, mit der Waffe ein Zeichen zu setzen und so eine überdeutliche Spur zu hinterlassen. Wir gaben am Ende der Ergebnispräsentation eine Reihe von Hinweisen, vor allem zu denkbaren Ermittlungsansätzen zum fremdenfeindlichen Motiv. Wir sahen die Möglichkeit, dass es einen Ankerpunkt der Täter in Nürnberg geben könnte – davon wird später noch die Rede sein. Drei der Morde, darunter die beiden ersten, waren hier geschehen.

Da wir nun von ausländerfeindlichen Motiven ausgingen, hielten mir manche der Ermittler in der Zeit nach der Ergebnispräsentation vor, ich hätte »leichtfertig« meine Meinung geändert. Dem war aber nicht so. Natürlich machte ich mir auch Gedanken über die Konsequenzen, die aus diesem dramatischen Ergebnis unserer Fallanalyse erwachsen würden. Und ich habe unser Ergebnis vom ausländerfeindlichen Zerstörungsmotiv mehr als einmal hinterfragt. Die Alternativhypothese wurde hauptsächlich in Nürnberg gleichrangig mit der Hypothese »Organisierte Kriminalität« behandelt. Die Untersuchungsausschüsse haben bemängelt, dass unsere Alternativhypothese in der Gesamtermittlung aber nicht denselben Stellenwert erhielt.

Möglicherweise war, neben weiteren Faktoren, eine scheinbare Entscheidungslogik der Grund dafür. Der Psychologe Dietrich Dörner bringt dies treffend auf den Punkt, indem er sagt: »Es gibt aber noch andere Faktoren, die eine Strategie zementieren können: Die getätigten Investitionen spielen eine Rolle. Es ist relativ leicht, z.B. eine Werbestrategie zu ändern, wenn man nur wenig Geld investiert hat, wenn man aber viel Geld investiert hat, kommt der Vorschlag, die Strategie zu wechseln, dem Eingeständnis gleich, dass die bisherigen Investitionen ›in den Sand gesetzt‹ wurden. Und das gesteht man sich nur ungern ein. Je größer die Investitionen, desto größer die Tendenz, die Opfer nicht vergeblich sein zu lassen.«[1] Dasselbe gilt, unter ungünstigen Umständen, auch für die Kriminalpolizei.

Ich denke, das sich manche Ermittler mit unserer Alternativhypothese von einem ausländerfeindlichen Tatmotiv genau deshalb nicht anfreunden konnten: Sie hatten die Täter jahrelang mit hohem personellen und persönlichen Einsatz in der organisierten Kriminalität gesucht – jetzt sollte alles umsonst gewesen sein. Ich hatte daher durchaus Verständnis für diejenigen, die mit Befremden reagierten. Aus analytischer Sicht war ich mir jedoch nach den beiden neuen Morden 2006 sicher. Zu einer professionellen Vorgehensweise gehört es eben auch, eingefahrene Wege zu verlassen und unpopuläre Meinungen zu vertreten.

Eine Hypothese ist aus meiner Sicht dann als die wahrscheinlichste anzusehen, wenn alle bekannten Fakten, Wahrnehmungen und Bewertungen stringent und logisch zu dieser Annahme führen. Wenn sich diese Prämissen jedoch ändern, darf man nicht an einem Deutungsmuster festhalten. Wie bereits dargelegt, stützte sich die Hypothese, die Mordserie an Migranten nach 2000 sei das Werk organisierter Kriminalität, unter anderem darauf, dass alle Opfer in den Tagen vor ihrem Tod angeblich von Unbekannten konfrontativ angesprochen wurden. Daher haben wir in unserer ersten Fallanalyse 2005 dringend empfohlen: Würde sich die Existenz dieser Ansprachen nicht bestätigen lassen, wäre diese Ermittlungsrichtung zu überdenken.

Genau dies war in der NSU-Mordserie aber nicht geschehen, wie der Untersuchungsausschuss des Deutschen Bundestages festgestellt hat:»In diesem Fall hätte ein unbefangener Blick auf die Gesamtheit aller Opfer es jedenfalls nahegelegt, intensiv in Richtung eines möglichen rechtsterroristischen oder rassistischen Tathintergrunds zu ermitteln. Sehr kritisch betrachtet der Ausschuss die Widerstände, denen die Ansätze zu einer solchen Erweiterung des Blickfelds und Neuausrichtung der Schwerpunkte im Kreis der Ermittler begegneten. Denn es ist ja nicht so, dass es keine Gründe gegeben hätte, andere Ermittlungsansätze zu verfolgen und die Hypothese ›Organisierte Kriminalität‹ zurückzustellen: Die Spuren in diese Richtung waren ergebnislos ausermittelt. Die wenigen Merkmale, die tatsächlich alle Opfer gemeinsam haben – Berufsgruppe, Lebensalter, Geschlecht, ausländische Herkunft –, konnten sie mit keiner bekannten kriminellen Organisation in Konflikt bringen. Nur eine rassistische Tatmotivation traf tatsächlich auf alle Opfer zu.«

Übrigens haben auch die Kollegen des FBI die Mordserie analysiert; das war 2007, nachdem unsere Hypothese in Teilen des Ermittlungsapparats auf Ablehnung gestoßen war. Die amerikanischen Profiler kamen zu demselben Ergebnis wie wir: Diese Tötungen waren Ausdruck eines ausgeprägten Fremdenhasses, bei dem die Opfer nicht gezielt ausgewählt, sondern durch ein ideologisches Motiv als stellvertretende Opfer ausgewählt worden waren. In ihrer Analyse heben sie hervor:»Der Straftäter ist eine disziplinierte und erwachsene Person und erschießt die Opfer, weil sie ethnisch türkischer Herkunft sind. [... Er] hat einen persönlichen, tief verwurzelten Widerwillen gegen Menschen türkischer Herkunft.«[2]

Diese Einschätzung legten die Kollegen des FBI schriftlich nieder und schickten sie auf dem offiziellen Dienstweg nach Deutschland zum Bundeskriminalamt. Auch sie fand keine durchschlagende Resonanz. Der Ausschuss zitiert in seinem Abschlussbericht die Bewertung durch die zentrale

Steuerungsgruppe aller beteiligten Ermittlungsbehörden vom 12. September 2007: »Nach einhelliger Einschätzung der Steuerungsgruppe ergeben sich daraus keine neuen Ermittlungsansätze.«[3]

ALTERNATIVE ERMITTLUNGSSTRATEGIEN: DER MASKENMANN BEKOMMT EIN GESICHT

Wenn alternative Ermittlungsstrategien konsequent umgesetzt werden, kann das zum Erfolg führen – wie im Fall des Maskenmanns.

Achtzehn Jahre waren seit seinem ersten Mord 1992 vergangen. Und obwohl wir seine Verbrechen als Werk eines pädophilen Serientäters erkannt hatten, fehlte weiterhin eine vielversprechende Spur zu ihm. Dann, im August 2010, meldete sich bei der Soko Dennis ein Zeuge und berichtete, er habe eine merkwürdige Beobachtung gemacht. Allerdings lag sie fast neun Jahre zurück, doch erst jetzt maß er ihr Bedeutung bei. Anfang September 2001 befand sich der Zeuge, ein Soldat, auf einem Lehrgang in der Bundeswehrkaserne in Garlstedt nordwestlich von Bremen – derselben, in die später die Soko Dennis einzog. Der Zeuge war ein sportlicher Mann, damals trainierte er für einen Marathon und lief deshalb bereits am frühen Morgen, lange vor Dienstbeginn. Er verließ gegen 4.30 Uhr die Kaserne und hatte, weil es im Wald noch dunkel war, eine Stirnlampe aufgesetzt. Auf einem Waldweg direkt neben der Bundesstraße nahm er im Lichtkegel etwas Merkwürdiges wahr. Dort stand ein heller Opel Omega Caravan, dessen Kennzeichen er aber nicht erkennen konnte. Am Steuer saß ein etwa dreißig Jahre alter Mann, der von kräftiger, etwas »schwabbeliger« Figur war und eine Brille trug. Im

Vorbeilaufen fiel dem Soldaten auf, dass der Fahrer starr geradeaus blickte. Auf der Rückbank saß ein ungefähr acht Jahre alter, blonder Junge, der ebenfalls nach vorne blickte und ein T-Shirt trug, auf dem zwei Hundesilhouetten zu erkennen waren. Dem Läufer kam die Situation seltsam vor, er erklärte sie sich jedoch damit, dass die beiden vermutlich von der nahen Autobahn abgebogen waren und sich hier etwas ausruhten. Als er ungefähr eine Stunde später wieder an derselben Stelle vorbeilief, war das Fahrzeug verschwunden.

Fast neun Jahre später, der Läufer hatte inzwischen die Bundeswehr verlassen und arbeitete in einem Fertigungsbetrieb, machte er während einer Nachtschicht Pause und schaute im Fernsehen eine Wiederholung der Sendung *Ungeklärte Morde*. Es ging um den Maskenmann. Plötzlich sah der Zeuge auf dem Bildschirm das Fahndungsfoto von Dennis Klein – und erkannte den Jungen wieder, den er auf dem Rücksitz des Opel Omega im Wald gesehen hatte. Er erinnerte sich vor allem an das Oberteil mit den Hundesilhouetten. Das Schullandheim Wulsbüttel, aus dem Dennis Klein in der Nacht auf den 5. September 2001 verschwunden war, liegt nur ungefähr neun Kilometer von der Stelle im Wald entfernt, wo der Soldat den Opel gesehen haben wollte. Gleich am nächsten Morgen rief er bei der Soko Dennis an.

Deren Leiter, Martin Erftenbeck, meldete sich umgehend nach der Vernehmung des Zeugen und teilte mir die neuen Erkenntnisse mit. Wie hatten wir die Aussage einzuschätzen? Seit der Beobachtung im Wald war sehr viel Zeit vergangen, umso verzerrter mochte die Erinnerung sein. Der ehemalige Soldat konnte immerhin plausibel erklären, weshalb er sich erst jetzt bei der Soko gemeldet hatte. Er war damals, als Dennis Klein verschwand, nur vorübergehend in Niedersachsen stationiert; später, als die Leiche des Kindes gefunden wurde, war er bereits wieder in seiner Heimatkaserne in Nordrhein-

Westfalen und hatte nichts von dem Fall mitbekommen. Dennis' Leiche wurde knapp eine Woche nach den Terroranschlägen des 11. September 2001 entdeckt, und die Nachrichten wurden natürlich von den schrecklichen Ereignissen in New York und Washington dominiert. Bald danach wurde der Soldat zu Auslandseinsätzen abkommandiert, so dass er tatsächlich erstmals von der Mordserie des »schwarzen Mannes« hörte, als er im Sommer 2010 *Ungeklärte Morde* im Fernsehen sah. Der Zeuge war sich nach eigenen Angaben »1000-prozentig sicher«, dass er sich richtig erinnerte.

Wir schätzten die Prozentzahl, um es milde zu sagen, zunächst deutlich niedriger ein, aber es war besser als nichts. Die Soko Dennis trat auf der Stelle, es gab keine anderen vielversprechenden Ermittlungsansätze. Also widmete sie sich der neuen Spur mit aller Kraft.

Die Frage war nun: Wer hatte 2001 in Deutschland einen Opel Omega Caravan gefahren? Bald mussten wir feststellen, welch mühsames Unterfangen es war, an die Daten der neun Jahre zuvor zugelassenen Autos dieses Typs zu gelangen. Im Sommer 2001, als der Soldat den großen Wagen im Wald sah, waren in Deutschland nicht weniger als 306 000 solcher Fahrzeuge zugelassen. Von diesen 306 000 Datensätzen gab es aber nur noch 200 000, weil viele der Opel Omega Caravans seither ins Ausland verkauft oder verschrottet worden waren beziehungsweise die Löschungsvorschriften dafür sorgten, dass es keine amtlichen Informationen mehr gab.

Bereits an dieser Stelle hinterfragten wir die Sinnhaftigkeit eines solch gewaltigen Aufwands, wenn ein Drittel der notwendigen Daten nicht mehr zur Verfügung stand. Noch dazu war der Opel Omega Caravan ein beliebtes Firmenfahrzeug. Das bedeutete für die Soko, dass sie als Halter häufig lediglich ein Unternehmen ermitteln konnte, mit einer unübersehbaren Menge möglicher Fahrer. Viele dieser Unternehmen von

2001 existierten fast ein Jahrzehnt später nicht mehr. Und selbst wenn nur die Halter herangezogen würden, die den Wagen noch immer fuhren, hätten wir mit den Adressen von 2001 beginnen müssen – umfangreiche Nachermittlungen wären nötig gewesen bei allen, die seither umgezogen waren. Selbst wenn die Soko nur den Großraum Bremen und das angrenzende Niedersachsen betrachtete, also das Gebiet, in dem die meisten Taten geschehen waren, blieben immer noch über 7000 Personen zu überprüfen – immer im Wissen, dass Tausende andere gar nicht mehr in den Dateien standen.

Martin Erftenbeck und seine Mitarbeiter sahen noch ein weiteres Problem. Selbst im nicht übermäßig wahrscheinlichen Fall, dass sich der Maskenmann tatsächlich unter den 7000 norddeutschen Haltern befände: Wie sollten sie ihn überführen, ja überhaupt als Verdächtigen erkennen? Ein Massengentest wäre theoretisch das sicherste Mittel, schied aber hier aus: Die Soko Dennis besaß keine eindeutig tatrelevante DNA-Spur – eines der großen Hindernisse bei dieser ohnehin so schweren Ermittlung. Mit einer Speichelprobe war dieser Fall nicht zu klären. Die Beamten würden Alibis und den Hintergrund der Männer prüfen müssen, was, wie man sich leicht vorstellen kann, zehn Jahre nach Dennis' Entführung nahezu unmöglich war.

Kurz: Die Spur des Caravan zu verfolgen würde nur sehr geringe Erfolgschancen bieten und zugleich einen kaum zu bewältigenden Aufwand bedeuten. Als Berater des Soko-Leiters war es daher meine Aufgabe, nach Alternativstrategien zu suchen. Eine klassische Situation für die OFA. Nachdem auch wir die Datenrasterung als wenig aussichtsreich einschätzten, kam die Idee einer gezielten Medienstrategie auf. Wir hatten anhand eines umfangreichen Täterprofils in den vielen Jahren ein recht klares Bild des Maskenmannes entwickelt. Auch bestand bei den Ermittlern und uns Fallanalytikern kaum Zweifel, dass wir nach demselben Täter für die Morde an den Jungen und für die sexuellen Missbräuche in den Schullandheimen, Zeltlagern und den Einfamilienhäusern in Bremen und Delmenhorst suchten. Ich war der festen Überzeugung, dass wir diese außergewöhnliche Serie und ihren Täter entsprechend klar beschreiben könnten. Vielleicht waren der neue Zeuge und die Suche nach dem Opel der richtige Anlass, sich noch einmal an die Öffentlichkeit zu wenden?

Es bestand die berechtigte Hoffnung, dass sich dann ein Zeuge melden und uns endlich den entscheidenden Hinweis geben würde. Es musste einfach jemanden geben, der, sofern das Profil zutreffend war, unseren Täter erkennen würde. Das erschien uns allen viel aussichtsreicher als die umfangreiche Datenrasterung, deren Erfolg sehr fragwürdig war.

Glücklicherweise fügte es sich, dass ich im Mai 2010 eine Anfrage von *Spiegel TV* erhalten hatte. Der Redakteur Daniel Hartung plante eine Langzeitbegleitung der OFA Bayern und wollte anhand von geklärten Fällen unsere Arbeit vorstellen. Es gab bereits einen Sendetermin, der uns am Samstagabend ein Zeitfenster von neunzig Minuten bei VOX einräumen würde. Also anderthalb Stunden zur besten Sendezeit: Dies war der perfekte Rahmen, um die umfassende Geschichte der Soko Dennis zu erzählen.

Zuvor galt es jedoch, intensive Gespräche mit Martin Erftenbeck zu führen. Ich schlug ihm diese Alternativstrategie vor und stellte mich seinen kritischen Fragen. Als sehr erfahrener und kompetenter Kriminalbeamter wusste er, dass eine derartige Medienstrategie zwangsläufig auch Gefahren birgt. Gerade bei sexuellen Tötungsdelikten an Kindern, also Fällen, die die Öffentlichkeit besonders beunruhigen, ist die Bevölkerung sehr hilfsbereit. Leider führt das auch dazu, dass eine Vielzahl von Hinweisen mit durchaus fragwürdigem Informationsgehalt eingeht und eine Soko regelrecht überschwemmt. Diese Hinweise sind natürlich konsequent abzuarbeiten, so dass es leicht zu der sprichwörtlichen Suche nach der Stecknadel im Heuhaufen kommt. Martin Erftenbeck und ich teilten die Einschätzung, dass dies in der Tat eine nicht unerhebliche Belastung für unsere Ermittlung wäre – vor allem, weil die Grundlage für die Medienstrategie eine neun Jahre alte Zeugenwahrnehmung von nicht abschließend einzuschätzender Qualität war. In Abwägung der Chancen und Risiken entschieden wir uns dennoch für diesen Schritt.

In enger Zusammenarbeit mit Daniel Hartung entwickelten wir in der Folgezeit das Konzept, die Geschichte der Soko Dennis zu erzählen, indem wir die Gesamtzusammenhänge zwischen den Sexualdelikten in den Schullandheimen, Ferienlagern und den Wohnhäusern und den Mordfällen an den Jungen darlegten. Wichtig war uns darüber hinaus, die Persönlichkeit des Täters präzise zu beschreiben und den »schwarzen Mann« zu »entmonstern«. In der Öffentlichkeit herrscht, wie ich oft erfahren musste, folgende Vorstellung: Ein Mensch, der zu solchen Verbrechen fähig ist, muss auch im Alltag ein Ungeheuer sein. Aus unserer Erfahrung mit Serienmördern wussten wir jedoch, dass es sich häufig um normal wirkende und angepasste Zeitgenossen handelt. Da ist auf der einen Seite ihr angepasstes Leben mit Arbeit, Freizeitaktivitäten, Freunden oder gar einer Familie, und auf der anderen Seite gibt es die dunklen sexuellen Phantasien und den Versuch, sie auszuleben. Befragt die Polizei kurz nach der Festnahme eines Serienmörders dessen Umfeld, so hört sie häufig die gleichen Aussagen: Er war doch immer so nett, so freundlich und so hilfsbereit. Niemals hätte man ihm eine solche Tat zugetraut.

Manche der Serienmörder, vor allem diejenigen mit etwas höherer Intelligenz, sind in der Lage, dieses Doppelleben über einen langen Zeitraum aufrechtzuerhalten. Sie überdecken die Perversion mit einer Art Lackschicht, die dem normalen Blick, den ein Nachbar oder Bekannter gelegentlich auf dieses Leben wirft, durchaus standhält. Unser Ziel musste es daher sein, den Blick der Bevölkerung zu schärfen und Hinweise auf solche Menschen zu bekommen, auf die das Täterprofil zutraf – selbst wenn die Zuschauer es sich nicht wirklich vorstellen konnten, dass es sich dabei um den Mann mit der Maske handeln dürfte.

Martin Erftenbeck und mir war klar, dass wir diese TV-Dokumentation nicht isoliert stehen lassen sollten. Wir wollten die Informationen der breiten Öffentlichkeit auch unmittelbar mitteilen und vorher auf die Sendung hinweisen, um so möglichst viele Zuschauer zum Einschalten zu bewegen. Wir entschlossen uns daher, zwei Tage vor der Ausstrahlung auf VOX eine Pressekonferenz zu geben; dies war der geeignete Rahmen, um die wesentlichen Informationen zu präsentieren und auf die Reportage in *Spiegel TV* zu verweisen. Anschließend würden wir uns den Fragen der Journalisten stellen. Die Ankündigung schien ihre Wirkung nicht zu verfehlen, denn als ich mich auf der Autofahrt nach Verden befand, erhielt ich einen Anruf von Martin Erftenbeck, der mir mitteilte, dass die Pressekonferenz am nächsten Tag sogar live bei N24 und n-tv übertragen werden würde. Unsere Strategie schien aufzugehen.

SPUR 2849: FAHNDUNGSERFOLG NACH ZWANZIG JAHREN

Die Pressekonferenz lag hinter uns, wir hatten wirklich viele Interviews gegeben und waren müde. Es war bereits 22.28 Uhr an diesem Donnerstag, den 10. Februar 2011, als die Soko Dennis eine E-Mail von einem Zeugen erhielt. Die Kripo kannte den Absender schon – als Opfer des Maskenmanns.

Im Oktober 1995 war der Täter in das Wohnhaus des Jungen in Bremen eingedrungen und hatte ihn sexuell missbraucht. Als der junge Mann im Fernsehen die Pressekonferenz verfolgte, fiel ihm eine kleine Begebenheit ein, die er in seinen beiden Zeugenvernehmungen 1995 und 2002 der Polizei nicht erzählt hatte. Er erinnerte sich an eine Ferienfreizeit, wenige Monate bevor ihn der Maskenmann in seinem Elternhaus überfallen hatte. Da gab es einen Betreuer, der sich in ungewöhnlicher Weise dafür interessiert hatte, wo und wie der Junge denn wohne. Er konnte sich nur an den Vornamen des Betreuers erinnern: Martin.

Sehr schnell ermittelte die Soko die vollen Personalien des Betreuers und stellte fest, dass sie ihn schon kannte. Er war bereits als Spur 2849 registriert und überprüft worden. 2007 war der Mann vernommen worden, weil er in anderen Tatzusammenhängen als mutmaßlicher Sexualstraftäter an Kindern in den Fokus der Ermittlungen geriet und zudem einen Wohnsitz in Bremen hatte. Die Verfahren, bei denen er verdächtigt wurde, männliche Kinder in seinem sozialen Umfeld sexuell missbraucht zu haben, mussten von der Staatsanwaltschaft aufgrund mangelnden Tatnachweises jedoch eingestellt werden. Nach all den Jahren hatten wir also endlich einen Namen: Martin N. Die Soko Dennis begann umgehend, seinen Hintergrund zu prüfen. Erleichtert stellten wir fest, dass er gut zu unserem Täterprofil passte.

Martin N. war Jahrgang 1970 und lag somit genau in unserem Altersraster, das wir von 1963 bis 1974 angelegt hatten. Wir waren in unserem Täterprofil ferner davon ausgegangen, dass der Maskenmann zumindest in den Jahren 1994 bis 1997, zur Zeit der Wohnhaustaten, einen Ortsbezug nach Bremen hatte und vermutlich auch in dieser Zeit dort wohnte. Martin N. war gebürtiger Bremer, hatte sein Leben dort verbracht und war erst im Jahr 2000 nach Hamburg gezogen.

Ferner hatten wir den Täter als einen durchschnittlich bis überdurchschnittlich intelligenten Mann beschrieben, der besondere Fähigkeiten im Umgang mit Kindern besaß und diese entweder in seinem Beruf oder durch eine Freizeitbeschäftigung erworben haben dürfte. Es überraschte uns daher nicht, dass Martin N. Pädagogik studiert hatte und über viele Jahre als pädagogischer Mitarbeiter in der Kinder- und Jugendarbeit tätig gewesen war. Entgegen aller Serienkiller-Mythen handelt es sich bei Sexualmördern meist gerade nicht um überdurchschnittlich intelligente Täter, die einen erfolgreichen Ausbildungsweg durchlaufen haben. In der Studie der OFA Bayern zum Sexualmord in Bayern stellten wir fest, dass die große Masse der Täter zwar durchschnittlich intelligent war, jedoch nur unterdurchschnittliche Schulabschlüsse aufwiesen. Dies war bei Martin N. ganz anders.

Als Nächstes versuchten wir zu prüfen, wie er derzeit lebte. Die Soko Dennis führte diese Ermittlungen zunächst verdeckt. Die Kollegen in Flensburg, die den Mordfall Dennis Rostel von 1995 bearbeiteten, sahen noch einmal alle ihre Unterlagen durch. Auch sie wurden fündig: Eine Person mit gleichem Namen, ohne dass jedoch weitere Daten bekannt waren, hatte in der Zeit vom 22. bis 29. Juli 1995 ein Ferienhaus in Dänemark gemietet – nicht irgendwo in Dänemark, sondern nur 13,3 Kilometer von der Sanddüne entfernt, in der die Leiche von Dennis Rostel vergraben worden war. Martin Erftenbeck und ich waren uns da schon sehr sicher, dass wir keinen anderen mehr als Täter suchen mussten.

Nun überschlugen sich die Ereignisse, da die Soko Dennis feststellte, dass sich bei der Staatsanwaltschaft in Hamburg noch die Kopie einer gespiegelten Festplatte des Computers von Martin N. befand. Er hatte nämlich – ausgerechnet – einen anderen Pädophilen erpresst und gedroht, dessen Arbeitgeber über seine sexuelle Neigung zu informieren. Die Staatsanwalt-

schaft hatte ein Verfahren gegen N. wegen Erpressung einge-
leitet und seinen PC sicherstellen lassen. Dabei waren die Daten gespiegelt worden. Die Polizei fand darauf kinderporno-
graphisches Material; N. verlor seinen Job als Erzieher.

Die Festplatte lag uns nun vor und wurde von der Soko
Dennis ausgewertet. Hierbei stießen die Kollegen auf etwa
30 000 nur daumennagelgroße Vorschaubilder, sogenannte
Thumbnails: Fotos von nackten Jungs, kinderpornographi-
sches Material, Fotos von Zeltlagern und Schullandheimen
sowie von im Sand eingegrabenen Kindern. Zwei der Bilder
fielen besonders auf. Es waren Porträts von Dennis Rostel
und Dennis Klein. Doch damit waren wir noch nicht am Ziel.
So auffallend es erschien, dass sich ausgerechnet Fotos zweier
Opfer des Maskenmanns auf dem PC eines Verdächtigen gespeichert fanden: Diese Bilder waren auch im Internet veröffentlicht worden, N. konnte sie auch einfach nur heruntergeladen haben.

Dann gelang aber einem Kollegen aus Martin Erftenbecks
Sonderkommission der Durchbruch: Er fand auf der gespiegelten Festplatte Bilder, die einen Jungen auf der Treppe eines
Gebäudes zeigten. Es waren Bilder von Marco B., jenes Jungen, den der Maskenmann im Schullandheim Wulsbüttel aus
dem Bett geholt, in die Schuhschleuse gebracht und dort missbraucht hatte. Er ließ ihn gehen, drohte aber, er würde zu ihm
kommen und ihn töten, wenn er etwas erzählen würde. Erst ein
knappes Jahr später hatte Marco sein Schweigen gebrochen,
als er wieder in das Heim fahren sollte, wo er das schlimmste
Erlebnis seines jungen Lebens hatte ertragen müssen.

Der Kollege hatte damals den Fall Marco B. bearbeitet und
erkannte den abgebildeten Jungen auf den ersten Blick. Es
war immer unsere große Hoffnung gewesen, irgendwann solche Bilder zu finden: Fotos, die der Täter selbst gemacht hatte
und gegen alle Vorsicht hütete wie eine Trophäe. Sehr oft

kommt so etwas nicht vor, doch für Martin N. besaßen sie offenbar eine zu große Bedeutung, um sie zu vernichten. Unsere Überzeugung war nun nicht mehr zu erschüttern. Martin N. musste der Maskenmann sein.

Im nächsten Schritt planten wir den Zugriff und stießen für uns völlig überraschend auf einen erneuten Fall von Linkage Blindness. Am Tag vor dem Zugriff sollten wir die notwendigen Beschlüsse, inklusive eines Haftbefehls, beim zuständigen Landgericht abholen. Dort aber teilte uns der Ermittlungsrichter mit, er habe doch erhebliche Zweifel an dem Zusammenhang all dieser Delikte, und erließ keinen Haftbefehl. Ohne diesen würde die Polizei Martin N. nach der Durchsuchung seiner Wohnung und der DNA-Abnahme gehen lassen müssen.

Am nächsten Morgen, es war der 13. April 2011, brachen wir trotz des Rückschlags mit dem Haftbefehl auf. Martin Erftenbeck und ich saßen gegen 5.30 Uhr in einem zivilen BMW der OFA Bayern und warteten auf den Zugriff auf Martin N. Wir hatten uns von dem Trubel zurückgezogen, der auf dem Parkplatz eines Discounters herrschte, nur wenige Straßen vom N.s Wohnhaus entfernt. Die Einsatzkräfte hatten dort ihren zentralen Treffpunkt, und Martin Erftenbeck und ich suchten Ruhe, um uns vorzubereiten. In wenigen Minuten würde N. vermutlich das Haus verlassen und sich auf den Weg zu seiner Arbeitsstelle in Hamburg machen. Ein mobiles Einsatzkommando der niedersächsischen Polizei (MEK) würde ihn dabei aufhalten, kontrollieren und durchsuchen. Es war notwendig, das MEK einzuschalten, da der Maskenmann bei einigen seiner Taten eine Pistole gezeigt hatte und es nicht absehbar war, wie er auf seine Entdeckung reagieren würde. Sobald er »gesichert« war, würden wir per Funk verständigt und sofort zu dem Haus fahren.

Als das Zugriffszeichen ertönte, startete ich den Wagen und fuhr los. Nach jahrelangen Ermittlungen würden Martin Erftenbeck und ich also in wenigen Sekunden auf unseren Verdächtigen treffen. Als wir dort ankamen, halfen die Kollegen vom MEK Martin N. wieder auf die Beine. Sie hatten ihn auf die Knie gedrückt und durchsucht. Er sah uns an, und ich hatte den Eindruck, dass wir ihm nicht fremd waren.

Wir stellten uns vor, wiesen uns aus und brachten ihn sofort in den BMW. Dort erklärten wir ihm die Situation und belehrten ihn über seine Rechte als Beschuldigter. Zu unserer Überraschung verzichtete er auf einen Anwalt und stimmte unserem Vorschlag zu, zur Kriminalpolizei nach Verden zu fahren. Martin Erftenbeck hatte ihm die Beschlüsse zur Durchsuchung und zur DNA-Abnahme ausgehändigt, N. las aufmerksam deren Inhalt. Es dauerte einige Minuten, bis er realisierte, wie umfangreich die Vorwürfe gegen ihn waren. Dann zeigte er körperliche Reaktionen, wie ich sie in diesem Ausmaß noch nie bei einem Beschuldigten erlebt hatte. Er begann zu schwitzen und zu zittern und rang um Fassung. Martin Erftenbeck, der im Fond des BMW neben Martin N. saß, und ich warfen uns über den Rückspiegel Blicke zu; ein Unschuldiger zeigt solche Verhaltensweisen nicht. Gleich dreimal unterbrachen wir die Fahrt, weil N. an die Luft musste. Das MEK begleitete uns in einem anderen Wagen. Als wir in Verden ankamen, hatte sich N. einigermaßen stabilisiert.

Wir reichten ihm zunächst etwas zu trinken und boten ihm ein Frühstück an, doch er lehnte ab. Als Nächstes entnahm man ihm eine DNA-Probe, die sofort zum LKA nach Hannover transportiert wurde. In 24 Stunden würden wir wissen, ob Martin N. als Verursacher für Spuren an den Tatorten in Frage käme oder es einen Treffer in der DNA-Datenbank gab. Das Problem bei den DNA-Spuren war jedoch, dass wir nicht von einer definitiven Tatrelevanz ausgehen konnten, da sie teilweise mit neuen Untersuchungsmethoden gewonnen waren – jedoch an Beweismitteln, die beispielsweise aus dem Jahr

1992 stammten, als die DNA-Analyse bei der deutschen Polizei noch kein Thema war. Demzufolge waren die Spurenträger wie die Kleidungsstücke der Opfer damals auch anders behandelt worden, als dies im Jahr 2011 der Fall war. Bei keiner der DNA-Spuren waren wir uns zu hundert Prozent sicher, dass diese tatsächlich vom Täter stammen musste.

Nach der Feststellung seiner Personalien fragten wir N., ob er sich zur Sache äußern wolle. Er lehnte ab. Das war sein gutes Recht, stellte uns jedoch vor eine schwierige Situation, da wir nun auf die Ergebnisse der zeitgleich laufenden Hausdurchsuchung angewiesen waren. Zu unserer Überraschung fragte uns Martin N., welche Beweise wir denn hätten. Er suchte also doch das Gespräch mit uns. Es ergab sich daraus ein knapp elfstündiges Gespräch, in dem er sich jedoch nicht durchringen konnte, ein Geständnis abzulegen. Vielmehr stritt er seine Täterschaft ab, wollte aber gleichzeitig unseren Ermittlungsstand herausfinden. Es gelang uns im Laufe dieses Gesprächs mehrfach, eine emotionale Beziehung zu Martin N. aufzubauen. Ich denke, dass er nicht erwartet hatte, dass wir tatsächlich versuchen würden, seine Persönlichkeit zu verstehen, und ihm echtes Interesse entgegenbringen würden. Diese Beziehung war, unserer Einschätzung nach, zu mir stärker ausgeprägt als zu Martin Erftenbeck. Deshalb verließ mein Kollege manchmal das Vernehmungszimmer, um mir mehr Gelegenheit zu geben, diese Gesprächsatmosphäre auszubauen.

Martin N. zeigte dann immer deutlicher Gefühle, manchmal weinte er. Ich hatte den Eindruck, dass mir die jahrelange Beschäftigung mit Sexualmördern half, die Motive und die Erlebniswelt von Martin N. wenigstens ein Stück weit zu begreifen. Und ich nehme an, er spürte dies auch. Da bei der Durchsuchung unter anderem eine Schreckschusswaffe gefunden wurde, wie sie der Täter in den Missbrauchsfällen in den Wohnhäusern dabeigehabt hatte, nahmen wir Martin N. am Abend vorläufig fest. Er würde die Nacht in der Zelle der Polizeiinspektion Verden verbringen. Wir brachten ihn dorthin, übergaben ihn den Kollegen und verabschiedeten uns mit dem Hinweis, dass er uns jederzeit anrufen lassen könne, sofern er etwas mitzuteilen habe – auch zur Nachtzeit. Es war eine sehr skurrile Situation, da er uns gar nicht gehen lassen wollte, sich gleichzeitig aber nicht zu einem Geständnis durchringen konnte.

Während der Nacht hatten wir keinen Anruf erhalten. Am nächsten Morgen waren Martin Erftenbeck und ich gerade dabei, ein Protokoll über das Gespräch am vorherigen Tag zu schreiben, als uns eine schlechte Nachricht ereilte: Die DNA-Untersuchung war negativ verlaufen. Es gab weder einen Spurentreffer mit unseren Fällen, wobei wir die Wertigkeit dieser Spuren auch immer angezweifelt hatten, noch einen Treffer in der Datenbank. Auf dieser Basis würden wir Martin N. über kurz oder lang gehen lassen müssen. Auch für den Besitz der ihn belastenden Fotos von Marco in der Schuhschleuse hatte Martin N. eine Erklärung abgegeben: Er habe diese im Internet heruntergeladen. Dies hätten wir ihm zunächst einmal widerlegen müssen. Insgesamt war es das worst case scenario: Wir waren uns seiner Täterschaft sicher, konnten ihm die Verbrechen jedoch nicht nachweisen.

Wir mussten also Martin N. zu einem Geständnis bewegen, andernfalls hätte er als freier Mann nach Hamburg zurückkehren können. Wir holten ihn gegen 11.30 Uhr aus der Zelle und brachten ihn zurück in das Vernehmungszimmer. Sehr schnell fanden wir wieder in das Gespräch zurück. Martin N. wollte allerdings weiterhin keine Angaben zur Sache machen. Wir hatten aus Zeitmangel keinen konkreten Plan für den weiteren Gesprächsverlauf mehr entwickeln können. Martin Erftenbeck verließ erneut das Zimmer, mit dem Hinweis, er müsse noch Unterlagen vorbereiten. Das war sehr umsichtig. Er wusste, dass N. mir mehr vertraute. Nun war ich allein mit ihm und wusste: Das ist vermutlich die letzte Gelegenheit, ein Geständnis zu bekommen. Ich hatte den Eindruck, dass Martin N. emotional eigentlich dazu bereit war, jedoch eine erhebliche Hemmschwelle hatte, es auszusprechen.

Daher sagte ich zu ihm:»Herr N., ich habe Ihnen gestern den ganzen Tag lang die Hand gereicht, Sie haben sie jedoch immer wieder ausgeschlagen. Ich werde Ihnen jetzt noch ein letztes Mal die Hand reichen.« Ich teilte ihm erneut mit, dass er keine Angaben machen müsse, dies war mir hinsichtlich der späteren gerichtlichen Verwertbarkeit eines Geständnisses besonders wichtig – wenn auch nicht notwendig, da wir ihn bereits dreimal belehrt hatten. Ich wollte jedoch, dass er die Tragweite seines Schrittes erkannte und sich bewusst dazu entschied.

Ich streckte meine Hand in seine Richtung und wartete ab. Es schien mir wie eine Ewigkeit, vermutlich waren es aber nur wenige Sekunden, bis Martin N. tatsächlich meine Hand ergriff und zu weinen begann. Ich stellte ihm daraufhin die Frage:»Sind Sie der schwarze Mann?« Er blickte mich an und sagte unter Schluchzen:»Ja, ich bin der schwarze Mann.« Da war es. Der Moment, auf den wir alle, die Soko Dennis und die OFA Bayern, so viele Jahre hingearbeitet hatten.

Martin N. beugte sich vor, hielt weiter meine Hand fest und weinte an meiner Schulter. Ich fragte ihn, ob wir jetzt darüber reden könnten. Er bejahte. In diesem Moment kam Martin Erftenbeck zur Tür herein und erkannte sofort die Situation. Ich sagte ihm, dass Martin N. gerade gesagt hatte, er sei der schwarze Mann. Der Soko-Leiter ließ sich dies von N. bestätigen, dann verließ er den Raum, um ein Aufzeichnungsgerät zu holen. N. griff meine Hand fester und sagte mir, dass er nur mit mir allein sprechen wollte. Ich ging darauf ein.

In der folgenden Stunde gestand mir N. die Morde an Stefan Jahr, Dennis Rostel und Dennis Klein, weiterhin die sexuellen Missbräuche in den Schullandheimen und Zeltlagern und auch die Wohnhaustaten in Bremen und Delmenhorst. Die Taten im Ausland, die Morde an Nicky Verstappen und Jonathan Coulom sowie die Missbrauchsfälle im Schullandheim in Frankreich 1998, stritt er hingegen ab.

Nach einer guten Stunde nahm Martin Erftenbeck als Soko-Leiter wieder an der weiteren Vernehmung teil. N. hatte nichts mehr dagegen. Er war über eine Grenze gegangen. Vier Stunden lang nannte er uns Details zu den Taten, auch solche, die nur der Mörder selbst kennen konnte. Im Anschluss suchten wir noch einige Tatorte auf. Dann fuhren wir zur Vorführung beim Haftrichter in Stade.

Gegen 23.00 Uhr lieferten wir N. in der Justizvollzugsanstalt Verden ab. Ich werde nie den Moment vergessen, als ich mich von ihm verabschiedete. Wir standen zu fünft im engen Übergabebereich des Gefängnisses: Martin N., Martin Erftenbeck, zwei Kollegen von der Fahndung, die uns zur Sicherheit begleitet hatten, und ich. N. verabschiedete sich, obwohl ich direkt neben ihm stand, zunächst von den Kollegen und dann von Martin Erftenbeck. Er drehte sich schließlich zu mir, blickte mich ein letztes Mal an und sagte: »Vielen Dank, Herr Horn.«

Auf dem Parkplatz vor der JVA Verden umarmten Martin Erftenbeck und ich uns. Es war die erste Nacht seit sehr vielen Jahren, in der wir wussten: Vom Mann mit der Maske würde keine Gefahr mehr ausgehen.

Martin N. fuhr übrigens in der Nacht der Tötung von Dennis Klein einen blauen Opel Astra Kombi, er besaß zu keinem Zeitpunkt einen weißen Opel Omega. Weiter gab er in seiner Vernehmung an, Dennis Klein bereits im Schullandheim in Wulsbüttel getötet zu haben. Die Wahrnehmung des Soldaten konnte demnach nicht in Einklang mit den Feststellungen der

Sonderkommission gebracht werden. Es handelte sich dabei um die subjektive Wahrnehmung eines Zeugen.

Im Februar 2012 wurde Martin N. vom Landgericht Stade zu lebenslanger Freiheitsstrafe mit besonderer Schwere der Schuld verurteilt. Die Morde an Nicky Verstappen und Jonathan Coulom hat er nicht gestanden; auch das Passwort seines Computers gab er nicht preis. Hier könnte es sich um das sogenannte Schatzkästchen-Phänomen handeln: Ein überführter Serienmörder will bestimmte Aspekte seiner Taten für sich behalten – als letzte Ausübung von Kontrolle, nachdem ihm alles andere genommen wurde.

FEHLER MIT NEBENWIRKUNGEN

Die Beispiele der BAO Bosporus und der Soko Dennis haben gezeigt, was die Kernaufgaben des Beraters sind: wenn nötig, auch alternative Hypothesen und Strategien zu entwickeln und den Blick des Entscheidungsverantwortlichen zu weiten.

Es frustriert mich manchmal, wenn ich sehen muss, dass bei großen Ermittlungen immer wieder die gleichen Problemlagen auftreten, weil die schlechten Erfahrungen aus früheren Fällen vergessen wurden oder unbekannt sind. Diese Probleme entstehen entweder, weil die Informationen unklar oder fehlerhaft sind – oder weil sie falsch bewertet werden. Es kann auch geschehen, dass die Ermittlungen nicht konsequent durchgeführt oder sogar abgebrochen werden, bevor sich ein Erfolg einstellen kann, so wie bei den Fällen des Yorkshire-Rippers oder des Serienmörders Bernardo in Kanada.

Hier wird die Polizei noch stärker gefordert sein, für den internen Wissenstransfer zu sorgen, auch über die Zuständigkeitsgrenzen von Bundesländern oder Staaten hinaus. Wo gearbeitet wird, werden immer auch Fehler passieren; davor ist niemand gefeit – wir so wenig wie alle anderen. Ärgerlich ist es aber, wenn sich vermeidbare Fehler wiederholen. Daher müssen Berater wie wir über eine umfangreiche Fallkenntnis von herausragenden Delikten verfügen und in der Polizei sehr gut vernetzt sein, um gemeinsam solche Fehler zu vermeiden. Die Analyse der Problemfelder und Lösungsansätze anderer großer Ermittlungen kann uns dabei helfen, Fehler nicht zu wiederholen.

Wie das Beispiel der Medienstrategie im Falle der Soko Dennis verdeutlicht, ist es Aufgabe des Beraters, auch auf Folgen und Gefahren hinzuweisen, die aus angedachten Maßnahmen entstehen. Das heißt, es ist nicht damit getan, dem Soko-Leiter eine Strategie zu empfehlen und ihn dann damit allein zu lassen. Dietrich Dörner verdeutlicht, wie gefährlich es sein kann, die Neben- und Fernwirkungen von Maßnahmen nicht in ausreichendem Maße zu berücksichtigen. Gewünschte Erfolge können sich dabei sehr schnell in das absolute Gegenteil verkehren. Er spricht hierbei von der Vernetztheit, bei der »die Beeinflussung einer Variablen nicht isoliert bleibt, sondern Neben- und Fernwirkungen hat«.[4] In der Praxis werden diese Neben- und Fernwirkungen neuer Maßnahmen in der Ermittlung manchmal unterschätzt.

Ein gutes Beispiel ist die Frage, ob ein Phantombild eines unbekannten Kindermörders veröffentlicht werden sollte oder nicht. Sobald es in der Zeitung oder in *Aktenzeichen XY ungelöst* zu sehen ist, wird eine Vielzahl von Hinweisen eingehen. Dabei werden erfahrungsgemäß sehr gute sein, aber auch solche, die nirgendwo hinführen. Dessen muss sich die Soko bewusst sein, wenn sie ein solches Bild veröffentlicht. Zudem beruhen Phantombilder in der Regel auf subjektiven Wahrnehmungen und nicht auf Fakten. Es besteht daher immer die Gefahr, dass es dem Täter nicht ähnlich sieht und dann ganz erhebliche Ermittlungskapazitäten verlorengehen. Unter Umständen müssen andere, durchaus vielversprechende Überprüfungsmaßnahmen hierfür zurückgestellt werde. Martin Erftenbeck und ich führten im Vorfeld der Medienstrategie und der damit verbundenen Pressekonferenz intensive Diskussionen über die Frage, wie viel Zeit und wie viele Beamte die Abarbeitung der Hinweise in Anspruch nehmen und inwieweit sie die sonstigen Ermittlungen beeinträchtigen könnte. Hier ist zwischen der OFA und der Soko ein möglichst enger und vertrauensvoller Austausch nötig, um die notwendigen Ressourcen abzuschätzen.

So weit zur Gefahr, falsch zu handeln. Genauso problematisch kann es sein, nicht zu handeln. Hier möchte ich nochmals die Erfahrungen aus den Ermittlungen der BAO Bosporus heranziehen.

DIE NSU-MORDE UND DIE MEDIENSTRATEGIE

Im Jahr 2006 hatten wir, wie geschildert, die Alternativhypothese vom fremdenfeindlichen Mörder mit Zerstörungsmotiv entwickelt. Nur: Wer waren der oder die Täter? Wir hielten es daher für nötig, unsere Annahme bekanntzumachen, um Hinweise auf die Täter zu erhalten. Wenn die Mörder, so dachten wir, tatsächlich von ausländerfeindlichen Motiven getrieben wurden, bestand die erhebliche Gefahr, dass sie sich sehr sicher fühlten und womöglich ihre Mordserie fortsetzen würden. Denn bis dahin hatte die Öffentlichkeit gehört, dass die Mordserie einen Hintergrund im Bereich der organisierten Kriminalität habe; mutmaßlich war es das Werk einer türkischen Gruppierung. Hinweise auf ausländerfeindliche Täter waren auf diese Weise natürlich nicht zu erwarten.

Wir planten daher gemeinsam mit der Leitung der BAO Bosporus eine Medienstrategie, ganz ähnlich jener, die wir dann fünf Jahre später im Fall des Maskenmanns umsetzten, und erhofften uns davon gleich zweierlei: ein Signal an die Täter zu senden, dass wir ihnen näher kamen, um damit vielleicht ein Ende der Serie zu bewirken und Hinweise auf Verdächtige mit fremdenfeindlichem Hintergrund zu erhalten. Zunächst informierten wir die *Süddeutsche Zeitung* über unsere Hypothese, die dann ausführlich berichtete. Anschließend gaben wir eine große Pressekonferenz. Am Anfang war die Resonanz in den Medien so groß wie erhofft, doch dann versandeten unsere Bemühungen. Obwohl BAO-Leiter Geier ganz mit uns übereinstimmte, stieß unsere Alternativhypothese in großen Teilen des Ermittlungsapparats auf so viel Widerstand, dass die Medienstrategie nicht mit vergleichbarer Vehemenz wie später bei der Soko Dennis umgesetzt wurde. Die Strategien, die wir im Rahmen von Fallanalysen erstellen, sind aber meistens ganzheitliche Konzepte. Die einzelnen Elemente bauen aufeinander auf und funktionieren bei vollständiger Umsetzung. Wenn die Auftraggeber nur Teilaspekte übernehmen, besteht die Gefahr, dass der Erfolg der Gesamtstrategie in Frage gestellt wird. Aus meiner Sicht ist es besser, diese Dinge im Vorfeld klar und deutlich zu besprechen, da sich so manche spätere Diskussion erübrigt. Als Auftraggeber sollte man seinen Berater umgekehrt natürlich so lange hinterfragen, bis man von der Richtigkeit der Beratung überzeugt ist, und andernfalls die vorgeschlagene Strategie ablehnen. Sie nur in Teilen zu übernehmen ist meines Erachtens immer die schlechtere Lösung, weil sie die Erfolgsaussichten mindert.

Unserer Hypothese blieb letztendlich eine Münchner und Nürnberger Mindermeinung, während das Gros der Ermittler und vor allem die zentrale »Steuerungsgruppe« weiterhin davon ausgingen, dass die Täter in der organisierten Kriminalität zu suchen seien. Die Steuerungsgruppe war eingerichtet worden, um die Ermittlungen der Sonderkommissionen in den fünf von den Morden betroffenen Bundesländern zu koordinieren. Auch das Bundeskriminalamt und die Staatsanwaltschaft Nürnberg, als zentrale Bearbeitungsstelle der Justiz, hatten einen Vertreter in dieser Gruppe.

Ich will an dieser Stelle nicht die Kämpfe von gestern noch einmal ausfechten, sondern zitiere den Abschlussbericht des NSU-Untersuchungsausschusses des Deutschen Bundestages:»Mit der mehrheitlich negativen Einschätzung der 2. Operativen Fallanalyse (der OFA Bayern nach den Morden 2006; AH) durch die Steuerungsgruppe ging die Ablehnung einer hierauf basierenden Medienkonzeption einher.« Zu den Konsequenzen dieser negativen Einschätzung schreiben die Abgeordneten:»Dem Bundesverfassungsschutz, den Landesämtern, aber auch der ermittelnden BAO ›Bosporus‹ ist es nicht möglich gewesen, neu gebildete Neonazi-Netzwerke und Strukturen zu erkennen und sie sauber zu analysieren. Vielversprechende andere Ermittlungsansätze, die es durchaus gab, wurden nicht konsequent weiterverfolgt, aus den Augen verloren oder auf Arbeitsebene nicht ernsthaft umgesetzt. Das zeigt vor allem die Operative Fallanalyse (OFA) des Profilers *Alexander Horn,* die durchaus Serientäter mit einer Abneigung gegen Migranten und rechtsradikalem Hintergrund in Betracht gezogen hat.«[5]

Dieser und andere Untersuchungsausschüsse auf Landesebene haben sich intensiv mit dem Verlauf der Ermittlungen auseinandergesetzt und auch meine Rolle hierbei hinterfragt. Ich bedaure zutiefst, dass es uns als Polizei nicht gelungen ist, den Morden des NSU zu einem früheren Zeitpunkt Einhalt zu gebieten.

10 INTUITION ODER ERFAHRUNGSWISSEN?

DIE ANFORDERUNGEN AN DEN BERATER

Beratung ist ein schwieriges Geschäft, denn es muss immer die richtige Balance gewahrt werden zwischen dem Auftrag, die relevanten Informationen kritisch zu hinterfragen, der Notwendigkeit, möglicherweise unbequeme Wahrheiten mitzuteilen, und der Motivationsarbeit, indem den Ermittlern neue Wege aufgezeigt werden. Der Job des Beraters besteht darin, sich in die Belange des Soko-Leiters einzumischen und doch stets die Grenzen der Beratung zu wahren. Genau das aber ist immer wieder aufs Neue spannend und herausfordernd. Zu unterschiedlich sind die Fälle und die Charaktere der handelnden Personen, als dass sich hier Routine einstellen würde.

Ich möchte hier einige der Anforderungen vorstellen, die an den polizeilichen Fallanalytiker als Berater zu stellen sind.

Manchmal werden Personen hinzugezogen, weil sie zu einer Beratungsorganisation gehören, jedoch von der eigentlichen Tätigkeit nur eingeschränkt Ahnung haben. In vielen Firmen kennt man das. Das Wissen und der Erfahrungshintergrund des Beraters sollten aber breiter gestreut sein als bei denjenigen, die er berät, sonst wird er ihnen schwerlich etwas Nützliches mitteilen können.

Bei der Polizei ist das genauso. Wegen des hohen Handlungsdrucks bei vielen Ermittlungen muss der Berater in der Lage sein, eine chaotische Informationslage schnell und umfassend zu erfassen, zu bewerten und die richtigen Schlüsse zu ziehen. Aber dabei darf er eines niemals vergessen: Bei allem Streben nach »Objektivität« nimmt auch er die Wahrheit mitunter verzerrt und eben doch nicht objektiv wahr. Daher sollten wir uns stets selbst überprüfen, um nicht in Stereotype, gewohnte Deutungsmuster oder »Lieblingserklärungsansätze« zu verfallen. Gerade der Berater muss sich die Offenheit bewahren.

Das Fallanalyse-Team der OFA Bayern hatte bei den Ermittlungen der Soko Dennis ein sehr lehrreiches Erlebnis. Die Polizei in Verden war im Juni 2009 damit beschäftigt, die Spuren abzuarbeiten, die sich aus der Zusammenarbeit mit den französischen Kollegen im Mordfall Jonathan Coulom ergeben hatten, als eine Tat im nordrhein-westfälischen Rheine unsere Aufmerksamkeit weckte.

In der Nacht zum Samstag, den 13. Juni war gegen 4.45 Uhr ein unbekannter Täter in eine Jugendherberge eingedrungen und hatte einen zehnjährigen Jungen aus seinem Zimmer entführt. Er nahm ihn auf den Arm, trug ihn aus dem Haus und brachte ihn in den angrenzenden Park. Der Junge begann leichten Widerstand zu leisten; da forderte der Täter ihn auf, seine Shorts auszuziehen, und ließ ihn anschließend in die Jugendherberge zurückkehren.

Martin Erftenbeck informierte uns von dem Geschehen; nur wenige Tage darauf trafen wir uns in Rheine zur Ortsbesichtigung. Die Ermittlungen hatten in der Zwischenzeit ergeben, dass es in den Jahren 2001, 2008 und 2009 weitere, ähnlich gelagerte Fälle gegeben hatte: Jedes Mal war ein Unbekannter in Häuser oder Einrichtungen eingedrungen. Es stellte sich natürlich die Frage, ob es sich um unseren Täter handelte. Außerdem erfuhren wir, dass der Vater eines der Missbrauchsopfer aus Bremen zwischenzeitlich nach Rheine gezogen war. War es denkbar, dass der Täter diese Familie doch gezielter ausgewählt hatte als manche der anderen Opfer? Oder handelte es sich lediglich um einen Zufall? Es gab allerdings auch Unterschiede zu den Taten der Serie. In keinem Fall hatte der Täter der Soko Dennis ein Kind aus einem Objekt mitgenommen und es anschließend wieder gehen lassen. All diese Jungen waren auch getötet worden. Auch die Tatzeit wich ab: 04.45 Uhr, das war schon fast am frühen Morgen; der Mann mit der Maske stieg dagegen meist kurz nach Mitternacht ein. Trotz der Abweichungen erschien uns ein Zusammenhang durchaus denkbar.

Doch es kam anders. Aufgrund einer DNA-Spur nahm die Polizei am 25. Juli 2009 einen 29-jährigen vorbestraften Mann aus Rheine fest, der allerdings, wie sich sehr schnell zeigte, als Verdächtiger für die Fälle der Soko Dennis ausschied. Unsere Vermutung, dass die Fälle zusammengehörten, war falsch gewesen. Sie hatten mit den Taten des Maskenmanns nichts zu tun. Wie konnte das passieren?

Wir hatten in diesem Fall die so dringend notwendige Objektivität vernachlässigt und Erklärungen für die Unterschiede in der Tatbegehung gefunden, vielleicht auch, weil wir die Lösung der Fälle so sehr herbeihofften. Diese Erfahrung war eine der wichtigsten in meiner Tätigkeit als Fallanalytiker. Wir hatten über die Jahre hinweg immer wieder Fälle, die gewisse Ähnlichkeiten zu den Verbrechen des Maskenmanns aufwiesen, einen Zusammenhang aber jedes Mal ausgeschlossen. Die Fälle in Rheine waren jedoch so nah am Verhalten »unseres« Täters, dass wir eines übersahen: Was sehr ähnlich aussah, konnte doch etwas ganz anderes sein. Das zeigte mir, wie zutreffend die Einschätzung Daniel Kahnemans ist, »dass Menschen, wenn sie eine Schlussfolgerung für wahr halten, höchstwahrscheinlich auch Argumente glauben, die diese Schluss-folgerung untermauern, auch wenn diese Argumente wenig stichhaltig sind«.[1]

Der Berater muss darüber hinaus in der Lage sein, sich an die jeweiligen Situationen anzupassen; seine Lösungsvor-schläge dürfen keine hehren, aber unrealistischen Ideen sein. Ein hohes Maß an Anpassungsfähigkeit und Flexibilität ist hierfür notwendig. Es macht beispielsweise einen großen Un-terschied, ob eine Sonderkommission bei der Mordkommis-sion des Polizeipräsidiums München eingerichtet wird, wo es kein Problem darstellt, innerhalb kürzester Zeit dreißig oder vierzig erfahrene Kriminalbeamte zu versammeln, oder bei einer kleinen Kriminalpolizeiinspektion auf dem Land. Der Berater wird im letzteren Fall der Soko gegebenenfalls bei der Priorisierung helfen müssen, welche Maßnahmen sie zuerst und besonders intensiv verfolgen soll. Die Maßnahmen, die wir als Fallanalytiker vorschlagen, müssen sich daher an dem orientieren, was jeweils auch zu leisten ist.

Der Berater sollte in der Lage sein, die Persönlichkeit des Gegenübers mit allen Stärken und Schwächen zu erfassen und sich darauf einzulassen. Er sollte den Kollegen klarma-chen, dass die Einbindung der OFA ein Angebot und keine Konkurrenz für den Soko-Leiter darstellt. Es geht darum, möglichst schnell ein schweres Verbrechen aufzuklären. Dazu müssen wir Einblick in den Fall und in die bereits getroffenen Maßnahmen erhalten, auch wenn diese unter Umständen nicht optimal verlaufen sind. Es geht nicht darum, nach Feh-lern zu suchen, sondern nach Lösungen.

Zu der beschriebenen Offenheit gehört auch, Probleme klar zu benennen. Gegebenenfalls muss man dem Soko-Lei-ter die Notwendigkeit nahebringen, eine externe Person in die Ermittlung einzubeziehen. Ich möchte dies anhand eines Beispiels erläutern.

Regelmäßig erstellen wir Strategien für die Vernehmung von Beschuldigten. Dabei geht es auch darum, wie man ein geeignetes Vernehmungsteam zusammenstellt. Dies ist ein schwieriges Unterfangen, da wir versuchen müssen, die für den Verdächtigen am besten geeignete Person zu finden, jene also, bei der die Wahrscheinlichkeit am höchsten ist, dass der mutmaßliche Täter sich öffnet und bestenfalls auch gesteht. In manchen Fällen bringt jedoch kein Beamter in der Sonderkommission die optimalen Voraussetzungen mit. Dann ist es notwendig, den Verantwortlichen auf diesen Umstand hinzuweisen und ihm entweder einen geeigneten Kollegen aus einer anderen Einheit anzubieten oder unter Umständen die Ermittlung auch selbst zu unterstützen.

Eine der Kernkompetenzen eines Beraters ist die Fähigkeit, flexibel und schnell auf Veränderungen der Lage zu reagieren und dem zu Beratenden auch weiterhin Handlungssicherheit zu geben. Hier helfen gute Kommunikation und kurze Wege. Je länger eine Beratung dauert, desto größer ist die Gefahr, dass wir Teil des Systems werden, statt es von außen zu unterstützen. Das ist nur menschlich, kann aber zu einem Verlust von Objektivität und damit auch von Professionalität führen. Es ist daher notwendig, dass der Berater hierfür sensibel bleibt. Es können sich zum Beispiel in einer Sonderkommission Fraktionen bilden. Für uns ist es in solchen Fällen entscheidend, sich von keiner Seite vereinnahmen zu lassen.

Wir sollten aber auch in der Lage sein, uns selbst und den Prozess regelmäßig in Frage zu stellen. Auch hier kommt dem Team eine besondere Bedeutung zu, da es als Korrektiv dient und angehalten ist, auch den verantwortlichen Fallanalytiker kritisch zu hinterfragen. In Deutschland hatten wir zunächst die methodische Vorgehensweise des FBI übernommen und sie dann durch die Arbeit in der Gruppe ergänzt. FBI-Profiler arbeiten, wie bereits erwähnt, schon aus Kapazitätsgründen häufig allein oder höchstens zu zweit. Da wir aber menschliches Verhalten interpretieren, was immer eine gewisse Unsicherheit impliziert, halten wir es für erforderlich, ein Team von mindestens drei Kollegen mit der Analyse eines Falles zu betrauen. Es garantiert sowohl die Vielfalt der Hypothesen als auch deren kritische Prüfung.

Ich empfand die Tatsache immer als etwas störend, dass das FBI keine umfangreiche Beschreibung der Methodik vorgelegt hatte. Diesen Mangel an Transparenz wollten wir in Deutschland nicht aufkommen lassen, und daher schrieben Harald Dern vom Bundeskriminalamt, Dr. Dieter Naumann als Leiter der OFA-Einheit in Brandenburg und ich eine Handlungsanleitung für Fallanalytiker in Deutschland. In diesem Papier legten wir die Methodik so nieder, dass sie nachvollziehbar und für Fallanalytiker erlernbar war. Dieses Papier ist die Grundlage für die Ausbildung und die tägliche Praxis und dient hoffentlich auch dazu, dem Mythos zu Leibe zu rücken, hier stehe »Kunst versus Wissenschaft«.

ANALYTISCHES DENKEN: PROFILING IST KEINE ZAUBEREI

Mit Sicherheit kennen Sie das auch: Sie stehen vor einer Entscheidung und haben große Probleme, sich zu einer Lösung durchzuringen. Rein argumentativ haben Sie alles durchdacht, Für und Wider gründlich abgewogen, und trotzdem kommen Sie nicht wirklich weiter. Das ist häufig der Moment, in dem das Bauchgefühl den Ausschlag gibt: eine Bewertung, die wir nicht recht in Worte fassen können, aber dennoch als richtig einschätzen.

Manche verwenden hierfür gerne auch den Begriff der Intuition. Das ist die Fähigkeit, Einsichten in Sachverhalte, Auffassungen, Gesetzmäßigkeiten oder die subjektive Stimmigkeit von Entscheidungen zu erlangen, ohne bewusste Schlussfolgerungen zu ziehen. Oder wie man so sagt: Wir entscheiden uns mit dem Bauch, nicht mit dem Kopf.

Auf die Erkenntnisse des Psychologen und Nobelpreisträgers Daniel Kahneman wurde hier schon mehrmals hingewiesen. Er hat sich intensiv mit der Frage von Entscheidungsprozessen und der Bedeutung der Intuition beschäftigt. In seinem Grundlagenwerk *Schnelles Denken, langsames Denken* befasst er sich auch mit der Frage nach der Rolle der Intuition bei der Entscheidungsfindung. So beschreibt er am Beispiel von Einsatzleitern der Feuerwehr, wie dort Entscheidungsprozesse unter Zeitdruck ablaufen. Auf den ersten Blick scheint die Intuition eine entscheidende Rolle zu spielen, wenn ein Feuerwehrmann zum Beispiel den plötzlichen Drang verspürt, ein brennendes Haus zu verlassen, und es kurz darauf tatsächlich einstürzt. Ein wesentliches Element ist dabei das Modell der wiedererkennungsgesteuerten Entscheidung (RPD-Modell, recognition-primed decision model). Die Entscheidungsfindung erfolgt hierbei als Musterwiedererkennung, bei der in einem ersten Schritt das assoziative Gedächtnis aktiviert, also ein vorläufiger Plan entwickelt wird. In einem zweiten Schritt wird dieser Plan dann willentlich mental simuliert, um dessen Effektivität zu überprüfen. Kahneman greift dabei die Definition des Psychologen Herbert Simons auf: »Die Situation liefert einen Hinweisreiz (cue); dieser Hinweisreiz gibt dem Experten Zugang zu Informationen, die im Gedächtnis gespeichert sind, und diese Informationen geben ihm die Antwort. Intuition ist nicht mehr und nicht weniger als Wiedererkennen.«[2]

Manche ehemalige Profiler, vor allem aus den USA, glaubten indessen an eine beinahe magische Macht der Intuition – vorzugsweise bei sich selbst. Der amerikanische Kriminologe

Robert Ressler hat sich mehrfach so geäußert, und der ehemalige FBI-Profiler John Douglas schreibt ganz offen:»Ich versuche, genauso zu denken wie der Verbrecher. Ich bin nicht sicher, wie das genau passiert, genauso wenig, wie Schriftsteller wie Thomas Harris, die sich bei mir Rat geholt haben, exakt wissen, wie ihre Figuren zu leben beginnen.«

Ein Freund von mir hingegen, der britische Fallanalytiker Adam Gregory, zeigt bei Vorträgen eine PowerPoint-Präsentation, in der gleich am Anfang dargestellt wird, was der Profiler alles *nicht* leistet.

Nein, er leitet nicht die Ermittlungen; nein, er ist nicht derjenige, der immer recht behält. Und bestimmt ist er nicht der Mann,»der dank seiner psychologischen Kräfte spüren kann, was am Tatort eines Gewaltverbrechens geschehen ist«.[3] Wie Adam Gregory glaube ich persönlich nicht daran, dass es sich bei der Fallanalyse um eine»Kunst« handelt. Ich würde aber auch nicht so weit gehen, sie als Wissenschaft zu bezeichnen, obwohl wir mit der Dokumentation unserer angewandten Methodik, den Qualitätsstandards in Deutschland und einem einheitlichen Ausbildungsgang sowie eigenen Forschungsarbeiten einen großen Schritt in diese Richtung unternommen haben.

Ich habe vielmehr den Eindruck, dass bei der Fallanalyse das Erfahrungswissen, gepaart mit Fachkompetenz, eine viel größere Rolle spielt als Intuition oder das berühmte Bauchgefühl. Wir beschäftigen uns ja beinahe jeden Tag mit diesen außergewöhnlichen Delikten. Bei Serienvergewaltigungen und Serienmordfällen ist es zum Beispiel besonders bedeutsam, den»Jagdmodus« des Täters zu verstehen: Wie wählt er seine Opfer aus? Wie nähert er sich ihnen? Wie stellt er den Kontakt her, und wie überwältigt er sie? Dies ist nicht aus dem Bauch zu beantworten. Erst ein vertieftes Verständnis des Täterverhaltens ermöglicht es der Polizei, Fahndungskonzepte zu entwickeln, um den Angreifer bei der Suche nach einem Opfer festzusetzen. Einem guten Fallanalytiker gelingt es, ein Verständnis für die Vorgehensweise des Täters zu entwickeln. Das heißt aber nicht, dass wir denken können wie ein Mörder. Niemand kann das. Aber wir versuchen zu verstehen, wie er denkt und was seine Tat über ihn verrät.

ZWEITE MEINUNGEN: DER BUS STOP KILLER

Vor einigen Jahren bat mich Adam Gregory, ihn bei einer Serienmord-Ermittlung zu unterstützen und eine zweite Meinung abzugeben. Adam gehört zu den hauptamtlichen Fallanalytikern in England, die zentral bei der National Crime Agency (NCA) angesiedelt sind. Er ist dort der stellvertretende Leiter der OFA-Einheit und inzwischen seit bald 15 Jahren in unserem Beruf tätig. Zweite Meinungen sind durchaus sinnvoll, vor allem dann, wenn es sich um herausragende Fälle handelt. Insofern konnte ich Adam auch gut verstehen, da bei den Verbrechen des sogenannten Bus Stop Killers nur sehr wenig Täterverhalten festzustellen war, und dies macht unsere Arbeit bekanntlich besonders schwierig. Der Gesuchte tötete schnell und verschwand; in dieser Hinsicht ähnelten die Morde des Bus Stop Killers 2004 jenen der NSU-Terroristen.

Verantwortlich für die Ermittlung war New Scotland Yard, da sich die Tatorte in einem Stadtteil von London befanden. Es war zu einer Reihe von Angriffen auf Frauen gekommen, die zum Teil tödlich endeten. Am 20. August 2004 war die 22-jährige französische Studentin Amélie Delagrange auf dem Heimweg zu ihrer Wohnung in Twickenham. An diesem Abend hatte sie mit einer Freundin eine Bar besucht, bevor sie kurz vor 22 Uhr den Nachhauseweg antrat. Sie nahm einen Bus, verpasste dabei jedoch ihre Haltestelle und stieg verspätet aus. Den Busfahrer hatte sie noch nach dem Weg gefragt, bevor sie allein zurückging. Dabei passierte sie eine Rasenfläche, das Twickenham Green, als sie von hinten mit einem Gegenstand niedergeschlagen wurde und eine massive Kopfverletzung erlitt. Amélie wurde erst circa 30 Minuten später von einem Passanten gefunden, und sie starb kurz nach Mitternacht im Krankenhaus.

Nach diesem Muster überfiel der Täter mehrere Frauen. Er schlug auf sie ein, insbesondere auf den Kopf, drei von ihnen tötete er auf diese Weise. Zwischen den Opfern gab es keine Verbindung; sie waren jeweils nur allein in der Dunkelheit unterwegs und somit für den Täter, den die britischen Boulevardzeitungen später den »Bus Stop Killer« nannten, verfügbar. Adam wies mich in den Fall ein, und dann suchten wir zur Nachtzeit die Tatorte auf, um einen Eindruck zu gewinnen, wie der Täter so schnell auf seine Opfer zugreifen konnte. Wir stellten dabei fest, dass er vermutlich ein Fahrzeug benutzte und an passenden Orten abstellte, wie eben in der Nähe von Bushaltestellen. Dort wartete er aller Wahrscheinlichkeit nach, bis ein geeignetes Opfer ausstieg, und folgte ihm zu Fuß. Unter Berücksichtigung aller Umstände war dies aus fallanalytischer Sicht die wahrscheinlichste Vorgehensweise.

In England gibt es ein ausgeprägtes Netz von Videoüberwachungseinrichtungen mit der Bezeichnung Closed Circuit Television (CCTV), so dass ein Teil des öffentlichen Lebens auf Video festgehalten wird. In meiner Einschätzung kam ich zu dem Ergebnis, dass der Suche nach einem verdächtigen Fahrzeug in der Nähe von neuralgischen Punkten wie Bushaltestellen eine besondere Bedeutung zukommen dürfte. Tatsächlich hatten die englischen Ermittler einen weißen Lieferwagen ausmachen können, der sich in auffälliger Weise im Tatortbereich bewegte. Leider war die Qualität der Aufnahmen nicht ausreichend, um ein Kennzeichen zu erkennen; die Ermittlungen wurden aber in diese Richtung weiter intensiviert, bis der Bus Stop Killer nach einigen Monaten gefunden wurde. Zunächst hatte die Polizei den Mann nur unter Verdacht, später observierten verdeckte Beamte seinen Wagen und beobachteten ihn, wie er Frauen verfolgte und belästigte. Schließlich konnten sie ihn festnehmen.

Er hieß Levi Bellfield, ein früherer Türsteher mit erheblichen Vorstrafen und einem tiefen Hass auf Frauen. Das Handy eines seiner Opfer, Milly Dowler, wurde von Boulevardjournalisten gehackt, was in Großbritannien große Empörung auslöste und 2011 sogar zur Schließung des Blattes *News of the World* führte. Bellfield wurde von einer früheren Freundin als anfangs charmant, dann aber sehr gewalttätig und als geschickter Manipulator beschrieben. Er sprach oft Frauen an und reagierte, wenn sie ihn zurückwiesen, schnell beleidigend oder brutal. In zwei Verfahren wurde er für vier Tötungsdelikte zu lebenslanger Haft verurteilt. Der Richter empfahl, dass Bellfield nie mehr auf freien Fuß gesetzt werden sollte. Es ist nicht ausgeschlossen, dass er noch für weitere Morde verantwortlich ist; vor Gericht leugnete er jedoch weitere Taten.

Das alles lag aber noch in der Zukunft, als ich bei den englischen Kollegen meine zweite Meinung abgeben sollte. Für mich spielte die Entstehung der Tatsituation eine besondere Rolle, da eine der wesentlichen Fragen an mich war, ob der Täter psychisch krank im Sinne einer Psychose sein konnte, also zum Beispiel an einer paranoiden Schizophrenie litt. In Anbetracht des gezielten Jagdverhaltens sah ich es als deutlich wahrscheinlicher an, dass es sich bei dem Bus Stop Killer um einen persönlichkeitsgestörten Mann handeln dürfte, der seinen ausgeprägten Hass auf Frauen durch diese Verbrechen auslebte. Eine solche Ermittlungsrichtung ist natürlich eine gänzlich andere, als wenn man nach einem Schizophrenen sucht.

Bei New Scotland Yard wurde ich aufgefordert, meine ersten Einschätzungen vorzustellen, noch bevor ich Gelegenheit hatte, diese schriftlich zu fixieren. Gerade die Frage nach dem Täterprofil drängte die Ermittler besonders. Und weil ich ja unbeeinflusst eine zweite Meinung abgeben sollte, kannte ich das Ergebnis der Fallanalyse von Adam nicht. Es war schon eine sehr seltsame Situation, neben ihm zu sitzen und einer kleinen Gruppe von Ermittlern meine Meinung darzulegen. Auch bei ihm spürte ich die Anspannung. Da sich diese jedoch zunehmend löste, während ich meine Hypothesen zum Annäherungsverhalten an das Opfer und der Persönlichkeit des Täters ausführte, ging ich davon aus, dass sich unsere Ergebnisse weitestgehend decken dürften. Dies war auch tatsächlich der Fall.

Bellfield wies, wie sich nach seiner Verhaftung herausstellte, tatsächlich eine massive Persönlichkeitsstörung auf und war der Polizei auch im Vorfeld bereits wegen Gewaltdelikten aufgefallen. Sein Verhalten habe ich richtig einschätzen können, weil ich schon mit einigen Serientätern zu tun hatte und genau diese Verhaltensmuster wiedererkannte.

EINE FRAGE DER ZEIT UND DER ERFAHRUNG

Ich bin der festen Überzeugung, dass der Aspekt der Fallerfahrung und der damit verbundenen Wiedererkennung von Situationen bei der Tätigkeit der Fallanalytiker viel wichtiger ist als die ausgefeilte psychologische Bewertung von bestimmten Verhaltensweisen. Die Fallanalyse kommt zu guten Ergebnissen, wenn die nachvollziehbare und transparente Methodik mit einem entsprechend fundierten Hintergrundwissen kombiniert wird. Deshalb ist die Tätigkeit als Fallanalytiker auch auf ein langjähriges Arbeiten in diesem Gebiet ausgelegt. Daniel Kahneman beschreibt eindrucksvoll, wie sich das Expertenwissen entwickelt: »Der Erwerb von Expertisen bei komplexen Aufgaben wie hochkarätigem Schach, professionellem Basketball oder Brandbekämpfung ist mühsam und langwierig, weil sie auf einem Gebiet nicht aus einer einzelnen Fähigkeit besteht, sondern eher aus einer großen Gesamtheit von Minikompetenzen. Schach ist ein gutes Beispiel. Ein Profi kann eine komplexe Stellung auf einen Blick durchschauen, aber es dauert Jahre, diese Fähigkeit zu entwickeln. Studien über Schachmeister haben gezeigt, dass mindestens 10000 Stunden konzentrierter Übung (dazu muss man etwa sechs Jahre lang täglich fünf Stunden Schach spielen) erforderlich sind, das höchste Leistungsniveau zu erreichen. Während dieser Stunden intensiver Konzentration wird ein Schachspieler mit Tausenden von Konfigurationen vertraut, die jeweils aus einer Anordnung zusammenhängender Figuren bestehen, welche sich gegenseitig bedrohen oder verteidigen.«[4]

Wenn ich dies auf mein eigenes Fachgebiet übertrage, muss ich sagen, dass ich vermutlich einige Jahre Erfahrung benötigte, um tatsächlich zu verstehen, wie die Fallanalyse funktioniert. Weitere Jahre brauchte ich, um die notwendige Sicherheit für die Bewertung von menschlichem Verhalten in komplexen Tatkonstellationen zu erreichen. An dieser Stelle möchte ich ein weiteres Beispiel für kumuliertes Erfahrungswissen anführen.

Kriminalpolizeiliche Vernehmungen, vor allem dann, wenn es um schwere Tatvorwürfe wie Mord geht, sind sehr komplexe Gesprächssituationen. Eigentlich gibt es keinen Grund für den Beschuldigten, ein Geständnis abzulegen. Ihm steht das Recht zu, sich nicht zu den Vorwürfen zu äußern, und er kann den Beistand eines Rechtsanwalts einfordern. Besonders schwierig wird es, wenn keinerlei Sachbeweise vorliegen. Gerade für solche Vernehmungen lassen sich die Ermittler von der OFA beraten: wie das geeignete Vernehmungsteam besetzt sein und welche Themen behandelt werden sollten; welcher Gesprächsansatz erfolgversprechend wäre.

All das hat gar nichts mit den Vernehmungen zu tun, die man im Fernsehen sieht. Die Annahme, dass echte Geständnisse durch Druck erzielt werden, ist falsch. Häufig sieht man im TV-Krimi, dass die Ermittler den Beschuldigten anschreien und ihm herabwürdigend begegnen. Jeder Profi weiß, dass das sicher nicht der richtige Weg ist, damit jemand die intimsten Geheimnisse seines Lebens verrät und gesteht, einen anderen Menschen getötet zu haben. Tatsächlich führt ein solches Verhalten in eine Sackgasse.

Wenn ich Vorträge zum Thema Sexualmord halte, sehe ich häufig an den Reaktionen der Zuhörer, wie schwer sie sich in diese Welt hineinversetzen können. In solchen Situationen erkläre ich die Funktionsweise von Tatplanung, Verdeckungshandlungen und Geständniserzielung am Beispiel des Fremdgehens.

Da gibt es nämlich einige Parallelen: Obwohl man in einer Beziehung lebt, lernt man jemanden kennen, aus Zuneigung wird Nähe, aus Nähe schließlich Intimität. Da unsere Sexualität, wie unser Psychologe Markus Hoga gern sagt, das Verhalten ist, das am weitesten von der Vernunft entfernt ist, und wir dazu neigen, Dinge zu wiederholen, die uns Freude bereiten, ist es nicht verwunderlich, dass unter Umständen aus dem Fremdgehen eine Affäre wird: geheime Telefonate, sobald sich die Gelegenheit dazu bietet; das verräterische Auto, das unweit des Hauses noch mit laufendem Motor steht, weil das Handygespräch noch beendet werden muss, bevor man zu Hause ankommt; die Treffen in Hotels, wobei dort niemals mit Karte gezahlt wird und für einen gewissen Zeitraum die sonstige Dauererreichbarkeit unterbrochen wird. All dies sind planerische Handlungen, die sich auch auf Serienmörder übertragen lassen, wenn man die Motive austauschen würde.

Wie würde ich jemanden, der mir gegenübersäße und eine Affäre hätte, zu einem Geständnis bewegen – ohne Zeugen der Treffen im Hotel oder sonstige belastende Elemente? Wäre es der richtige Weg, mich ganz nahe vor die Person zu stellen und sie von oben herab anzuschreien? Soweit zu den so häufig im Fernsehen zu sehenden Vernehmungsstrategien. Tatsächlich wird meine Chance auf ein Geständnis steigen, wenn ich mich auf eine Ebene mit dem Verdächtigen begebe. Das Gespräch sollte in einer ruhigen und entspannten Atmosphäre stattfinden.

Verständnis ist der entscheidende Schlüssel. Aufgrund der Tatsache, dass ich mich seit Jahren mit den Biographien einer Vielzahl solcher Täter beschäftige und auch schon etliche Täter nach ihrer Verurteilung befragt habe, war ich am 14. April 2011 im Vernehmungszimmer der Kriminalpolizei in Verden/ Aller in der Lage, das Geständnis des Maskenmanns zu erzielen. Nicht, weil ich ein so guter Vernehmungsbeamter wäre oder die richtige Intuition hatte, sondern weil ich in dieser Hochstresssituation mein Erfahrungswissen umsetzen konnte. Fünf Jahre zuvor hätte ich das womöglich noch nicht gekonnt.

11 DER UMGANG MIT FRUSTRATIONEN

URLAUBSFAHRT IN DEN TOD: UNGELÖSTE FÄLLE

Ich mag die Herausforderung, komplexe Sachverhalte zu entwirren und Lösungsansätze zu finden. Meistens gehe ich gerne zur Arbeit. Die Tage, an denen das anders war, kann ich selbst nach 17 Jahren noch an zwei Händen abzählen. Nicht jeder darf das von sich behaupten; ich empfinde es als Privileg. Dennoch gibt es natürlich auch in meinem Beruf Frustrationen, und man muss lernen, mit ihnen umzugehen.

Es ist natürlich frustrierend, wenn wir einen Mord nicht aufklären können. Es gibt Fälle, bei denen man nichts unversucht lässt, und dennoch ist man am Ende nicht einen Schritt weitergekommen. Ich habe einige davon erlebt. Manchmal hatten wir den Fall verstanden – oder glaubten es zumindest –, und dennoch verliefen unsere Bemühungen im Sand. Bei anderen Fällen wiederum kommt es mir vor, als hätten sie sich mir bis heute noch nicht in ihrer Gänze erschlossen. Ich möchte dies anhand eines kurzen Beispiels aus meiner Anfangszeit als Fallanalytiker erläutern.

Im Sommer 1997 sollte ich die Kriminalpolizei in Traunstein bei der Aufklärung eines Doppelmords an einem älteren holländischen Ehepaar unterstützen. Harry und Truus Langendonk hatten ihr Wohnmobil am Waldrand in der Nähe des kleinen Ortes Litzelwalchen abgestellt, eine Kaffeepause in der Nachmittagssonne eingelegt und auf Campingstühlen vor dem Wohnmobil gesessen. Der Täter näherte sich von hinten und feuerte mehrere Schüsse auf die Urlauber ab. Dabei traf er aller Wahrscheinlichkeit nach zunächst Harry Langendonk. Dessen Ehefrau versuchte noch zu fliehen, bevor auch sie tödlich getroffen wurde. Vermutlich um sicher den Tod herbeizuführen, schnitt der Täter beiden anschließend die Kehlen durch. Dann deponierte er die beiden Toten und die Stühle im Wohnmobil. Was in den folgenden zwei Stunden geschah, ist fraglich, da der Täter erst gegen 20 Uhr mit dem Wagen und den darin liegenden Leichen den Waldrand verließ. Stunden später bog er in Nürnberg-Langwasser von der Autobahn ab und stellte das Wohnmobil, dessen Tank sich inzwischen auf Reserve befand, an einem Waldweg ab. Er setzte das Fahrzeug in Brand und entfernte sich, wobei er persönliche Gegenstände und Bargeld der Opfer mitnahm. Die Gegenstände warf er auf der Flucht fort. Ein Taxi, das zu dieser Zeit in die Nähe bestellt wurde, brachte ihn dann zum Nürnberger Hauptbahnhof. Dort wechselte der Unbekannte in ein anderes Taxi, mit dem er sich mitten in der Nacht wieder in die unmittelbare Nähe des Tatortes im Wald bei Traunstein zurückbringen ließ, eine Strecke von mehr als 200 Kilometern. Dort suchte er offenbar noch nach Spuren, um diese zu beseitigen.

Bis heute erschließt sich mir dieser Fall nicht gänzlich. Natürlich entwickelten wir Hypothesen zum Tathergang und zum Motiv. Näheres kann ich hier nicht erörtern, da das Verbrechen leider noch immer ungeklärt ist. Letztendlich konnten wir keinen Hinweis geben, der zur Aufklärung dieses Doppelmordes geführt hätte. Auch nach all den Jahren frustriert mich dies noch immer; regelmäßig kehren meine Gedanken zu den Langendonks zurück, und ich suche dann nach alternativen Erklärungsansätzen. Ich scheine hier einfach nicht weiterzukommen. Nachdem ich aber inzwischen in meinem Team schon eine neue Generation von Fallanalytikern habe, die mit diesem Fall noch nie beschäftigt waren, werde ich ihnen die Aufgabe übertragen, noch einmal ganz von vorne anzufangen und alle bisherigen Hypothesen in Frage zu stellen. Manchmal ist dies der beste Weg für einen Neubeginn.

COLD CASE: DER VERDACHT

Nicht minder frustrierend ist es, wenn wir zwar einen Verdächtigen ermitteln, ihm jedoch die Tat nicht nachweisen können. Dies passiert gelegentlich bei ungeklärten alten Fällen, sogenannten Cold Cases. Sie werden noch einmal aufgegriffen, um sie einer erneuten Spurenauswertung zu unterziehen. Diese hat sich in den letzten Jahren gerade im Bereich der DNA-Analyse enorm verbessert. Manchmal gelingt es dabei, die ersehnte genetische Spur zu finden, und das Verbrechen lässt sich auch nach Jahrzehnten noch klären. Doch wenn der Erfolg ausbleibt, werden diese Fälle nicht zu den Akten gelegt, sondern der OFA gegeben – und wir versuchen, über ein Täterprofil weiterzukommen.

Manchmal finden wir in den Akten nach all den Jahren noch einen Verdächtigen. Da uns aber Sachbeweise fehlen, bleibt häufig nur noch der Versuch, durch eine Vernehmung ein Geständnis zu erzielen. Das freilich ist schon bei aktuellen Fällen schwierig genug. Liegt das Verbrechen aber viele Jahre zurück, hat bei dem Täter längst der Mechanismus der Verdrängung gegriffen; dann wird es noch einmal um ein Vielfaches schwerer. Aufgrund des Schutzes der Persönlichkeitsrechte kann ich nicht näher auf einen Fall eingehen, bei dem wir genau eine solche Konstellation vorfanden – daher lediglich eine Beschreibung in groben Zügen: Mehrere Monate beschäftigten wir uns gemeinsam mit den zuständigen Mordermittlern mit einem Tötungsdelikt an einer jungen Frau. Es konnte auch ein Verdächtiger ermittelt werden. Unser Psychologe Markus Hoga und ich vernahmen den Beschuldigten. Während dieses Gesprächs verdichtete sich unser Tatverdacht. Auch das Profil, das wir im Vorfeld von dem Täter erstellt hatten, passte zur Persönlichkeit des Mannes, der uns gegenübersaß. Dennoch gelang es uns nicht, ihn zu einem Geständnis zu bewegen.

Aus unserer Sicht sprach zwar sehr viel dafür, dass er der Gesuchte war und die Frau getötet hatte. Aber nachweisen konnten wir das nicht, und so mussten wir ihn wieder gehen lassen. Dies sind natürlich Momente der Frustration, die an einem nagen: Wäre ein anderer Ansatz vielleicht eher erfolgversprechend gewesen? Letztlich ist es für mich wichtig, dass wir alles versucht haben, diesen Fall zu klären. Mehr als das können wir nicht tun. Und natürlich können wir nur hoffen, dass es sich bei dem Verdächtigen um keinen Wiederholungstäter handelt. Wie im Fall des Martin N. Ohne das Geständnis hätten wir einen Serienmörder gehen lassen müssen.

EIN KURIOSER FALL VON DATENSCHUTZ

Die Suche nach einem Ermittlungsansatz ist manchmal besonders schwierig. Frustrierend kann es dann werden, wenn wir zwar einen solchen finden, ihn jedoch aus datenschutzrechtlichen Gründen nicht umsetzen können. So liegen manche Daten aufgrund der fehlenden Vorratsdatenspeicherung von Telekommunikationsverbindungen den Ermittlern schlichtweg nicht mehr vor.

Für den eingeschränkten Zugriff auf Daten und die Folgen gibt es ein interessantes Beispiel aus dem Bereich der Mautdaten. 2012 wurde in Nordrhein-Westfalen ein Mann festgenommen, der über mehrere Jahre hinweg aus seinem Lkw auf andere Lastwagen geschossen hatte. Unweit von Würzburg traf er eine Autofahrerin und verletzte sie schwer. Auch bei anderen Schüssen war es nur schierem Glück zu verdanken, dass niemand getötet wurde. Einmal schlug das Projektil nur wenige Zentimeter neben dem Kopf eines Lkw-Fahrers ein. Schon bald drängte sich die Vermutung auf, dass der Schütze selbst ein Lastwagenfahrer war. Nun existiert in Deutschland bekanntlich ein umfangreiches elektronisches Lkw-Mautsystem, in dem die Bewegungen der entsprechenden Fahrzeuge dokumentiert sind. Die Auswertung dieser Mautdaten wäre der nächstliegende Ermittlungsansatz gewesen. Die Polizei darf sie aber aufgrund der Datenschutzbestimmungen nicht nutzen – auch nicht, um solch eine schwere Straftat aufzuklären und zu verhindern, dass ein Unbekannter, wie in diesem Fall, weiterhin mit einer scharfen Waffe auf Autos und Menschen schießt. Sicher ist der Datenschutz nötig; ich bezweifle jedoch sehr, dass die große Masse der Bevölkerung ihn in dieser Form für sinnvoll hält. Die Festnahme des mutmaßlichen Schützen gelang dann übrigens durch eine eigene, extrem aufwendige Datenerhebung der Kriminalpolizei.

SELBSTREFLEXION:
NSU – WAS HÄTTEN WIR ANDERS MACHEN KÖNNEN?

Manchmal irrt man als Fallanalytiker und Berater. Und dann gibt es Situationen, in denen sich unsere Einschätzung später als richtig herausstellt, dies jedoch keinen Einfluss auf die

Klärung des Falles hatte. Es ist umso tragischer, wenn dies im Zusammenhang mit einer Mordserie geschieht.

Im Juni 2006 erstellte, wie beschrieben, ein Team unter meiner Leitung die Fallanalyse zu den neun Morden an ausländischen Kleingewerbetreibenden. Dabei kamen wir zu dem Ergebnis, dass es sich vermutlich um zwei Täter mit ausländerfeindlichem Zerstörungsmotiv handeln dürfte. In dem Moment, als wir die Analyse abschlossen, war mir deren Tragweite bewusst: Es handelte sich um ein politisches Verbrechen, und die jahrelange Suche nach einer unbekannten Gruppierung der organisierten Kriminalität war zwecklos gewesen. Analytisch ließ sich jedoch aus unserer Sicht kein anderer Schluss ziehen als ebendieses fremdenfeindliche Zerstörungsmotiv. Ich erinnere mich noch sehr gut an die Anspannung, unter der ich stand, als ich der Soko-Führung die Analyse vorzustellen hatte. BAO-Leiter Wolfgang Geier ließ erkennen, dass er die Hypothese nachvollziehen konnte und die Notwendigkeit sah, entsprechend zu handeln – sprich, die Täter auch unter Personen des rechtsradikalen Spektrums zu suchen.

Etliche in der Polizei hatten jedoch erhebliche Schwierigkeiten, sich mit diesem Analyseergebnis anzufreunden – und bald wurde es an diversen Stellen des weitverzweigten Ermittlungsapparats angezweifelt. Das waren jene Tage, an denen ich weniger gerne ins Büro ging. Ich musste erleben, wie meine Vorgehensweise und meine Qualifikation – ja, sogar meine Eignung – als Fallanalytiker in Frage gestellt wurden. Unseren Ermittlungsempfehlungen, im rechten Spektrum zu suchen, wurde nicht konsequent genug gefolgt – und wir konnten nichts dagegen tun.

Ich zweifelte jedoch nicht an der Richtigkeit unserer Analyse, denn die Ableitungen waren logisch und in sich schlüssig. Belastend empfand ich in den folgenden Jahren die Gefahr, dass sich die Täter neue Opfer suchen und diese töten würden. Als am 11. November 2011 die offizielle Bestätigung vorlag, dass für die neun Morde Rechtsterroristen verantwortlich waren, war ich betroffen und erleichtert zugleich. Erleichtert, weil diese Mordserie endlich beendet war – ebenso aber auch, dass unsere Einschätzung zutreffend gewesen war. Betroffen, weil es uns nicht gelungen war, die Ermittlungen so zu beeinflussen, dass die Polizei die Mörder früher ermitteln konnte. Dies frustriert mich bis heute, und meine eigene Nachbereitung dieses Falls ist noch nicht abgeschlossen. Problematisch war der von uns favorisierte Ankerpunkt der Täter in Nürnberg. Wir gingen von einer besonderen Bedeutung der Stadt aus, unter anderem, weil hier die Serie im Jahr 2000 begonnen hatte und sich 2001 mit dem nächsten Fall fortsetzte. Auch die Auswahl des zweiten Tatorts, im Fall Özüdogru, schien gezielt, da sein Schneiderladen in der Südstadt doch relativ abgelegen war und Ortskenntnis und eine größere Planung durch die Mörder vermuten ließ. In Nürnberg begann am 9. Juni 2005 auch eine weitere Welle der Taten, als Ismail Yasar in seinem Imbiss-Stand erschossen wurde. Nach bisherigem Stand (Sommer 2014) hatten Mitglieder des NSU zwar rechte Veranstaltungen in Nürnberg besucht, ein klassischer Ankerpunkt wurde jedoch nicht festgestellt. Die Soko überprüfte Rechtsextremisten im Nürnberger Raum, ein bundesweiter Abgleich fand jedoch nicht statt – aber genau dieser Schritt hätte zu dem NSU-Trio führen können, das wegen früherer rechtsextremer Straftaten gesucht wurde und in Thüringen im Untergrund lebte. Natürlich wäre es auch denkbar gewesen, keinerlei geographische Einordnung der Täter vorzunehmen. Die Kritik an der OFA hätte vermutlich dann gelautet, dass unsere Ansätze zu unspezifisch gewesen wären und für konkrete Ermittlungen nicht ausgereicht hätten.

Aber wie hätten wir die Kollegen noch mehr von unserer Hypothese überzeugen können? Hätten wir mit mehr Vehemenz auf die Durchführung der vergleichenden Fallanalyse zwischen den Tötungsdelikten der BAO Bosporus und dem Sprengstoffanschlag in der Kölner Keupstraße 2004 drängen müssen, obwohl der Vergleich mit Sicherheit aufgrund der Andersartigkeit der Delikte sehr schwierig geworden wäre? Ich stelle mir natürlich auch die Frage, wie ich in einer vergleichbaren Situation in der Zukunft reagieren werde, wenn es darum geht, eine Alternativhypothese gegen Widerstände zu verteidigen. Da ich Analytiker bin, werde ich auch dieses Problem entsprechend angehen und unseren internen Ablauf in den Fällen der BAO Bosporus von einem Fallanalytiker betrachten lassen – von einem Kollegen, der zum damaligen Zeitpunkt noch gar nicht bei der OFA Bayern war.

Die Frustration, dass wir mit unserer Einschätzung auf der richtigen Spur waren, dies jedoch nicht zur Klärung führte, wird mich mein Leben lang begleiten.

12 DIE IMMER GESTELLTE FRAGE: VOM UMGANG MIT DER BELASTUNG

DIE BELASTUNG VON AUSSEN

Nach jedem Vortrag werde ich am Ende von Zuhörern gefragt:»Wie gehen Sie mit den Belastungen Ihres Berufes um? Wie können Sie das ertragen? Die schrecklichen Verbrechen, das Schicksal der Opfer, die ständige Beschäftigung mit solchen Tätern?«

Das ist gar nicht so leicht zu beantworten. Wenn ich es versuche, muss ich die Belastungsfaktoren überhaupt erst einmal genau erkennen und sie dann einzeln betrachten – ähnlich dem Vorgehen in einer Fallanalyse. Zunächst sind hier die äußeren Bedingungen zu nennen. Wir müssen im Regelfall unter erheblichem Zeitdruck arbeiten, und die Erwartungen an uns sind hoch. Zumeist liegen die Informationen noch in sehr chaotischer Form vor; sie müssen geordnet und strukturiert werden. Der Fallanalytiker muss über die Fahigkeit verfügen, sich permanent und schnell auf neue Situationen und Menschen einzustellen, um mit ihnen gemeinsam gut arbeiten zu können.

Dies gelingt nicht immer. Gelegentlich stoßen wir auf Beratungsresistenz, die sich für uns wirklich als sehr belastend auswirken kann. Insgesamt sind solche Situationen aber deutlich seltener geworden. Dies könnte auch mit der Tatsache zusammenhängen, dass über die Jahre und aufgrund mancher Erfolge das Vertrauen in unsere Fähigkeiten gestiegen ist. Jedenfalls stellen wir fest, dass bei den Kollegen die Offenheit für unsere Empfehlungen erheblich größer ist als früher.

DIE BILDER IM KOPF: WORAN MAN SICH NIE GEWÖHNEN WIRD

Ein weiterer Stressfaktor ist die häufige Abwesenheit von zu Hause. Wegen unserer überregionalen Zuständigkeit reisen wir viel und können den Lebenspartnern beziehungsweise den Familienangehörigen nicht immer genau sagen, wie lange wir fort sein werden. Hier ist die Flexibilität des Partners gefragt. Private Planungssicherheit gibt es für Fallanalytiker häufig nicht. Oft müssen wir Treffen, Unternehmungen mit Familie oder Freunden oder Einladungen verschieben oder ausfallen lassen, weil plötzlich eine dringende Dienstreise zur Beratung einer Sonderkommission dazwischenkommt.

Die größte Belastungsquelle für uns Fallanalytiker ist jedoch die Thematik selbst, mit der wir uns beschäftigen. Fast jeden Tag setzen wir uns mit menschlicher Destruktivität in ihren schlimmsten Erscheinungsformen auseinander. Die Analyse gewalttätiger sexueller Abweichungen ist unser permanenter Begleiter. Dinge, mit denen sich die große Masse der Bevölkerung niemals auseinandersetzen muss – oder wenn, dann zur Unterhaltung in Krimis –, bestimmen unseren Arbeitsalltag. Ich kann die Frage nicht beantworten, welche Auswirkungen dies auf die Psyche eines Menschen hat. Bisher gibt es hier nur wenig Erfahrung, und diese ist nicht sehr erbaulich. Der ehemalige FBI-Profiler John Douglas beschreibt eindrucksvoll, wie er an einer viralen Gehirnhautentzündung beinahe gestorben wäre.[1] Die Krankheit brach bei ihm aus, während er die Ermittlungen im Fall des sogenannten Green River Killers unterstützte, eine der schlimmsten Mordserien in der Geschichte der USA; sie wurde erst viele Jahre später aufgeklärt, wobei es noch weitere Opfer zu beklagen gab. Der Stress, die Erfolglosigkeit, sein allgemein angegriffener Zustand – all das führte bei Douglas zu einer zeitweisen halbseitigen Lähmung.

Es gibt manche Dinge, die schlimm sind und an die man sich doch über die Jahre hinweg gewöhnt. Hier unterscheidet sich die Arbeit des Fallanalytikers vermutlich nicht von der eines Notarztes oder eines Beamten der Mordkommission. Man weiß, dass man zu einem Einsatz gerufen wird, bei dem einen sehr unangenehme Bilder und Eindrücke erwarten. Aus Erfahrung ist man darauf vorbereitet. Es gibt jedoch auch Dinge, an die man sich nie gewöhnen wird, egal wie viele Jahre man bei der Kriminalpolizei war und wie viel man bereits gesehen hat.

Ich denke dabei in erster Linie an Verbrechen, bei denen Kinder Opfer von unsagbaren Misshandlungen werden, die man als Mensch nicht sehen sollte und auch nicht sehen will. Und doch müssen gerade wir uns besonders intensiv mit diesen Ereignissen beschäftigen. Wir dürfen nicht wegsehen. Bei der Rekonstruktion des Geschehens spielen wir die einzelnen Handlungsschritte des Täters wieder und wieder gedanklich durch, bis wir die wahrscheinlichste Hypothese aufstellen. Es lässt sich dabei gar nicht vermeiden, dass irgendwann diese Tat wie ein Film im eigenen Kopf abläuft. Über die Jahre hauft sich dabei eine ganze Reihe von Eindrücken an, die man als Last mit sich trägt und die man vermutlich auch nicht mehr loswerden wird. Es ist nicht möglich, die Bilder oder Schilderungen der Opfer von Sexualstraftätern aus dem Gehirn zu löschen. Die Wahrnehmungen sind da, sie werden bleiben. Es gilt dann, ihnen den gebührenden Raum zu geben und sie dabei dennoch nicht zu verdrängen.

Häufig werde ich gefragt, ob ich eigentlich Kriminalromane lese oder mir entsprechende Filme ansehe. Ehrlich gesagt: kaum noch. Die Beschäftigung mit Tätern und Opfern nimmt schon einen großen Raum in meinem Leben ein, ich suche daher ganz bewusst in der Freizeit die Ablenkung. Ich habe gelernt, dass es wichtig ist, sich den schönen Dingen des Lebens zuzuwenden, wenn man so häufig mit dessen dunklen Seiten zu tun hat.

Wie ich bereits erwähnte, sind die Erfolgsaussichten bei manchen unserer Fälle nicht sehr hoch. Die Ermittlungen können sich über Jahre hinziehen. Mit den Serienmordfällen der Soko Dennis musste ich mich insgesamt 14 Jahre beschäftigen, bevor wir den Mann mit der Maske überführen konnten. Gerade diese Ermittlung hat mich auf unzähligen langen Autofahrten bei Dienstreisen begleitet, und ich habe mich gefragt: Was haben wir übersehen? Wo könnten wir vielleicht noch ansetzen? Diese Gedanken machte ich mir nicht aus Besessenheit. Vielmehr waren sie Ausdruck der Sorge, dass der Mörder jederzeit wieder einen Jungen entführen und töten könnte. Der Druck, ihn daran zu hindern, kam also nicht nur von außen. Er entwickelte sich in uns selbst, vor allem, weil es sich hier um kindliche Opfer handelte, die im besonderen Maße unseres Schutzes bedürfen.

Bei unserer Arbeit kommen wir des Öfteren in Kontakt mit Psychopathen. Unter Psychopathie versteht man eine kombinierte Persönlichkeitsstörung. Der kanadische Psychologe Robert Hare entwickelte anhand seiner Arbeit in Haftanstalten und psychiatrischen Kliniken für Rechtsbrecher das Persönlichkeitskonstrukt der Psychopathy.[2] Hierunter versteht man einen spezifischen Persönlichkeitstyp mit ausgeprägten Merkmalen von Verantwortungslosigkeit, Rücksichtslosigkeit und betrügerisch manipulativem Verhalten. Diese Menschen sind oft faszinierende Erscheinungen, weil die Regeln, die für alle anderen gelten, für sie offenbar keine Bedeutung haben.

Sie sind in erster Linie auf ihren eigenen Vorteil bedacht und kennen dabei keinerlei Empathie gegenüber Personen, die ihnen im Weg stehen. Mein Kollege Harald Dern, Leiter des Bereichs Fallanalyse beim Bundeskriminalamt, verweist in seinem Handbuch über sexuelle Gewalttäter darauf, dass Psychopathen häufig »kaltblütige Täter [sind], die das Leiden des Opfers nicht stört oder sogar zusätzlich beflügelt«.[3] Die völlige Gefühlskälte und mangelndes Einfühlungsvermögen kann im persönlichen Umgang sehr verstörend sein – vor allem, weil manche Psychopathen nach außen hin eine gewinnende Art haben und andere sehr leicht manipulieren können.

Eine schwerwiegende Belastung stellt auch die Desillusionierung dar, die sich über die Jahre hin aufdrängt. Als Fallanalytiker erleben wir, zu welch unvorstellbaren Dingen die Menschen in der Lage sind und welch hohes Maß an Destruktivität die menschliche Natur in sich trägt, insbesondere im Zusammenhang mit Sexualität. Die Täter stellen dabei ihre eigenen Bedürfnisse rücksichtslos über die anderer. Diese Erkenntnisse lassen einen Kriminalbeamten leicht den Glauben an den Menschen verlieren. Andererseits erlangen wir in der intensiven Beschäftigung mit diesen Tätern einen Einblick in ihre Motive. Die gewonnenen Einblicke sind interessant und verstörend zugleich, und in der Regel sind sie nicht dazu geeignet, sie mit Außenstehenden zu teilen.

DIE SICHEREN HÄFEN

Die meisten meiner Freunde, Bekannten und Angehörigen haben solche Erfahrungen niemals gemacht und können daher, was ganz gewiss kein Vorwurf ist, vieles von dem, was mich beschäftigt, nicht nachvollziehen. Hier spielt das Team der OFA eine besondere Rolle – nicht nur für die Qualitätssicherung der Arbeit, sondern auch als Gemeinschaft Gleichgesinnter. Wir alle leben in derselben Erfahrungswelt, die häufig genug verstörend ist. Vor über zehn Jahren trafen wir uns in einer kleinen Gruppe von sechs Fallanalytikern aus den Niederlanden, England und Bayern erstmals zu einem methodischen Austausch, und wir bemerkten sehr bald, wie hilfreich es war, über die Bedingungen unserer Tätigkeit zu reden. Inzwischen treffen wir uns einmal im Jahr, und wir bemühen uns alle sehr, es nie zu verpassen. Diese Zusammenkunft dient uns nämlich auch als Peer Review, wie man im Englischen sagt, also als kritische gegenseitige Prüfung unter Fachkollegen. Wir sind dann drei Tage zusammen und tauschen uns über Forschungsergebnisse, methodische Ansätze und konkrete Fälle aus. Jeder Teilnehmer präsentiert entweder ein ungeklärtes Delikt oder einen geklärten Fall, aus dem wir wichtige Erkenntnisse ziehen können. Und wir sind längst eng miteinander vertraut und sprechen offen über die menschlichen Belastungen unserer Arbeit. Einmal diskutierten wir ein Tötungsdelikt an einem Kleinkind. Einer meiner ausländischen Kollegen reagierte mit deutlich größerer Betroffenheit, als ich es von ihm gewohnt war. Wenn man weiß, dass er damals selbst ein Kind im Alter des Opfers hatte, überrascht dies natürlich nicht. Die Dinge werden schwieriger, wenn sie näher an das eigene Leben heranreichen.

Bei unserem ersten Treffen, 2003 in Bayern, präsentierte ich die Methodik der Fallanalyse in Deutschland und zeichnete dabei einen blauen Pfeil an der Stelle ein, an der die Bewertung der Informationen zum entscheidenden Punkt unserer Tätigkeit führt, den Rückschlüssen aus dem Verhalten des Täters. Die Methodik war für drei Tage Gegenstand unserer Diskussionen, und so blieb am Ende des Treffens der Name »Blue Arrow« für diese Gruppe hängen. Der Leiter der englischen

OFA-Einheit, Lee Rainbow, hat es einmal schön auf den Punkt gebracht, als er erzählte, er habe im Zeitalter von ständig knapper werdenden Budgets seinen Vorgesetzten klargemacht: Er würde gerne auf die Teilnahme an einer anderen Konferenz verzichten, wenn er dafür die Möglichkeit erhalten würde, an der Blue-Arrow-Zusammenkunft teilzunehmen – es sei für ihn das wichtigste Treffen im Jahr. Ich kann ihm da nur zustimmen.

Ein alltägliches Problem ist auch der ständige Wechsel zwischen extremen Welten. Kommt man gerade von einer Dienstreise zurück, bei der man sich eine Woche mit einem Serienmörder beschäftigt hat, der Kinder tötet, ist es nicht leicht, sich wieder in das alltägliche Leben einzufinden, plötzlich umzuschalten, diese manchmal so irreale Welt hinter sich zu lassen und bei der Einladung am Freitagabend ein amüsanter und unbeschwerter Gast zu sein. Oft benötigt man zwischen beiden Welten einfach ein wenig Abstand – und auch die Erkenntnis, dass die normalen Alltagsprobleme eigentlich viel realer sind als die Suche nach einem Sexualmörder.

Ansonsten besteht die Gefahr, dass wir alle alltäglichen Ereignisse, gerade die Probleme und Konflikte, am Leid der Opfer messen, mit dem wir permanent konfrontiert sind. Es ist nicht immer einfach, sich innerlich dagegen zu wehren, vor allem, wenn es sich um vergleichsweise banale Probleme handelt, wie bürokratische Hemmnisse oder unnötige persönliche Empfindlichkeiten, ein kleiner Streit unter Freunden oder die üblichen Nickeligkeiten zwischen Kollegen im Büro. Trotzdem dürfen wir nicht verlernen, all das ernst zu nehmen – sonst verlieren wir die Fähigkeit zur Empathie und entwickeln uns zu Zynikern.

Ich bin der festen Überzeugung, dass ein intaktes Umfeld aus Familie und Freunden den besten Schutz bei der Tätigkeit als Fallanalytiker darstellt. Ein sicherer und harmonischer

Rückzugsort ist eine enorme Hilfe, verlangt jedoch von der Familie ein sehr hohes Maß an Verständnis und Flexibilität – und bei Freunden ein ebensolches Maß an Toleranz, wenn man ein weiteres Mal ein Treffen absagt.

Geht dieser sichere Hafen verloren, dann wirken sich die Belastungen mit voller Wucht aus. Das muss uns immer klar sein – wir dürfen es nicht für selbstverständlich halten, wenn wir ein glückliches Privatleben führen. Um den nötigen Abstand nicht zu verlieren, sind feste Auszeiten vom Job unabdingbar. Sport unterstützt den Stressabbau, und daher ist es kein Zufall, dass viele Mitarbeiter der OFA Ausdauersportarten betreiben. Ich persönlich finde meinen Ausgleich in den Bergen; sie sind ein wunderbarer Fluchtpunkt. Früher hat es mich öfter in die hohe Bergwelt des Himalaja und der Anden gezogen. Mindestens vier Wochen lang war ich fort von allem und weder über Handy noch per E-Mail erreichbar. Ich empfand auch die Einfachheit und Klarheit der vor mir liegenden Aufgabe als entspannend, musste mir keine Gedanken mehr über Ermittlungsverläufe, die Priorisierung von Verdächtigen oder über Vernehmungsstrategien machen. Meine Aufgabe bestand darin, vom Basislager zum Gipfel aufzusteigen und wieder sicher zurückzugelangen. So einfach, ohne Umwege – möglichst schnell und direkt.

Heute sind es nicht mehr die entlegenen Gebirge, in denen ich Ruhe finde, sondern Ziele vor der eigenen Haustür. Erst letzten Sommer habe ich mich spontan zu einem Event angemeldet, bei dem man an einem Tag das Karwendelgebirge überschreitet. Als ich nach knapp zehneinhalb Stunden und 52 Kilometern das Ziel erreichte, spürte ich eine unglaubliche Zufriedenheit. Der Lauf durch die atemberaubende Bergkulisse ließ mich vieles von den Dingen abstreifen, die mich so sehr beschäftigten. Aber ausschließen will ich doch nicht, dass es mich noch mal in den Himalaja zieht.

BÜROKRATISCHE HEMMNISSE

Bei der Arbeit sind wir nur gut, wenn wir ein eingespieltes und funktionierendes Team bilden – und dafür muss neben der guten Atmosphäre in der Gruppe natürlich auch der Rahmen stimmen. Bei der Polizei herrscht, genau wie in Teilen der Privatwirtschaft, seit einigen Jahren die Vorstellung, dass eine möglichst große Verwendungsbreite Voraussetzung für bestimmte Beförderungsstufen sein muss. Das kann durchaus sinnvoll sein, ist es als Regel aber häufig gerade nicht. Ich bin der Meinung, dass diese Ausrichtung für bestimmte Fachbereiche, wie für das Spezialistentum der Operativen Fallanalyse, sogar der falsche Weg ist. Ein ausgebildeter und zertifizierter polizeilicher Fallanalytiker, der seit vielen Jahren hervorragende Arbeit geleistet hat, kann oftmals nur dann die nächste Beförderungsstufe erreichen, wenn er das alles zurücklässt und zum Beispiel zur uniformierten Schutzpolizei wechselt. Das Fallwissen, das er angesammelt hat, geht der Dienststelle verloren und muss über die zeit- und kostenintensive Ausbildung eines neuen Kollegen zum Experten entwickelt werden. Dies ist der Sache nicht dienlich und birgt erhebliches Frustrationspotenzial. Nur zur Klarstellung: Ich spreche hier nicht von Beförderungen in Spitzenämter, sondern vom normalen Karriereweg in der Polizei.

Nichtsdestotrotz herrscht auf unserer Dienststelle eine hohe Arbeitszufriedenheit, denn die Sinnhaftigkeit unserer Aufgabe muss nicht in Frage gestellt werden. Insofern haben wir nur eine geringe Personalfluktuation, und dies trotz der beschriebenen Belastungen und des Umstands, dass die Beförderungsmöglichkeiten an anderen Stellen besser wären.

Zu den positiven Aspekten unseres Berufs zählt sicher, dass wir es gelernt haben oder lernen müssen, auch hochemotionalen Themen mit einer gewissen professionellen Distanz zu begegnen und die Menschen danach zu beurteilen, was sie tun, und nicht nur nach dem, was sie sagen. Das macht es leichter, manche Verhaltensweisen zu hinterfragen und so die eigentlichen hintergründigen Motivationen aufzudecken. Darüber hinaus sind wir darin geschult, Wesentliches von Unwesentlichem zu trennen.

Aufgrund der intensiven Beschäftigung mit Menschen und ihrem jeweiligen Lebensweg fällt es einem Fallanalytiker vermutlich leichter, nachsichtig mit bestimmten Personen umzugehen, weiß man doch um den nachhaltigen Einfluss, den beispielsweise negative Erlebnisse in der Vergangenheit haben können.

VON BURN-OUT BIS SELBSTÜBERSCHÄTZUNG

Aufgrund der erheblichen Belastungen, die unser Job mit sich bringt, besteht die Gefahr des Burn-out-Syndroms. Hierbei handelt es sich um die Beschreibung einer Gruppe von Symptomen, die sich grundsätzlich auf drei wesentliche Bereiche auswirkt. Zum einen verspüren Betroffene physische Auswirkungen wie chronische Kopfschmerzen, Herz- oder Magen-Darm-Probleme. Zum anderen kann es emotionale Auswirkungen geben; der Betroffene erlebt Angstzustände oder depressive Phasen. Das dritte Symptom kann sich auf der Verhaltensebene und somit auch bei der Arbeit zeigen – wenn ein Kollege Vermeidungsverhalten zeigt, also schwierigen Aufgaben aus dem Weg geht, unflexibel wird und sich seine Leistung insgesamt deutlich verschlechtert. Der Betroffene hat den Eindruck, die Anforderungen, egal ob subjektiv oder objektiv betrachtet, nicht mehr erfüllen zu können.

Ich habe bei Kollegen aus dem Ausland schon erlebt, wie es zu einem Burn-out-Syndrom kommen kann. Zunächst ist da der Enthusiasmus; man fühlt sich durch die Ausbildung kompetent genug, Fälle verantwortlich zu übernehmen. Unweigerlich kommt es im Laufe der Jahre aber zu Frustrationserlebnissen, aus welchen Gründen auch immer. Es kann ein Fall sein, der sich einfach nicht klären lässt, oder ein anderer, wo dem Verdächtigen die Tat nicht nachzuweisen ist. Diese Vorstellung war 2011 das Horrorszenario für den Leiter der Soko Dennis, Martin Erftenbeck, und mich vor der Vernehmung von Martin N. Wir zweifelten keinen Augenblick mehr daran, dass wir im Vernehmungszimmer dem Täter gegenübersaßen. Aber was wäre, wenn er kein Geständnis ablegen würde? Wir hätten dann zwar die Gewissheit, den Maskenmann zu kennen, aber die Gefahr, dass er freikommen und vielleicht ein neues Verbrechen begehen würde, hätte wie ein Damoklesschwert über uns gehangen. Martin Erftenbeck sagte einmal zu mir, dass es ein Alptraum für ihn gewesen wäre, wenn er in Ruhestand hätte gehen müssen und diese Mordserie noch immer ungeklärt gewesen wäre beziehungsweise ungesühnt bliebe.

Für den Fallanalytiker kann es natürlich auch äußerst unbefriedigend sein, wenn er, wie bereits erwähnt, auf eine ausgesprochene Beratungsresistenz stößt und dabei der festen Überzeugung ist, dass die vorgeschlagene Strategie das Ermittlerteam bei der Klärung des Falles einen Schritt weiterführen würde. In solchen Momenten muss einem klar sein, dass man nur eine Beratungsfunktion hat und letztendlich nicht die Verantwortung für die Aufklärung des Falles trägt. Mitunter fällt einem dies jedoch schon sehr schwer.

Auf der anderen Seite erleben wir in der täglichen Arbeit sehr häufig, dass wir mit sehr hohen oder manchmal auch überzogenen Erwartungshaltungen konfrontiert werden, vor allem dann, wenn es sich um sehr bizarre Tötungsdelikte handelt. Dass wir das Unerklärliche erklärbar machen sollen, ist an sich schon ein Boden für denkbare Frustrationen. In Kombination mit hohem Zeitdruck und häufigen Abwesenheiten von zu Hause wächst die Gefahr des Burn-outs – erst recht, wenn ein Team nicht harmoniert oder aufgrund von Unterbesetzung die nötigen Auszeiten fehlen. Wenn der Fallanalytiker dann nicht über geeignete Coping-Strategien verfügt, kann sich die Situation weiter zuspitzen. Besonders kritisch wird es, wenn ein zusätzlicher Stressfaktor im Leben hinzukommt, wie eine Trennung oder die Erkrankung oder der Tod eines Angehörigen.

Wenn ich, gerade auf der internationalen Ebene, die Profiler Revue passieren lasse, mit denen ich in den Anfangsjahren zusammengearbeitet habe, muss ich feststellen: Bisher hatte ich großes Glück. Einige von ihnen wurden krank und waren lange nicht im Dienst; andere sind inzwischen nicht mehr als Profiler tätig oder haben die Polizei verlassen. Im Gegensatz zu mir hatten sie jedoch teilweise auch nicht den Schutzfaktor eines Teams.

Es stellt sich natürlich die Frage, wie lange es tatsächlich gesund ist, diesen Beruf auszuüben und sich jahrelang überwiegend mit schwersten Verbrechen zu beschäftigen. Als Fallanalytiker sind wir umso besser und erfolgreicher, je länger wir im Dienst sind und je mehr Fälle wir gesehen haben.

Am anderen Ende des Gefahrenspektrums steht die Selbstüberschätzung, im Sinne eines übersteigerten Narzissmus. Man kommt immer bei den brisanten Fällen zum Einsatz und genießt dabei das Ansehen des Experten. Die Arbeit der Profiler stößt in der Öffentlichkeit und auch in den Medien auf erhebliches Interesse. Ich bemerke das an den zahlreichen Presseanfragen und Vortragsterminen, die über das Jahr zusammenkommen. Dieses Interesse bringt natürlich eine, um in psychologischen Begriffen zu sprechen, narzisstische Aufwertung mit sich.

Fallanalytiker werden als »Helfer in der Not« angefordert. Wenn wir zur Aufklärung eines Mordes beitragen konnten, steigt die Aufmerksamkeit der Öffentlichkeit und der Medien nur noch mehr. Spätestens dann kann eine problematische Eigendynamik einsetzen. Nicht zufällig gehen Kult und Mythos um Profiler auf ehemalige Beamte des FBI zurück, vor allem auf einige Gründer der Methodik. Bei allen unbestreitbaren Verdiensten haben sie auch kräftig an dem Mythos gearbeitet und ihre Person dabei sehr gern überhöht. Der Essener Kommunikationswissenschaftler Jo Reichertz hat dazu einige treffende Beobachtungen formuliert: »Ein Bestandteil des Mythos vom guten Profiler ist die systematische Aufwertung der ›Gegenseite‹ – sie soll besonders intelligent und damit schwer zu fassen sein.«[4] Um dem genialen Serienmörder beizukommen, braucht es in diesem Mythos natürlich einen noch genialeren Profiler, der dank beinahe übermenschlicher Fähigkeiten in die Seele des Killers zu blicken vermag. Nicht umsonst zitieren Autoren wie John Douglas und Robert Ressler sehr gern den deutschen Philosophen Friedrich Nietzsche: »Wer mit Ungeheuern kämpft, mag zusehen, dass er nicht selbst zum Ungeheuer wird. Und wenn du lange in einen Abgrund blickst, blickt auch der Abgrund in dich hinein.«[5]

Ich teile auch Reichertz' Kritik an der Aussage mancher Profiler, dass es sich beim Profiling um eine Kunst und keine Wissenschaft handelt (»It's an art, not a science«, schrieb John Douglas). Wir sind tatsächlich keine Künstler, sondern Kriminalbeamte. Die Fallanalyse ist aber auch keine Wissenschaft, sondern eine Methodik zur Interpretation menschlichen Verhaltens, die vermittelbar und erlernbar ist; sie erfordert ausgeprägte analytische Fähigkeiten, keine künstlerischen.

Vor vielen Jahren wurde ich einmal gefragt, ob ich bei einem Kunstprojekt mitmachen würde. Es wurden mir 365 Fotos vorgelegt, die eine mir unbekannte Person gemacht hatte – an jedem Tag eines Jahres ein Foto. Ich sollte nun anhand der Bilder versuchen, ein Täterprofil des Fotografen zu erstellen. Großes künstlerisches Talent habe ich leider nicht. Es gelang mir aber trotzdem: Ich glaubte, dass es sich um eine ältere, allein lebende Frau handelte, und konnte sogar Hypothesen zu ihrer früheren beruflichen Tätigkeit aufstellen. Zu meiner Überraschung traf die große Masse der Hypothesen tatsächlich zu – weil ich eine methodische Auswertung der Fotos vornahm und die daraus wahrscheinlichsten Rückschlüsse zog.

Zu den möglichen Verführungen, die mit unserer Arbeit verbunden sind, passt ein Satz von Daniel Kahneman. Er schreibt,»dass jemand, der mehr Wissen erwirbt, eine verstärkte Illusion von seinen Fähigkeiten entwickelt und diese in einer unrealistischen Weise überschätzt«.[6] Auch aus diesem Grund bin ich umso mehr davon überzeugt, dass dem Teamansatz bei der OFA eine herausragende Bedeutung zukommt. Wir müssen uns stets gegenseitig kontrollieren, damit wir uns nicht ein illusionäres Bild unserer Fähigkeiten machen und Gefahr laufen, die Grenzen unserer Kompetenz zu überschreiten.

Darüber hinaus muss einem Analytiker immer bewusst sein, dass er»nur« Hypothesen aufstellt, wobei selbstredend immer die Möglichkeit besteht, sich zu irren. Wenn dies der Fall ist, sollte man damit auch konstruktiv umgehen und versuchen, den Grund dafür zu finden. Als Negativbeispiel beschreibt Kahneman, wie »Experten nur widerwillig zugaben, sich geirrt zu haben, und wenn sie gezwungen waren, einen Fehler zuzugeben, hatten sie jede Menge Ausreden parat: Sie hätten sich nur im Zeitpunkt geirrt, ein unvorhersehbares Ereignis sei dazwischengekommen, oder sie hätten sich zwar geirrt, aber aus den richtigen Gründen. Experten sind schließlich auch nur Menschen. Sie sind geblendet von ihrer Brillanz und hassen es, danebenzuliegen.«[7]

Ich hoffe, dass wir bei unserer bisherigen Arbeit als Fallanalytiker immer versucht haben, uns kritisch zu hinterfragen. Und ich hoffe, dass uns dies auch weiterhin gelingen wird. Ich bin davon überzeugt, dass wir manchmal Glück hatten, wenn wir uns zwischen mehreren Hypothesen für die entschieden haben, die sich später als zutreffend herausgestellt hat.

Wir sollten uns auch nicht überschätzen. Es wäre gedankenlos, unsere Methodik unüberlegt auf andere Deliktsbereiche auszuweiten. So verführerisch der Gedanke ist, so problematisch könnten die Folgen sein. Mit der Analyse von Tötungsdelikten und schwerwiegenden Sexualverbrechen arbeiten wir auf einem Gebiet, das inzwischen gut erforscht ist und auf dem wir über große Erfahrung verfügen. Ein Transfer der Methode sollte daher nur die Ausnahme darstellen. Würden wir beispielsweise versuchen, die Fallanalyse bei einem Delikt der Wirtschaftskriminalität anzuwenden, wäre der Sachbearbeiter vielleicht besser beraten, einfach einen anderen, erfareneren Kollegen aus diesem Deliktsbereich zu Rate zu ziehen. Mir fehlt das entsprechende Fachwissen. Unter Umständen würde ich sogar Schaden anrichten, da meine Rolle als Berater dazu führen könnte, dass meiner Einschätzung entsprechend Gewicht beigemessen würde – und dies in diesem Fall dann ohne Grund. Daniel Kahneman bringt diese Aspekte sehr treffend auf den Punkt:»Es ist falsch, jemandem einen Vorwurf daraus zu machen, dass er in einer unvorhersagbaren Welt keine genauen Vorhersagen liefert. Allerdings ist es durchaus angemessen, Experten dafür zu rügen, dass sie glauben, eine unmögliche Aufgabe erfolgreich bewältigen zu können.«[8] Der forensische Psychiater Norbert Nedopil sagte in einem unserer Gespräche etwas sehr Interessantes: »Der Ungeschulte sollte in einer untrainierten Situation keine

Bauchentscheidungen treffen. Er muss eine Regel haben, der er folgen kann.«

Doch wie beugt man all diesen Gefahren vor? Die Antwort ist gar nicht so kompliziert. Das Team wirkt auch hier als Schutz und als Korrektiv. Und es findet sich ganz automatisch immer jemand, der auf die Vergänglichkeit des Erfolgs hinweist. Denn die entscheidende Lehre in der Arbeit als Fallanalytiker ist: Wir sind nur so gut wie unser letzter Fall.

NACHWORT

GEDANKEN ÜBER DIE TÄTER

M it diesem Einblick in die Arbeit des Fallanalytikers wollte ich aufzeigen, was sich tatsächlich hinter dem »Profiling« verbirgt, nämlich in erster Linie ein methodisches Aufarbeiten von Informationen, die Rekonstruktion komplexer Handlungsabläufe und die Interpretation von Verhalten. Der Mehrwert für eine Sonderkommission stellt sich jedoch erst dann ein, wenn es uns gelingt, in der Kombination von Methodik, Hintergrundwissen und angehäuftem Erfahrungswissen einen Ermittlungsansatz zu gewinnen.

Das so oft beschriebene Böse ist häufig viel banaler, als man denkt. Wir sollten uns daher nicht von außergewöhnlichen Verhaltensweisen eines Täters blenden lassen. Manche begehen nahezu unfassbare Grausamkeiten. Die Störung, die diesen Taten zugrunde liegt, ist wiederum häufig das Ergebnis von bereits früh aufgetretenen Defiziten in der Persönlichkeitsentwicklung. Diese Täter werden nicht als Sexualmörder geboren, sie entwickeln sich zu solchen. Eine Dämonisierung, wie wir sie nicht nur in Krimis vorfinden, sondern oft genug auch im wirklichen Leben und bei tatsächlichen Fällen, hilft uns nicht weiter. Wir können ein Verbrechen nur analysieren, wenn wir es verstehen.

Bei manchen Tätern besteht eine hohe Wiederholungsgefahr. Wenn ein Sexualstraftäter rückfällig wird, laufen inzwischen reflexartige Prozesse ab: in den Medien, der Öffentlichkeit und häufig auch der Politik. Der Ruf nach schärferen Gesetzen und/oder mehr Gutachten wird laut; ein Bundeskanzler hat sogar öffentlich gefordert:»Wegsperren, und zwar für immer.« So verständlich dieser Reflex ist: Auf diese Weise wird man diese Probleme nicht lösen. Manche Täter sind therapierbar, andere möglicherweise auch; für einige jedoch wird die Sicherungsverwahrung verfügt werden müssen, damit sie nicht neue Opfer suchen.

Eine Auseinandersetzung mit der Frage, wie die Gesellschaft mit solchen Tätern umgehen soll, würde den Rahmen dieses Buches sprengen; im Fokus steht hier die Arbeit des Fallanalytikers. Allerdings ist diese Thematik eng mit meiner Beratertätigkeit verknüpft.

Die OFA Bayern hat zum Umgang mit haftentlassenen Sexualstraftätern ein eigenes Konzept mit der Bezeichnung HEADS entwickelt – HaftEntlassenenAuskunftsDateiSexualstraftäter. Seit Mitte der 2000er Jahre beschäftigt sich meine Dienststelle mit der Frage, wie mit Sexualstraftätern umzugehen ist, wenn sie das Gefängnis verlassen. Im Jahr 2005 bekamen wir auch politischen Rückenwind, als in München ein acht Jahre alter Junge von einem Sexualmörder getötet wurde, der nur wenige Monate zuvor aus der Haft entlassen worden war. Der Täter hatte bereits als Jugendlicher einen Mord aus sexuellen Motiven begangen; auch hier war das Opfer ein kleiner Junge. Nach seiner Entlassung hatte sich die Spur des Mannes verloren, da es kein geeignetes System gab, ihr beispielsweise bei einem Umzug zu folgen. Ich bekam daraufhin den Auftrag, ein Konzept für die bayerische Polizei zu entwickeln. Ziel war es, die nötigen Informationen so zu steuern, dass alle zuständigen Stellen sich stets auf dem neuesten Stand befinden und gemeinsam handeln können. Früher hatte oft genau dies gefehlt. Wir haben als Konsequenz dieses Defizits Vertreter aller beteiligten Behörden an einen Tisch gebracht: Führungsaufsicht, Staatsanwaltschaft, Bewährungshilfe und Polizei. Auf erhebliche Vorbehalte trafen wir dabei insbesondere bei unseren Kollegen der Polizei und den Bewährungshelfern. Ihr Verhältnis wurde, kurz gesagt, von jeweiligen Vorurteilen bestimmt. Inzwischen ist aber daraus, wie sich in den ersten Evaluationen zeigt, eine sehr konstruktive Zusammenarbeit erwachsen.

Als Bild für den Umgang mit diesen haftentlassenen Tätern diente uns das sogenannte Ampel-Prinzip, das der Psychiater Norbert Nedopil bei gemeinsamen Veranstaltungen häufig darlegte. Zum Zeitpunkt der Entlassung steht die Ampel auf Grün. Zeigen sich negative Veränderungen in den Lebensumständen des Täters oder in seinen Verhaltensweisen, springt die Ampel auf Gelb. Verstößt er gegen Auflagen und Weisungen des Gerichts, zum Beispiel sich von Kinderspielplätzen fernzuhalten, schaltet die Ampel auf Rot, und die Behörden greifen ein. Nach einer mittlerweile fast siebenjährigen Laufzeit von HEADS komme ich zu einer verhalten positiven Bewertung. Verhalten deswegen, weil es noch viel zu früh ist, um verlässliche Aussagen zu treffen. Aus der Forschung ist bekannt, dass es bei einem nicht ganz geringen Prozentsatz der Täter auch nach zwölf oder mehr Jahren noch zu einem einschlägigen Rückfall kommen kann. Es wird immer einzelne Rückfälle von gefährlichen Sexualstraftätern geben, und kein Präventionskonzept der Welt kann dies gänzlich verhindern. Mit dem HEADS-Konzept versuchen wir jedoch, möglichst frühzeitig einzugreifen.

In Deutschland beschreiten wir hiermit einen anderen Weg, als er zum Beispiel in Teilen der USA eingeschlagen wird. Dort stellen Behörden die persönlichen Daten haftentlassener Sexualstraftäter ins Internet. Eine derartige öffentliche Stigmatisierung birgt aber aus meiner Sicht mehr Gefahren als Schutz für die Bevölkerung. Wenn ein Sexualstraftäter nach jahrelanger Haftzeit entlassen wird, befindet er sich häufig in einer fragilen Situation. Stellt man ihn an den digitalen Pranger, steigt die Gefahr der Destabilisierung – mit allen Folgen, die das haben kann. Besserung, Therapie, Neuanfang sind unter solchen Umständen kaum möglich. Kooperation zwischen den Behörden ist meines Erachtens demnach der richtige Weg, Stigmatisierung ein Irrweg.

NEUN SCHRITTE ZUR BESSEREN LÖSUNG VON PROBLEMEN

In weiten Teilen dieses Buches habe ich mich mit den Schwierigkeiten bei der Lösung von komplexen Problemstellungen beschäftigt. Am Beispiel polizeilicher Sonderkommissionen habe ich aufgezeigt, welche Einflüsse auf Entscheidungsträger wirken und welche Konsequenzen dies haben kann. Zum Abschluss möchte ich versuchen, einen gangbaren Weg zur besseren Lösung von Problemen aufzuzeigen. Hierfür sind meiner Meinung nach neun Schritte notwendig:

SCHRITT 1: Das Wesen des Problems erfassen
Zunächst muss ein vertieftes Problemverständnis entwickelt werden, um Lösungsansätze erarbeiten zu können. Sofern das vorhandene Fachwissen dazu nicht ausreicht, kann es notwendig sein, es durch kompetente Beratung einzuholen.

SCHRITT 2: Die Basisrate einholen
Es sollte zunächst die Frage beantwortet werden, wie sich die Grundwahrscheinlichkeit bei dieser Art von Problemstellung gestaltet. Wie häufig oder selten ist denn mein Problem? Hierbei sollte man die Frage stellen, welchen Verlauf diese Art von

Problem im Normalfall nimmt. Erst wenn ich den abschätzen kann, werde ich auch die Abweichung hiervon erkennen. Dies gestaltet sich dann besonders schwierig, wenn es sich um Situationen handelt, für die es kaum Referenzfälle gibt, wie zum Beispiel im Fall des Briefbombers in Niederbayern.

SCHRITT 3: Aktive Fehlervermeidung

Die Erfahrungen von anderen außergewöhnlichen Fällen sind heranzuziehen, so dass derselbe Fehler nicht ein zweites Mal gemacht wird. Der Blick zurück in die Vergangenheit weist manchmal den Weg nach vorne.

SCHRITT 4: Eine am Einzelfall orientierte Strategie entwickeln

Mit dem Wissen um die Regelverläufe und den Erfahrungen aus anderen außergewöhnlichen Fällen sollte der Entscheidungsverantwortliche in die Lage versetzt werden, eine auf den vorliegenden konkreten Einzelfall bezogene Strategie zu entwickeln.

SCHRITT 5: Fern- und Nebenwirkungen bedenken

In die geplante Umsetzungsstrategie sollten deren Fern- und Nebenwirkungen einbezogen werden. Ein umfassendes Durchdenken der möglichen Folgen ist angezeigt, auch wenn dies nicht immer gelingen wird. Es kann jedoch zu einer aktiven Fehlervermeidung beitragen.

SCHRITT 6: Dokumentation der Entscheidung

Der Verantwortliche sollte die Entscheidung und vor allem auch die Argumente, auf deren Grundlage die Entscheidung fußt, schriftlich niederlegen. Nur dann lässt sich, sofern die Lösung des Problems nicht gelingt und es zu einer Revision des Verfahrens kommt, klar nachvollziehen, wie diese Entscheidung zustande kam.

SCHRITT 7: Die Ergebnisse kontrollieren

Begonnene und bereits umgesetzte Maßnahmen müssen einer regelmäßigen Ergebniskontrolle unterzogen werden, bevor sie als abgeschlossen gelten dürfen. Der Fall des Yorkshire-Rippers ist ein gutes Beispiel dafür, was passieren kann, wenn dies nicht geschieht.

SCHRITT 8: Prüfung von Alternativhypothesen

Sollte sich auch nach angemessener Zeit bei der Umsetzung der Maßnahmen kein Erfolg einstellen, sind zwingend Alternativhypothesen zu entwickeln und zu prüfen. Die Schwierigkeit hierbei liegt in der Wahl des richtigen Zeitpunkts. Hierfür gibt es keine Patentlösung. Mit zunehmender Erfahrung des Entscheidungsverantwortlichen wird er ein Gefühl für diesen Zeitpunkt entwickeln, da er die Laufzeit bestimmter Maßnahmen besser einschätzen kann. Die Bildung von Alternativhypothesen sollte dabei möglichst offen erfolgen und zunächst alle denkbaren Möglichkeiten erfassen, bevor es zu einer Eingrenzung kommt. In dieser Phase des Prozesses kann es sinnvoll sein, erneut externe Beratung zu Hilfe zu nehmen, da dies den Blick auf alternative Hypothesen weiten kann.

SCHRITT 9: Wenn der Erfolg eintritt

Im Falle der erfolgreichen Problemlösung ist es zwingend geboten, dass die hierbei gemachten Erfahrungen im Rahmen einer Evaluierung nachbereitet, zusammengefasst und so aufbereitet werden, dass sie künftig anderen Entscheidungsverantwortlichen bei Schritt 3 zur Verfügung stehen.

Diese Schritte sind kein Garant für eine erfolgreiche Problemlösung, sie bieten jedoch meiner Erfahrung nach einen Anhalt, sich komplexen Problemstellungen anzunähern und schwerwiegende Fehler zu vermeiden.

DANK

D ieses Buch wäre ohne die Hilfe einer ganzen Reihe von Menschen niemals zustande gekommen.

Mein Dank geht zunächst an meinen Koautor Dr. Joachim Käppner. Schon seit vielen Jahren begleitet er den Weg der OFA Bayern und unterstützte mich unter anderem bei der Umsetzung der Medienstrategie der BAO Bosporus im schwierigen Jahr 2006, als er in der *Süddeutschen Zeitung* als erster Journalist über unsere Hypothese schrieb, die Mörder hätten ausländerfeindliche Motive und seien keine türkischen Kriminellen. Da ich, wie dem Buch zu entnehmen ist, ein großer Anhänger des Teamansatzes bin, habe ich mir Joachim als Partner für dieses Projekt ausgesucht. Auf der Grundlage seiner Recherchearbeit für sein Buch *Profiler* kennt er unsere Arbeit wie vermutlich kein anderer Journalist in Deutschland. Er hat mich an den notwendigen Stellen kritisch hinterfragt und dafür gesorgt, dass ich meine Sicht der Dinge so erzähle, dass sie nicht einem Fallanalysebericht gleicht. Für die Hilfe und das Vertrauen danke ich ihm herzlich.

Meiner Frau Ursula möchte ich in besonderem Maße danken. Zum einen für die tatkräftige Unterstützung bei der Arbeit an diesem Buch – vieles gewann durch ihre Anmerkungen an Präzision –, zum anderen, dass sie mir die Freiräume ermöglichte, dieses Buch zu schreiben.

Meinem gesamten Team der OFA Bayern möchte ich für die Unterstützung danken. Meinen Kollegen Klaus Wiest, Markus Hoga, Dirk Schinke und Hilmar Krüger bin ich für ihre Anregungen zu diesem Buch dankbar. Auf mancher Dienstreise entstanden neue Aspekte, die beleuchtet werden sollten und sich in diesem Buch wiederfinden.

Harald Dern, der Leiter des Fachbereiches Fallanalyse beim Bundeskriminalamt, ist ein langjähriger und von mir sehr geschätzter Wegbegleiter, bereits seit Anfang meiner Tätigkeit als Fallanalytiker. Viele Gedanken über unseren Beruf entstanden bei der gemeinsamen Arbeit in Projektgruppen, und einige dieser Gedanken spiegeln sich auch in diesem Buch wider.

Dem langjährigen Leiter der Soko Dennis, Martin Erftenbeck vom Zentralen Kriminaldienst in Verden/Aller, möchte ich meinen Dank und meine besondere Anerkennung aussprechen. Es war für ihn nie eine Option, sich damit abzufinden, die Serie von Tötungs- und Sexualdelikten des Maskenmanns nicht aufklären zu können. Über die Jahre lernte ich ihn als hervorragenden Ermittler und später als engen Freund kennen. Ich danke ihm für sein Vertrauen in unsere Beratung und dafür, mich als Vernehmungspartner für die Beschuldigtenvernehmung von Martin N., dem Täter, auszuwählen. Ich empfand dies als große Auszeichnung.

Stefan Halder, dem Leiter des Kommissariats 1 der Kriminalpolizei in Regensburg, danke ich für die gemeinsame Zeit im Fall Mareike und die seitdem andauernde hervorragende Kooperation.

Ich danke meinen ehemaligen Dezernatsleitern beim Polizeipräsidium München, Udo Nagel und Harald Pickert. Udo Nagel dafür, dass er mir die Gelegenheit gab, als junger Kommissar an dem Projekt Fallanalyse mitzuarbeiten. Ohne ihn würde ich heute nicht in dieser Position sein. Harald Pickert, als Nachfolger von Udo Nagel, für die große Unterstützung in der wichtigen Phase der Konsolidierung und Weiterentwicklung der OFA Bayern. Auch heute, in veränderter Position, ist er stets mit gutem Rat zur Seite, auch bei der Erstellung dieses Buchs.

Professor Dr. Norbert Nedopil, ehemaliger Leiter der Abteilung für Forensische Psychiatrie an der Ludwig-Maximilians-Universität München, ließ sich bereits früh auf die Kooperation mit der OFA Bayern ein und ermöglichte mir dadurch, ein tieferes Verständnis für die Psyche der Täter zu erlangen. Hierfür schulde ich ihm Dank. Aber auch für die freundschaftliche Verbundenheit, die aus dieser Kooperation erwachsen ist; sie liegt mir sehr am Herzen. Die abendlichen Diskussionen in seinem Büro über den Umfang und die Grenzen des Expertenwissens waren mir in der Reflexion meines Handelns sehr hilfreich.

Die Belange der Kinder- und Jugendpsychiatrie brachte mir Professor Dr. Franz Joseph Freisleder eindrucksvoll nahe; dafür und für seine freundschaftliche Verbundenheit danke ich ihm sehr.

Dem Verlag Droemer Knaur danke ich für die gute Zusammenarbeit. Margit Ketterle für die Ermutigung, das Buch zu schreiben, und meinem Lektor Dr. Thomas Tilcher für seine gewinnbringenden Anregungen.

Zum Abschluss möchte ich dieses Buch zwei ganz besonderen Menschen widmen:

Meinem Bruder Andreas Horn, dem aufgrund einer Erkrankung viel zu früh die Gelegenheit genommen wurde, zusammen mit seiner Familie all die gemeinsamen Träume zu leben.

Meinem engen Freund Heinz Erpenbach, dem langjährigen Leiter der OFA Nordrhein-Westfalen. Er hat mein berufliches und privates Leben in großem Maße bereichert. Leider musste er am 1. April 2014 nach schwerer Krankheit von uns gehen. Heinz Erpenbach hinterlässt eine große Lücke.

ANMERKUNGEN

Vorwort

1 Bücher, Artikel und mediale Berichterstattung über unsere Fälle: John Goetz/Christian Fuchs, *Die Zelle. Rechter Terror in Deutschland*, Reinbek bei Hamburg 2012; Nadja Malak, *Auf freiem Fuß. Rätselhafte Kriminalfälle*, Leipzig 2009; Michael Kraske, *Der Monster-Jäger*. Zeit Wissen, Nr. 6/2012; Sendungen auf Spiegel TV: »Die Macht des Bösen. Von menschlichen Abgründen«, VOX, 21.4.2012; »Jagd auf einen Serienmörder. Die Soko Dennis«, VOX, 4. 2. 2011. www.spiegel.de. Außerdem: Dern, *Profile sexueller Gewalttäter*, und Käppner, *Profiler*, sowie Stefan Aust und Dirk Laabs, *Heimatschutz. Der Staat und die Mordserie des NSU*, München 2014

Die Aufgabe des Beraters

1 Dern, Harald/Frönd, Roland/Straub, Ursula/Vick, Jens/Witt, Rainer, *Geografisches Verhalten fremder Täter bei sexuellen Gewaltdelikten*, Wiesbaden 2004, S. 96

2 Hickley, *Serial Murderers and Their Victims*, S. 139

Was ist eine Fallanalyse?

1 Harald Dern u. a., *Fallanalyse bei der deutschen Polizei. Die Qualitätsstandards der Fallanalyse sowie das Anforderungsprofil und*

der Ausbildungsgang für Polizeiliche Fallanalytiker in Deutschland, Wiesbaden 2003, S. 17

2 Vgl. Karl Berg: Der Sadist. Der Fall Peter Kürten. Gerichtsärztliches und Kriminalpsychologisches zu den Taten des Düsseldorfer Mörders Peter Kürten, München 2004, S. 63 f.

3 Helinä Häkkänen/Petri Lindlöf/ Pekka Santtila, Crime Scene Actions and Offender Characteristics in a Sample of Finnish Stranger Rapes. Journal of Investigative Psychology and Offender Profiling, 1 (1), 17–32.
Gabrielle Salfati/Alicia Bateman, Serial Homicide: An Investigation of Behavioral Consistency. Journal of Investigative Psychology and Offender Profiling, 2 (2), 121–144

4 Canter, *Criminal Shadows,* S. 4

5 Udo Nagel, Neue Wege in der Ermittlungspraxis. In: Musolff/ Hoffmann, *Täterprofile* (2. Auflage, 2006), S. 294

6 Keppel/Birnes, *Serial Killer Investigations,* S. 213

7 Kahneman, *Schnelles Denken, langsames Denken,* S. 528

8 Douglas, *Jäger in der Finsternis,* München 2001, S. 444

Wie funktioniert die Fallanalyse?

1 Douglas, *Jäger in der Finsternis,* S. 42

2 Kahneman, *Schnelles Denken, langsames Denken,* S. 79

3 Vgl. *Münchner Merkur,* 8. Oktober 2002

4 Polizeiliche Vorerkenntnisse: Ursula Straub/ Rainer Witt: Polizeiliche Vorerkenntnisse von Vergewaltigern. In: Kriminalistik, 1/2003, S. 51 ff.

Wann kommen wir als Berater zum Einsatz?

1 FBI, Serial Murder, Einführung (Übersetzung des Autors): www.fbi.gov.

Sammeln, rekonstruieren, bewerten: der Fall Mareike

1 Dörner, *Die Logik des Misslingens,* S. 99

2 Kahneman, *Schnelles Denken, langsames Denken,* S. 53 ff.

3 Kahneman, *Schnelles Denken, langsames Denken,* S. 187

Die gefährlichen Fehlerquellen

1 Dörner, *Die Logik des Misslingens,* S. 72

2 Vgl. Campbell-Report, zitiert nach Keppel/Birnes, *Serial Killer Investigations,* S. 114

3 Hickey, *Serial Murderers and Their Victims,* S. 211 ff.

Kompetente Beratung – Was ein Fallanalytiker beachten muss

1 Dörner, *Die Logik des Misslingens,* S. 436

2 Deutscher Bundestag Drucksache 17/14600. 17. Wahlperiode. 22.8.2013. Beschlussempfehlung und Bericht des 2. Untersuchungsausschusses nach Artikel 44 des Grundgesetzes, S. 578

3 Ebenda, S. 578

4 Dörner, *Die Logik des Misslingens,* S. 98

5 Deutscher Bundestag Drucksache 17/14600. 17. Wahlperiode. 22.8.2013. Beschlussempfehlung und Bericht des 2. Untersuchungsausschusses nach Artikel 44 des Grundgesetzes, S. 571 und 951

Intuition oder Erfahrungswissen?

1 Kahneman, *Schnelles Denken, langsames Denken,* S. 101.

2 Kahneman, *Schnelles Denken, langsames Denken,* S. 509

3 Adam Gregory, Offender Profiling & Behavioral Investigative Advice (2009): synergysolutions.org.uk

4 Kahneman, *Schnelles Denken, langsames Denken,* S. 515

Die immer gestellte Frage: vom Umgang mit der Belastung

1 Douglas/Olshaker, *Die Seele des Mörders,* S. 13 ff.

2 Vgl. R. D. Hare, *The Psychopathy Checklisted,* Toronto 2003

3 Dern, *Sexuelle Gewaltdelikte,* Seite 88

4 Jo Reichertz, »Meine Mutter war eine Holmes«. Über Mythen-

bildung und die tägliche Arbeit der Crime-Profiler. In: Musolff/
Hoffmann, Täterprofile, S. 28
5 Friedrich Nietzsche, *Jenseits von Gut und Böse,* Aphorismus 146
6 Kahneman, *Schnelles Denken, langsames Denken,* S. 473
7 Kahneman, *Schnelles Denken, langsames Denken,* S. 474
8 Kahneman, *Schnelles Denken, langsames Denken,* S. 521

LITERATUR

Laurence Allison/Lee Rainbow, *Professionalizing Offender Profiling.*
Forensic and Investigative Psychology in Practice, London 2011
Aktuelle Standortbestimmung der Fallanalyse, mit internationa-
lem Bezug

David Canter, *Criminal Shadows. Inside the Mind of the Serial Killer,*
London 1994
Der Begründer des Profiling in Großbritannien blickt zurück:
Memoiren und Handbuch in einem

Harald Dern, *Profile sexueller Gewalttäter. Theoretische Grundlagen*
und praktische Anwendung der Operativen Fallanalyse, Stuttgart
2011
Wissenschaftliche Studie zur Psychologie einschlägiger Täter, verfasst vom Leiter der Fallanalyse beim BKA

Dietrich Dörner, *Die Logik des Misslingens. Strategisches Denken in*
komplexen Situationen, Reinbek bei Hamburg 2003
Originelles und stimmiges Werk über die Fehler im menschlichen
Denken – und wie wir sie vermeiden könnten

John Douglas (mit Mark Olshaker), *Die Seele des Mörders,* München 1996
Erinnerungen eines der Pioniere des Profiling beim FBI: aufschlussreich, wenn auch streckenweise sensationsheischend

John Douglas, Robert Ressler, Ann W. Burgess, *Sexual Homicide. Pattern and Motives,* Lexington, Mass. 1988
Erstes Standardwerk des FBI zum Thema, heute teilweise überholt, aber eine Pionierarbeit

Robert D. Hare, *Without Conscience. The Disturbing World of the Psychopaths Among Us,* New York 1999
Checkliste und Grundlagenwerk zur Psychopathie, geschrieben von dem kanadischen Kriminalpsychologen

Eric W. Hickey, *Serial Murderers and Their Victims,* Belmont (USA) 2002
Grundlegende Studie des amerikanischen Kriminalpsychologen und Strafverfolgers Eric W. Hickey über Serienmörder

Joachim Käppner, *Profiler. Auf der Spur von Serientätern und Terroristen,* Berlin 2013
Geschichte und Gegenwart der OFA und des Profiling, von den Anfängen bis zu den Morden des NSU

Robert D. Keppel/William J. Birnes, *Serial Killer Investigations,* The Grisly Business Unit. Elsevier (USA) 2003
Kritische Bestandsaufnahme der Polizeiarbeit bei Serienmorden, verfasst von zwei Experten

Gregg O. McCrary, *The Unknown Darkness. Profiling the Predators Among Us,* New York 2003
Eines der besseren Erinnerungsbücher früherer FBI-Profiler, anschaulich und doch vergleichsweise sachlich

Daniel Kahneman, *Schnelles Denken, langsames Denken,* München 2011
Herausragende Studie des amerikanisch-israelischen Wirtschaftsnobelpreisträgers über die Freiheit des menschliches Geistes und rationales vs. irrationales Handeln

Thomas Müller, *Bestie Mensch,* Salzburg 2004
Autobiographie des ersten Kriminalpsychologen im deutschsprachigen Raum

Cornelia Mussolff/Jens Hoffmann (Hrsg.), *Täterprofile bei Gewalt-*

verbrechen. Mythos, Theorie und Praxis und forensische Anwendung des Profilings, Heidelberg 2006

Wissenschaftliches Standardwerk für den deutschsprachigen Raum, das die meisten Aspekte der Methodik beleuchtet

Norbert Nedopil, *Forensische Psychiatrie,* Stuttgart/New York 2012

Akademisches Handbuch, verfasst vom Münchner Doyen seiner Disziplin

Jean Proulx u.a.: *Sexual Murderers. A Comparative Analysis and New Perspectives,* Hoboken 2007

Auf Kriminalfällen basierende Bestandsaufnahme des Sexualverbrechens aus kriminologischer Sicht

Alice Wippler, *Die Operative Fallanalyse als Beweismittel im Strafverfahren,* Berlin 2008

Juristische Dissertation über die rechtlichen Aspekte der OFA-Arbeit

Unter www.bka.de ist auf der Homepage des Bundeskriminalamts eine Übersicht über Wissenswertes zur Operativen Fallanalyse zu finden (Stichwort: »Operative Fallanalyse«), unter anderem auch Fachliteratur im PDF-Format.